속죄

예수님의 피로 값을 치르고

데릭 프린스

Bought with Blood

by Derek Prince

Copyright ⓒ 2000, 2007 by Derek Prince Ministries-International

Published by Derek Prince Ministries-Asia/Pacific
PO Box 2029, Christchurch 8140, New Zealand
admin@dpm.co.nz

Korean translation copyright ⓒ 2010 by Pure Nard
2F 774-31, Yeoksam 2dong, Gangnam-gu, Seoul, Korea

The Korean edition is published by arrangement with Derek Prince Ministries.
All rights reserved.

본 저작물의 한국어판 저작권은 Derek Prince Ministries와의 독점 계약으로 한국어 판권은 '순전한 나드'가 소유합니다. 저작권자의 허락 없이 이 책의 일부 또는 전체를 무단 복제, 전재, 발췌하면 저작권법에 의해 처벌을 받습니다.

속죄
예수님의 피로 값을 치르고

초판발행 | 2010년 3월 20일
11쇄 발행 | 2025년 3월 07일

지은이 | 데릭 프린스
옮긴이 | 김유태

감　수 | 조철환

펴낸이 | 허철
펴낸곳 | 도서출판 순전한 나드
등록번호 | 제2010-000128
주소 | 서울 강남구 역삼 2동 774-31 2층
문의 | 02) 574-6702
팩스 | 02) 574-9704
홈페이지 | www.purenard.co.kr
인쇄소 | 예원프린팅

Printed in Korea

ISBN 978-89-6237-061-4 03230

속죄
예수님의 피로 값을 치르고

Bought with Blood

목 차
Contents

서문	6
머리말	9

제1부 십자가는 믿음의 중심
1장. 단번에 죄를 없앤 희생	15
2장. 영원히 온전케 함	29
3장. 하나님이 제정하신 교환	43

제2부 아홉 가지 교환
4장. 징계와 상처 대신에 용서와 치유를	61
5장. 죄 대신에 의로움을	79
6장. 죽음 대신에 생명을	91
7장. 저주 대신에 축복을	105
8장. 가난 대신에 부요를	129
9장. 수치 대신에 영광을	141
10장. 거절 대신에 포용을	155
11장. 옛사람 대신에 새사람을	171

제3부 해방의 다섯 가지 측면

12장. 현 세대로부터 해방   187
13장. 율법과 자아로부터 해방   201
14장. 육체로부터 해방   219
15장. 세상으로부터 해방   237

제4부 하나님이 공급하신 것을 내 것으로

16장. 법적인 것에서 경험적인 것으로   255
17장. 성령은 구원으로 가는 길의 안내인   273
18장. 구원을 내 것으로 소유하기   289

저자 소개   307

서 문
Foreword

십자가에는 건강이, 십자가에는 생명이,
십자가에는 마귀로부터의 보호가,
십자가에는 천국의 달콤함이,
십자가에는 마음의 강인함이,
십자가에는 성령의 기쁨이,
십자가에는 고결함의 극치가,
십자가에는 거룩함의 완성이 있다.
십자가 없이는 영혼의 건강도 없고, 영생의 소망도 없다.

- 토마스 아 켐피스(Thomas à Kempis), 15세기 신학자

데릭 프린스(Derek Prince)는 비범한 그의 인생 여정의 말년에, 십자가에 초점을 맞춘 담대한 설교를 점점 들어보기 힘들다고 수차례 한탄하였다. 그는 예수님의 십자가에서의 희생을 그리스도인의 삶의 중심으로 여겼다. 데릭 프린스는 그의 선교회 후원자들과 친구들에게 다음과 같은 편지를 띄운 적이 있다.

어디를 가든, 나에게 선택의 여지가 있고 사람들과 진지한 대화를 나눌 수 있는 기회가 주어지면, 나는 기꺼이 십자가에 관한 이야기를 나눌 의향이 있습니다.

목회자들과 설교자들에게 간곡히 부탁드립니다. 절대로 설교에서 십자가 이야기를 빼지 마십시오. 십자가를 뺀 설교를 하는 것은 명령은 내리지만 그것을 수행할 능력은 주지 못하는 신병 훈련 하사관과 같습니다. 능력은 오직 십자가로부터 옵니다.

나는 설교할 때마다 사도 바울이 고린도전서 2장에서 말한 것을 항상 기억합니다. "내가 너희 중에서 예수 그리스도와 그가 십자가에 못 박히신 것 외에는 아무것도 알지 아니하기로 작정하였음이라…내 말과 내 전도함이 설득력 있는 지혜의 말로 하지 아니하고 다만 성령의 나타나심과 능력으로 하여."

데릭 프린스가 일생을 바쳐 가르친 것을 탐구하는 것은 예수님께서 수난을 당하시고, 십자가에 못 박혀 돌아가셨다가 부활하여 죽음을 정복하심으로써 이룩한 구속의 놀라운 깊이와 그 넓이를 탐구하는 것이다. 그러한 진리를 탐구하는 지침으로 여러분이 지금 손에 들고 있는 본서보다 더 좋은 책은 찾아보기 힘들 것이다.

이 책 『속죄』에서 데릭은 우리를 구원하기 위해 예수님이 치르신 그 엄청난 대가에 관하여 완벽한 개관을 제공하고 있다. 여러분은 이 책에서 수많은 사람을 더 자유롭고, 풍성하고, 능력 있는 삶을 살 수 있게 무장시켜준 진리를 찾게 될 것이다.

십자가에서 이루어진 '아홉 가지 교환'에 관한 데릭의 설명을 읽다 보면, 예수님이 그분의 피로 값을 치르고 당신을 하나님의 자녀로 삼아주셨음에도 불구하고 그동안 그러한 특권을 누리지 못하고 살아왔음을 깨닫게 될 것이다. 또한 '해방의 다섯 가지 측면'을 다루는 부분에서는 이전에 꿈꾸지 못했던 수준의 자유를 누리는 비결을 발견하게 될 것이다. 그리고 마지막 단원에서 데릭이 제시하는 대로 이러한 진리들을 삶에 실제적으로 적용하게 되면, 당신의 인생을 향한 하나님의 최선의 뜻을 실현시켜주는 성령의 능력을 체험하게 될 것이다.

　이런 것들 이외에도 무엇보다 중요한 것은, 데릭 프린스는 이 책을 통해 당신의 마음을 예수님에 대한 사랑과 감사가 넘쳐나도록 이끌어준다는 점이다. 그런 사랑과 감사의 마음이 바로 하나님께서 크게 사용하시는 사람들의 마음인 것이다.

머 리 말
Introduction

의사들이 아무런 효과적인 치료법을 찾지 못하는 병에 걸려 나는 이집트의 야전병원에서 일 년간 병상 생활을 했다. 존 번연(John Bunyan)이 그의 책 『천로역정』에서 '절망의 수렁' 이라고 부른, 어둡고 고독한 골짜기에 갇혀 있었던 것이다. 그런 상태로부터 빠져나갈 희망은 전혀 보이지 않았다.

그러던 어느 날 기이하게 구성된 세 사람의 불청객이 나를 찾아왔다. 그들은 구세군 준장인 칠십대의 할머니, 뉴질랜드 병사 한 명, 그리고 미국 오클라호마 주에서 온 한 젊은 여성이었다. 나는 병원 주차장에 세워둔 그 사람들의 자동차 안에 그들과 함께 앉아 있어도 된다는 허락을 간호사에게 받았다.

자동차에서 우리가 함께 기도할 때에 하나님은 극적이고 초자연적인 방법으로 그분의 임재를 나타내셨다. 자동차는 정지해 있었고 엔진의 시동도 꺼져 있었음에도 불구하고 하나님의 능력은 자동차와 더불어 그 안에 있던 우리 네 명을 모두 뒤흔들었다. 진동이 계속되면서, 오클라호마에서 온 젊은 여성의 입을 통해 하나님께서 말씀하셨다. 하나님의 전능하심을 선포한 후에, 하나님은 다음과 같은 말씀을 주셨다. "갈보리의 역사를 생각하라. 완전한 역사, 어느 모로 보나 완전한, 모든 면에서 완벽한 역사를."

자동차에서 내렸을 때 내 육신은 자동차 안으로 들어갈 때와 똑같이 아픈 육신이었다. 그렇지만 나는 하나님의 모든 축복의 근원이 "갈보리의 역사"라는 것을 하나님께서 내게 가르치셨음을 깨닫게 되었다. "갈보리의 역사"란, 예수님이 갈보리의 십자가에서 희생된 사실을 말씀하신 것으로 나는 이해했다.

그 말씀을 묵상하며 주님이 성경 말씀을 통해 지시하는 방향으로 나아갔을 때, 나는 온전하고도 영구적인 치유를 받았다.

그러나 그것은 내가 받은 축복의 시작에 불과했다. 그 이후로 육십 년간 나는 초자연적으로 흔들리던 그 자동차 안에서 주님이 내게 주신 "갈보리의 역사를 생각하라"라는 말씀을 충실히 따랐다. 그리고 하나님은 육십 년 전에 나의 발걸음을 "측량할 수 없는 그리스도의 풍성함과" "영원부터 만물을 창조하신 하나님 속에 감추어졌던 비밀의 경륜"을 나누고 가르치는 사역으로 나를 인도하셨다(엡 3:8-9).

이 책에서 나는 하나님께서 예수님의 십자가를 통해, 인간의 삶에 발생하는 모든 종류의 필요를 충족시켜주신다는 놀라운 내용을 독자들과 나누고 싶다. 내가 발견한 핵심은, 하나님은 우리의 죄가 받아야 할 모든 악을 예수님께 내리셨고, 예수님의 흠 없는 의로움이 받아야 할 모든 선함을 우리가 대신 누릴 수 있도록 거룩한 교환을 십자가에서 이루셨다는 사실이다.

이 책은 다음과 같이 네 부분으로 나누어진다.

** 십자가는 믿음의 중심
** 아홉 가지 교환
** 해방의 다섯 가지 측면

** 하나님이 공급하신 것을 내 것으로

이 놀라운 진리를 찾아가는 여정에 여러분도 동참하시기 바란다.

데릭 프린스
Derek Prince

Bought with Blood
The Divine Exchange at the Cross

제1부
십자가는 믿음의 중심

1장 | 단번에 죄를 없앤 희생

이 책 전체를 일관되게 흐르는 주제는 속죄(atonement)다. 이 단어는 현대 영어에서는 비교적 잘 쓰이지 않는 용어다. 사실, 오늘날 영어권에 살고 있으면서도 이 단어의 뜻을 모르는 사람들이 많다.

Atonement를 세 개의 음절로 나누어보면 그 뜻이 드러나기 시작한다. at-one-ment. 즉, 속죄는 하나님과 죄인이 하나가 되는 관계로 들어간다는 뜻이다. 같은 뜻으로 요즘 흔히 사용되는 단어는 화해(reconciliation)다. 십자가를 통해 하나님과 죄인이 서로 화해하게 되는 것이다.

그런데 구약성경에서 속죄를 표기한 히브리어 단어와 신약성경에서 속죄를 표기한 헬라어 단어 사이에는 대단히 중요한 차이점이 있다.

히브리어로 속죄는 kippur(키푸르)라고 표기하는데, "덮개"라는 뜻이다. 속죄의 날은 죄를 덮어주는 날이었다. 그날에 드리는 희생 제사로 인해 백성들의 죄는 덮어졌다. 그러나 단 일 년 동안이었다. 다음 해의 같은 날에 백성들의 죄를 다시 덮어야만 했다. 그러므로 속죄의 날에 드리는 희생 제사는 죄 문제에 대한 영구적인 해결책을 제공하지 못했고, 단지 일시적으로 덮어버릴 뿐이었다. 그래서 매년 속죄의 날에 다시 희생 제사를 드림으로써 일 년치의 죄를 덮었다.

> ***
> "속죄의 날에 드리는 희생 제사는 죄의 문제에 대한 영구적인 해결책을 제공하지 못했다."
> ***

그러나 신약에 나타난 속죄의 그림은 전혀 다르다. 그러한 사실은 히브리서의 두 구절을 대조해 보면 알 수 있다. 신약의 히브리서는 다른 무엇보다도 대제사장으로서의 예수 그리스도, 그리고 우리를 대신하여 그분이 드리신 희생 제사를 언급한다.

첫째로, 히브리서 10장 3-4절은 구약의 제사에 관해 이렇게 말한다. "그러나 이 제사들에는 해마다 죄를 기억하게 하는 것이 있나니." 그래서 구약의 제사는 죄를 제거하지 못하고 이스라엘 백성에게 죄의 문제를 상기시킬 따름이었다. 히브리서 기자는 이어서 다음과 같이 말한다. "이는 황소와 염소의 피가 능히 죄를 없이 하지 못함이라." 여기서 문제의 초점은 죄를 단지 덮어버리는 것이 아니고, 죄를 없애는 것이다.

한편, 히브리서 9장 26절에서는 구약의 제사와 대조하여 예수님의 죽음에 의해 성취된 것을 말하고 있다. 9장 26절 후반부에서 히브리서 기자는 예수님의 죽음에 관해, "이제 자기를 단번에 제물로 드려 죄를 없이 하시려고 세상 끝에 나타나셨느니라"라고 말한다.

그리하여 예수님께서 오셔서 자신을 십자가에서 희생 제물로 드리셨을 때, 그분은 죄를 단번에 없애신 것이었다. 구약의 제사, 곧 사람들에게 죄의 문제가 해결되지 않았음을 상기시키고 단지 일 년간 죄를 덮어준 제사와, 예수님의 희생은 분명하게 대비가 된다.

세례 요한은 그러므로 요한복음 1장 29절에서 예수님을 이렇게 소개했다. "보라 세상 죄를 지고 가는 하나님의 어린양이로다." 구약과 판이하게 다른 점을 다시 한 번 주목하자. 예수님은 죄를 지고 가셨다. 그렇기 때문에 예수님의 희생을 받아들인 사람은 더 이상 죗값을 치루기 위한 제사를 드릴 필요가 없는 것이다.

인간의 문제에 관하여 성경이 말씀하는 것

나는 설교자가 되기 전에는 원래 캠브리지 대학교 철학교수였다. 어느 날 문득 철학자로서 성경을 연구해보기로 결심했다. 성경 연구를 철학자로서의 임무로 간주했기 때문이다. 성경을 한 번 통독하고 나면 성경에 관하여 권위 있는 의견을 피력할 위치에 서게 될 것이라고 생각했다. 그런데 성경을 연구하다가 주님을 만났다. 그 극적이고도 강렬한 만남 이후로 지금까지 나는 다음과 같은 두 가지 사실을 한 번도 의심해본 적이 없다. 첫째, 예수님이 살아 계시다는 것이고, 둘째는 성경이 참되고 신뢰할 수 있으며 현대인의 삶에 밀접한 관련이 있는 책이라는 사실이다.

성경의 가치를 깨닫게 되면서 나는 다른 어떤 문학작품이나 인간의 지혜를 담은 글에서 찾을 수 없는 것들이 성경에 담겨 있음을 알게 되었다. 성경은 특히 인간의 문제를 진단하고 그 해결책을 제시한다.

진단: 죄

의사가 어떤 질병을 진단하지 못할 경우 병에 대한 치유책도 제시하지 못할 것이다. 그러므로 인간의 문제를 진단하는 것은 무척 중요한 일이다. 성경은 단 한 단어 즉 '죄'로 인간의 문제를 진단한다. 이 세상의 어떤 책도 성경의 영향을 받은 책이 아닌 이상, 죄 문제를 올바르게 진단하는 책을 나는 보지 못했다. 물론 어떤 철학자도 죄 문제를 진단하지 못했다. 죄 문제를 진단하는 책은 오직 성경밖에 없다. 성경에서 아무것도 얻지 못했을지라도, 인간의 문제를 진단받은 것만으로도 우리는 영원히 감사해야 할 것이다. 더욱이 하나님께 감사할 일은, 성경은 진단만 해주는 것이 아니라 치유책까지 알려준다는 점이다. 그 치유책이 바로 속죄(atonement)인 것이다.

이 책에서는 인간의 근본 문제인 죄를 살펴볼 것이다. 죄는 인류의 보편적 문제일 뿐만 아니라, 사람들이 인식하든 아니하든 상관없이 우리 각자 개인의 문제이기도 하다. 물론 죄를 다른 이름으로 부를 수도 있을 것이다. 오늘날 세상에서 소위 과학이라고 하는 것은 그럴듯하고 복잡한 이름들을 수없이 지어내지만, 결국 문제의 뿌리는 죄다. 사람이 인생의 근본 문제인 죄의 실체를 직시하지 않으면 삶의 문제를 효과적으로 대처할 수 없다.

죄에 대한 성경의 정의는 로마서 3장 23절에 나와 있다. "모든 사람이 죄를 범하였으매 하나님의 영광에 이르지 못하더니." 죄의 속성은 긍정적이 아니라 부정적인 것이다. 죄란 반드시 끔찍한 범죄를 저지르는 것을 뜻함이 아니고, 우리의 삶 속에 하나님께서 마땅히 계셔야 할 곳을 내어드리지 아니하고, 모든 피조물이 하나님께 빚지고 있는 그 영광을 하나님께 드리지 않는 삶을 사는 것이 바로 죄다.

인간의 문제를 이러한 관점에서 이해하면, 우리는 바울이 말하는 것이 진실임을 인정할 수밖에 없다. 우리 모두는 죄를 지었으며 하나님의 영광에 이르지 못한다.

치유책: 십자가

나는 성경이 우리의 죄를 진단만 해주는 것이 아니라, 하나님의 치유책, 곧 십자가까지 알려주는 것을 하나님께 감사드린다.

내가 십자가를 말할 때, 사람들이 목에 걸고 다니는 나무 혹은 금속으로 만든 십자가 목걸이나 교회의 벽에 걸어놓은 십자가를 말하는 것이 아니다. 비록 내가 그런 관습을 반대하지는 않지만. 내가 말하는 십자가는, 예수님이 우리를 대신하여 십자가에서 치르신 그 희생을 뜻한다. 대부분의 기독교인조차 십자가에서 일어난 일이 '희생 제사'였다는 사실을 온전히 깨닫지 못하고 있다. 십자가가 희생 제사였다는 사실을 입증하기 위해, 희생 제사로서의 십자가를 강조하는 히브리서의 세 구절을 살펴보고자 한다.

히브리서 7장 27절은 예수님을 구약의 제사장들과 대비하면서 아래와 같이 말한다.

> 그는 저 대제사장들이 먼저 자기 죄를 위하고 다음에 백성의 죄를 위하여 날마다 제사드리는 것과 같이 할 필요가 없으니 이는 그가 단번에 자기를 드려 이루셨음이라

'드린다'는 말은 제사장이 희생 제물을 하나님께 바치는 행위를 뜻한

다. 그런데 십자가에서 예수님은 자기 자신을 드리셨다. 다시 말하자면, 예수님은 제사장이면서 또한 희생 제물이었다. 제사장으로서 예수님은 희생 제물을 바치셨는데, 그분 자신이 바로 그 희생 제물이었다. 예수님은 자신을 희생 제물로 바치신 것이었다. 단 한 제사장만이 그 제사를 드리기에 합당했고, 단 한 가지 제물만이 하나님께서 받아들이기에 족했다. 히브리서 9장 13-14절에서 또다시 구약과 완전한 대비를 볼 수 있다.

> 염소와 황소의 피와 및 암송아지의 재를 부정한 자에게 뿌려 그 육체를 정결하게 하여 거룩하게 하거든 하물며 영원하신 성령으로 말미암아 흠 없는 자기를 하나님께 드린 그리스도의 피가 어찌 너희 양심을 죽은 행실에서 깨끗하게 하고 살아 계신 하나님을 섬기게 하지 못하겠느냐

'영원하신 성령으로 말미암아 흠 없는 자기를 하나님께 드린'이라는 구절에 주목하기 바란다. 이 성경 구절은 희생 제사에서 성령의 참여가 불가결한 것이었음을 말하고 있다. 사실, 구속의 과정에 있어서 중요한 단계마다 성삼위 하나님이 모두 관여하신 것을 발견할 수 있다. 성삼위 하나님이 구속의 각 단계에 관여하신 것을 다음과 같이 정리해볼 수 있다.

1. 성육신. 아버지 하나님은 성령을 통하여 아들 예수님을 마리아의 태내에 잉태케 하셨다(눅 1:35).
2. 요단 강에서의 침례. 성령이 아들 예수님 위에 내려오시고, 아버지 하나님이 예수님을 사랑하는 아들이라고 하늘에서 선포하셨다(마

3:14-17).

3. 공생애. 아버지 하나님이 아들 예수님을 성령으로 기름 부으셨다(행 10:38).

4. 십자가에서 처형됨. 예수님은 성령을 통해 자신을 하나님 아버지께 희생 제물로 드리셨다(히 9:14).

5. 부활. 아버지 하나님이 성령의 능력으로 아들을 부활시키셨다(행 2:32, 롬 1:4).

6. 오순절. 아버지 하나님에게서 아들 예수님은 성령을 받아서, 자기 제자들에게 부어주셨다(행 2:33).

성삼위 하나님은 인류를 구속하는 과정에 서로 질투하듯 다투어-나는 공경하는 마음으로 이런 표현을 썼다-참여하신 것이다.

그렇지만 현재 이 책의 초점은 대제사장이며 희생 제물로 십자가에 달리신 예수님이다. 아들은 영원한 성령을 통해, 아버지에게 흠도 결점도 없는 자신을 제물로 바쳤다. 예수님은 온전히 순결하셨고, 아무런 죄가 없는 유일한 분이라 하나님이 받으시기에 합당한 유일한 제물이었다.

십자가를 믿음의 중심에 되돌려놓기

'영원'은 시간의 한계를 초월하는 어떤 것을 가리키는 말이다. 십자가에서 일어난 일은 역사적 사실이기는 하지만, 그것은 시간을 초월하여 중요한 의미를 지닌다. 예수님은 십자가에서 과거, 현재, 미래를 포함한 모든 시대의 모든 사람의 죄를 자신이 떠맡으셨다. 인간의 한계가 있는 마음으로는 그 단번의 희생 제사가 이룩한 모든 것을 이해하기란 어렵다. 당신의 죄와 나의 죄, 지상에서 지금까지 살았던 모든 사람의 죄, 그리고 아직 태어나지 않은 사람들의 죄까지, 모두 영원하신 성령을 통해 예수님에게 전가되었다. 예수님은 온 인류의 모든 죄를 짊어지신 것이다.

이러한 사실을 이해하고 그리스도인으로서 우리의 생각 속에 십자가에게 합당한 자리를 설정하는 것은 참으로 중요하다. 몇 해 전에 싱가포르에서 한 동역자를 만났을 때의 일이다. 대화를 나누는 중에 그분은 "오늘날 교회는 하도 많은 것을 진열하고 있어 십자가는 더 이상 눈에 띄지 않습니다"라고 말했다.

나는 그 동역자가 이 시대 교회의 중요한 결함을 정확히 지적했다고 생각한다. 예를 들어, 기독교 서점을 방문해보면 거의 모든 주제에 관한 서적을 볼 수 있다. 더 나은 결혼생활을 하는 법, 자녀들을 잘 키우는 법, 자신의 성격을 이해하는 법, 집을 잘 가꾸는 법에 이르기까지, 그 주제의 다양함에는 거의 한계가 없을 정도다! 그 책들은 나름대로의 가치를 지니고 있지만, 십자가 없이는 모두 아무런 능력이 없다. 십자가만이 그 모든 좋은 조언이 효과를 거둘 수 있게 하는 은혜와 능력의 유일한 근원이다. 이제는 교회가 그 상품 진열장의 중심에 십자가를 도로 가져다 놓을 때가 되었다.

하나님은 이스라엘 백성이 약속의 땅에 들어가기 전에, 제단을 만들 때 그 주변에는 다른 아무것도 놓지 말라고 말씀하셨다. 그리고 출애굽기 20장 24-25절에서 제물을 바치는 제단 만드는 법을 상세하게 지시하셨다.

내게 토단을 쌓고…네가 내게 돌로 제단을 쌓거든 다듬은 돌로 쌓지 말라 네가 정으로 그것을 쪼면 부정하게 함이니라

이스라엘 백성의 제단은 자연적인 상태를 그대로 유지한 재료, 곧 사람의 손으로 다듬지 않은 흙이나 돌로 만들어야 했다. 만일 사람의 손으로 다듬은 재료를 사용하면 제단이 부정하게 되었다.

이에 더하여 신명기 16장 21절에서 하나님은 그분의 백성에게 이런 경고를 내리셨다.

네 하나님 여호와를 위하여 쌓은 제단 곁에 어떤 나무로든지 아세라 상을 세우지 말며

이스라엘 백성이 하나님께 제물을 바치는 제단에는 그들의 주의를 산만하게 할 그 어떤 것도 놓지 말아야 했다. 가공하지 않은 제단의 철저한 단순함으로부터 주의를 분산시킬 인간의 예술품이나 다른 어떤 장치도 허락되지 않았다. 그것은 우리에게도 교훈이 된다. 그리스도인들은 십자가를 어떤 것으로도 포장해서는 안 된다. 십자가를 가리는 그 어떤 것도 십자가 위에나 앞에 놓으면 안 된다. 십자가는 예수님의 십자가 처형 장면처럼 처참하고도 황량한 것이다.

나는 예수님의 십자가 처형 장면을 충분히 묘사한 미술가가 있었는지 의심스럽다. 만약에 사실적으로 묘사한 그림이 있다면 사람들은 그 그림에서 눈을 돌려버릴 것이다. 그럼에도 불구하고 십자가는 우리 믿음의 중심이며, 그리스도교에만 있는 유일한 것이다. 회교나 불교나 힌두교, 또

는 수없이 많은 다른 어떤 종교도 십자가에 비할 만한 것이나 십자가와 조금이라도 닮은 것은 없다.

> ***
> "십자가의 메시지는 인류 역사에 일어난 한 가지 구체적인 사건과 연관되어 있다. 십자가의 사건은 실제로 발생했든지 허구든지 둘 중에 하나다."
> ***

십자가는 한걸음 더 나아가 그리스도교의 믿음을 역사에 닻으로 고정시킨다. 이와 대조적으로, 이슬람교의 창시자 마호메트(Mahomet)는 미확인된 동굴에서 계시를 받았다고 하는데, 그것은 역사의 어떤 개별적인 상황이나 일련의 사건들과 전혀 연결되지 않는 동떨어진 것이다. 일반적으로 철학자들은 추상적인 것들을 사색한다. 그러나 십자가의 메시지는 인류 역사에 일어난 한 가지 구체적인 사건과 연관되어 있다. 십자가의 사건은 실제로 발생했든지 아니면 허구든지 둘 중에 하나다. 사실이든 거짓이든 둘 중에 하나로, 제삼의 가능성은 없다. 만일 십자가의 사건이 사실이라면 이는 인류 역사상 가장 중요한 사건이다.

수십 년 전에 복음의 핵심과 직면했을 당시, 나는 예수님이 이십 세기에도 살아 있다는 것을 발견하였다. 그리고 나는 한 인간이 죽었다가 부활하여 오늘날에도 여전히 살아 있다는 사실은 인류 역사상 가장 중요한 사건이라는 결론에 도달했다. 어떤 사건도 그것과 비교할 수 없다.

우리가 십자가를 우리의 삶의 중심에 놓지 않는다면, 우리의 신앙은 그 의미와 능력을 상실하게 된다. 그러면 우리에게 남는 것은 지루한 도덕률이나 도달하기 힘든 행위 규범 리스트밖에 없다. 십자가의 능력이 없으면, 예수님의 산상수훈을 실천할 수 있는 사람은 아무도 없다.

나는 교회가 십자가를 제자리로 다시 돌려놓게 해달라고 몇 년 동안 하나님께 기도해왔다. 십자가에서 예수님의 속죄로 말미암아 일어난 거룩한 교환에 관한 이 연구가 그 기도에 대한 하나님의 응답이라고 믿는다.

십자가가 함축하고 있는 의미는 무엇인가?

십자가를 우리 개인의 삶에 적용하는 방법을 살펴보자. 고린도전서 1장 23절에서 사도 바울은 "우리는 십자가에 못 박힌 그리스도를 전하니"라고 말한다. 나는 여러분에게 이런 질문을 던져보고자 한다. 만일 당신이 설교자거나, 교사, 상담자, 혹은 교회에서 어떤 직분을 맡고 있는 사람이라면, 당신은 십자가에 못 박힌 그리스도를 전하고 있는가? 만일 그렇지 않다면, 당신의 설교나 가르침이나 상담은 듣기에 그럴듯할지 모르나 장기적으로 아무런 실효를 거두지 못할 것이다. 왜냐하면 능력의 근원은 오직 십자가뿐이기 때문이다.

바울은 고린도전서 1장 25절에서 다시 이렇게 말한다. "하나님의 어리석음이 사람보다 지혜롭고 하나님의 약하심이 사람보다 강하니라." 십자가는 하나님의 어리석음이며 하나님의 약함이다. 하나님이 자신의 아들을 죄인들의 손에 넘겨 십자가에 못 박혀 죽도록 허락하는 것보다 더 어리석은 일이 어디에 있을까? 몸이 찢기고 피를 흘리며 십자가에 매달려 극심한 고통 가운데 참혹하게 죽어가는 예수님보다 더 약한 자가 어디 있을까? 그렇지만 바울은 하나님의 약하심이 사람보다 더 강하다고, 하나님의 어리석음이 사람보다 더 지혜롭다고 밝힌다. 그리스도인의 힘과 지혜의 진정한 근원은 십자가다. 물론 십자가 없이도 도덕적인 삶을 살 수 있고, 많은 선한 뜻을 품을 수 있고, 듣기 좋은 설교를 할 수 있지만, 의미

있는 결실은 절대로 거두지 못한다.

히브리서 10장 14절을 숙고해보기 바란다. "그가 거룩하게 된 자들을 한 번의 제사로 영원히 온전하게 하셨느니라." '그가 영원히 온전하게 하셨느니라'(He has perfected forever)에서 사용된 동사는 완료형이다. 이 제사는 단 한 번만 드리면 되었고, 다시 반복해서 드릴 필요가 없는 것으로, 그 희생의 제사를 믿는 모든 사람을 온전하게 하는 완벽한 제사였다. 예수님이 십자가에서 치르신 희생과 그것이 우리에게 미치는 영향은 온전하며, 완료되었고, 영원한 것이다. 아무것도 더할 필요가 없다. 하나님이 하신 일은 완료되었고, 온전하며, 최종적인 것이다. 그것은 결코 변경하거나 수정할 필요가 없다. 그러나 그것을 내 것으로 삼는 일은 점진적인 과정이다. 특히 우리가 예수님이 치르신 희생의 온전함을 강조할 때, 이 점을 이해하는 것이 중요하다.

어쩌면 당신은 "나에게는 그러한 종류의 온전함이나 거룩함이 없다"라고 독백할지도 모른다. 사실, 우리 가운데 아무도 온전히 거룩한 사람은 없다. 나는 이 주제에 관하여 오십 년 이상 연구하고 또한 가르쳐왔지만, 나 자신도 아직 성화의 과정에 있다. 우리들의 성화는 점진적인 과정이다. 그리스도인들은 죄와 세상으로부터 차츰 분리되어, 하나님께 점점 더 가까이 다가가면서, 우리의 존재 속으로 하나님을 더욱더 많이 받아들이는 사람들이다. 십자가의 계시가 우리를 위해, 우리 안에서 역사할 때, 그러한 점진적인 성화가 이루어지는 것이다.

이제 앞으로 전개되는 단원들에서 나는 사람들이 별로 묻지 않는 질문 세 가지를 다루고자 한다.

1. 십자가는 우리를 위해 무엇을 하는가?
2. 십자가는 우리 안에서 어떤 역사를 해야 하는가?
3. 십자가를 통해 하나님이 이미 이루신 것들을 우리가 어떻게 실제로 내 것으로 삼을 것인가?

이러한 질문들은 자주 제기되는 것은 아니지만, 그 해답을 발견하는 과정은 이전에 알지 못하던 더 깊은 성화의 단계로 우리를 인도해줄 것이다. 하나님께서 우리에게 주시는 모든 것은 항상 십자가에서 치르신 예수님의 희생을 통해 전해진다. 우리의 필요를 다른 어떤 방법으로 채우려고 하는 것은 십자가를 우회하는 지극히 위험한 태도다. 앞으로 공부할 내용은 길고 힘겨울 수도 있지만, 끝까지 인내하면 풍요로운 보상을 받게 될 것이다.

학습을 돕는 질문

1. 간략하게 말해서, 속죄란 무엇인가?
2. 현대어 중에서 속죄와 같은 의미를 전달하는 단어는 무엇인가?
3. 히브리서 10장 3-4절에 따르면, 유대인들이 속죄의 날에 드린 희생 제사가 하지 못했던 일은 무엇인가?
4. 히브리서 9장 26절과 요한복음 1장 29절에 따르면, 예수님의 희생은 무엇을 성취했는가?
5. 로마서 3장 23절을 읽고 죄에 대한 정의를 내려보자.
6. 죄에 대한 해결책은 무엇인가?
7. 십자가에서 드린 예수님의 희생 제사는 시간 속에서 일어난 일인가, 아니면 영원에 초점을 맞춘 일인가?
8. 십자가는 어떤 두 가지의 유일한 근원인가?
9. 이 단원에서 배운 진리 중에 당신에게 가장 큰 영향을 미친 것은 무엇인가?

2장 | 영원히 온전케 함

전단원에서 나는 십자가에서의 예수님의 죽음을 희생 제사라고 설명했다. 그리고 예수님은 대제사장으로서 성령을 통해 자신을 하나님께 희생 제물로 드렸다는 것을 밝혔다. 그렇게 자신을 제물로 드림으로써 예수님은 죄를 영원히 소멸시켰다.

또한 내가 구원의 진리나 복음의 가르침에 친숙하지 않은 배경에서 자라나 주님을 만나게 되었다고 언급했다. 주님은 지성을 바탕으로 나를 다루신 것이 아니었다. 주님은 나를 그냥 수영장의 깊은 물로 던져놓고는 "헤엄쳐라!"라고 말씀하셨다. 나는 성령 세례라는 것이 존재한다는 사실을 알기도 전에, 그리고 누가 성령 세례라는 것을 설명해주기도 전에 성령 세례를 받았다. 그래서 성경을 연구하게 되었고, 놀랍게도 나는 성경이 참되며, 오늘을 살아가는 우리의 삶과 밀접한 관련이 있는 책이라는 것을 발견하게 되었다. 그 이후로 나는 내 삶에 발생하는 일련의 사건들의 의미를 파악하기 위해 끊임없이 성경을 읽게 되었다.

이 모든 사건은 2차 세계대전 당시 내가 영국 군인으로 영국에서 복무하던 중에 일어났다. 그 후 얼마 지나지 않아 우리 부대는 중동으로 파견되었고, 나는 삼 년간 이집트와 리비아의 사막에서 의무병으로 근무했다. 우리 부대는 엘알라메인 전투에 가담했는데, 그 격전을 치룬 후 나는 발과 손 부위에 피부병이 발생했다. 여러 명의 의사가 진단하고 서로 다른 병명을 말했는데, 새로운 의사를 거칠 적마다 병명은 점점 더 길어졌다! 그렇지만 어느 의사도 내 병을 치료하지 못했고, 더 이상 군화를 신을 수 없는 상태가 되자 결국 후송되어 그때부터 꼬박 일 년을 이집트에 있는 군 병원에서 지냈다. 병원에 일 년씩이나 입원하고 싶은 사람은 아무도 없을 것이라고 생각한다. 특히 이집트에 있는 군 병원은 내게 선택의 여지가 있다면 가장 가고 싶지 않은 곳이었다.

***
"성경은 하나님께서 예수 그리스도의 십자가 희생을 통해 치유를 제공했음을 내게 확신시켜주었다."
***

한 주일이 가고 또 한 주일이 가고 나는 하릴없이 병원의 침대에 누워 있었다. 나는 내 자신이 구원받았음을 알고 있었다. 성령을 받았고 성경이 진리라는 사실도 믿게 되었다. 거기까지는 도달했는데, 그 이외에 다른 가르침을 받은 것은 없었다. 어떤 면에서는 하나님께서 그때부터 나를 직접 가르치기 시작하셨다. 나는 날마다 다음과 같은 혼잣말을 하며 병상에 누워 있었다. '만일 나에게 믿음이 있다면 하나님은 나를 치유해주실 것이다.' 그러나 곧 이어서 이런 독백을 했다. '그런데 나에게는 믿음이 없다.' 나는 존 번연이 『천로역정』에서 이름 지은, 낙담의 수렁 곧 절망의 어두운 골짜기에 빠져 있는 내 자신을 보게 되었다.

내가 이러한 간증을 하는 이유는, 십자가의 능력이 이론에 불과한 것도 아니고, 신학의 산물도 아니라는 것을 여러분이 이해하기를 바라기 때문이다. 십자가의 능력은 체험할 수 있는 견고한 진실이며, 역사하는 힘이 있다.

내가 우울한 기분으로 병상에 누워 있을 때, 『하늘로부터의 치유』라는 소책자 하나가 내 손에 들어왔다. 그것은 릴리안 예오만스(Lillian Yeomans)라는 여의사가 저술한 책이었는데, 릴리안은 불치병으로 고통을 당하다가 모르핀에 중독된 사람이었다. 그러나 예수님을 믿고, 성경을 믿음으로 불치병에서 벗어나는 놀라운 체험을 하게 되었다. 그 후로 릴리안은 신유에 대해 설교하고 가르치는 일에 남은 생애를 바쳤다.

그 책에는 성경에서 직접 인용한 구절이 있었는데, 바로 그 성경 구절이 나의 삶을 변화시켰다. 그것은 로마서 10장 7절 말씀이었다. "그러므로 믿음은 들음에서 나며 들음은 그리스도의 말씀으로 말미암았느니라" (Faith cometh by hearing, and hearing by the word of God)(KJV).

그 성경 구절을 읽었을 때, 어두운 내 마음속으로 찬란한 한 줄기 빛이 침투해 들어왔다. 나는 '믿음은 나며'(faith cometh)라는 두 단어를 붙들었다. 만약에 내게 믿음이 없다면, 믿음을 얻을 수 있다. 들음이라는 방법을 통해서 얻을 수 있다. 하나님이 성경에서 말씀하시는 것을 들음으로 말이다.

그래서 나는 하나님이 하시는 말씀을 듣기로 결심했다. 파란색과 빨간색 색연필로 무장하고 치유, 건강, 신체적 강건함과 장수에 관련된 모든 구절 밑에 파란색으로 밑줄을 그으며 성경 전체를 읽어나갔다. 그렇게 성경을 통독하는 일에 몇 달을 바쳤다. 그때 나는 다른 할 일이 아무것도 없었기 때문이다. 그 작업을 마친 후에 내가 무엇을 가지게 되었는지 아는가? 온통 파란색으로 뒤덮인 성경! 성경은 하나님께서 예수님의 십자가 희생을 통해 치유를 제공했음을 내게 확신시켜주었다.

그렇지만 성경을 다 읽고 나서도 그 치유를 어떻게 내 것으로 만드는지 실질적인 방법은 터득하지 못했다.

방향을 제시해준 말씀

시간이 흘러 나는 수에즈 운하의 알발라에 있는 병원으로 이송되었다. 그 병원에서 카이로에서 온 아주 특이한 여성을 만났다. 로스 여사(Mrs. Ross)는 구세군의 관습대로 남편이 사망하자 남편의 직위를 물려받아 구세군 준장이 된 분이었다. 로스 여사가 특이했던 것은 방언을 하는 구세군이었다는 점이다. 1940년대에는 구세군에서 방언을 하는 사람이 많지 않았다. 로스 여사는 다른 구세군 신자처럼 구원의 확신이 있었을 뿐 아니라 방언 기도와 초자연적인 치유에 관해서도 투사 같은 믿음을 지니고 있었다. 로스 여사는 이십 년 전에 인도에 선교사로 파송되었을 때에 말라리아에 심하게 걸려 회복될 가망이 거의 없었지만, 성경 말씀을 믿고 투병한 결과 완전히 치유되었고 그 이후로 단 한 번도 약을 복용한 적이 없었다.

어떤 그리스도교인 병사에게 치유가 필요하다는 소식을 듣고, 로스 여사는 많은 어려움을 무릅쓰고 나를 찾아왔다. 로스 여사는 카이로에서 작은 4인승 영국차를 구한 후 뉴질랜드 병사를 설득해 운전을 맡겼다. 그 두 사람은 미국 오클라호마에서 온 한 젊은 여성 동역자를 태우고 내가 머무는 병원에 도착했다. 로스 여사는 구세군 모자와 망토를 입고 병동으로 활보하며 들어왔고, 간호사를 위압하여, 나를 병동 바깥으로 데리고 나가 그들의 차에 함께 앉아 기도해도 좋다는 허가를 받아내었다. 물론 나의 의견은 아예 물어보지도 않았다!

졸지에 나는 그 작은 자동차의 뒷좌석에 앉게 되었다. 내 앞에는 로스 여사와 뉴질랜드 병사가 앉았고, 내 옆에는 오클라호마에서 온 자매가 자리했다. 우리는 기도하기 시작했다. 몇 분 후에 미국에서 온 젊은 자매가 강렬하고도 유창한 방언으로 기도하기 시작했다. 그러자 하나님의 능력이 그 자매에게 임하면서 자매의 몸이 심하게 진동했다. 곧 내 몸도 덩달아 떨렸다. 그 다음에는 자동차 안에 있는 모든 사람의 몸이 진동했고 이윽고 자동차까지 덜덜 떨렸다. 비록 자동차의 엔진은 꺼져 있었으나, 울퉁불퉁한 길을 시속 팔십 킬로미터 속도로 달리듯이 그렇게 차가 흔들렸다.

나는 하나님이 나의 유익을 위해 그러한 일을 행하신다고 짐작했다.

오클라호마에서 온 자매가 알아듣지 못하는 방언으로 자기가 기도한 내용을 영어로 통역했다.

셰익스피어(Shakespeare) 문학작품을 공부하고, 엘리자베스(Elizabethan) 여왕 시대의 영어와 킹제임스 성경을 이해하는 영국의 철학교수와 미국의 시골 오클라호마에서 온 젊은 여성이 만나면, 당연히 언어와 문화의 충돌이 일어날 것이다. 그런데 그 시골 여성의 입술에서 완벽한 엘리자베스 여왕 시대의 영어로 방언 기도에 대한 해석이 흘러나오는 것을 듣고 나는 깜짝 놀라지 않을 수 없었다. 그 미국 여성의 입술을 통해 나온 말을 전부 다 기억하지는 못하지만, 어떤 구절은 1943년에 처음 들었을 때처럼 아직도 내 기억에 생생하게 남아 있다. "갈보리의 역사를 고려하라. 완벽한 역사, 어느 모로 보나 완벽한, 모든 면에서 완벽한"(Consider the work of Calvary; a perfect work, perfect in every respect, perfect in every aspect).

여러분도 동의하겠지만, 이것은 품위 있는 영어다. 헬라어를 공부한 나는 즉시 그 뜻을 이해했다. 십자가상에서 예수님의 마지막 말씀은 "다 이루었다"(It is finished)였다. 신약을 헬라어로 쓴 원전에는 tetelestai라는 한 단어로 기록되어 있다. 이 단어는 완료형이기에 '어떤 것을 완벽하게 해내는 것'이라는 뜻을 함축한다. 그러므로 '완벽하게 완벽한'(perfectly perfect) 또는 '온전하게 온전한'(completely complete)이라고 영어로 번역할 수도 있다. 오클라호마에서 온 자매를 통해 주님은 나에게 완벽한 역사, 어느 모로 보나 완벽한 역사, 모든 면에서 완벽한 역사, 곧 tetelestai를 내게 말씀하고 계셨다. 나는 압도당하고 말았다. 왜냐하면 성령님이 나를 위해 그 방언 기도를 통역하고 계심을 깨달았기 때문이다. 그것은 하나님의 말씀이었다.

자동차에서 내릴 때 나의 피부 상태는 이전과 마찬가지였고 내 육신에 아무런 변화도 일어나지 않았지만, 나는 자동차 안에서 주님으로부터 내 인생의 방향이 담긴 말씀을 받았다. 예수님께서 십자가에서 행하신 일은 현세로부터 영원에 이르기까지 육적으로, 영적으로, 물질적으로, 정서적으로 내가 필요로 하는 모든 것을 다루고 있음을 알게 된 것이다.

하나님의 말씀을 약으로 복용

십자가의 역사는 "어느 모로 보나 완벽하고, 모든 면에서 완벽하다." 어떤 측면에서 십자가를 바라보아도 십자가는 완벽한 것이다. 아무것도 빠진 것이 없다. "생명과 경건에 속한 모든 것을"(벤후 1:3) 십자가에서 돌아가신 예수님의 희생적 죽음이 우리에게 제공한 것이다. 현세로부터 영원에 이르기까지, 영적인 것과 육적인 것, 재정과 물질, 정서적인 것과 인간관계에 이르기까지, 우리에게 필요한 모든 것이 바로 그 단 한 번의 희생으로 공급되었다. "그가 거룩하게 된 자들을 한 번의 제사로 영원히 온전하게 하셨느니라"(히 10:14). 다시 한 번 '온전하게'라는 단어를 주목하기 바란다.

나는 하나님이 십자가에서 돌아가신 예수님을 통해 이루신 것이 무엇인지 묵상하다가 십자가에서 예수님은 나의 죄뿐만 아니라 나의 질병과 고통까지 짊어지셨음을 깨달았다. 주님이 상처를 입음으로 내가 치유를 받은 것이다. 이사야 53장 4-5절의 메시지는 달리 해석할 여지가 없이 분명한 것이었다.

> 그는 실로 우리의 질고(직역하면 질병)를 지고 우리의 슬픔(직역하면 고통)을 당하였거늘 우리는 생각하기를 그는 징벌을 받아 하나님께 맞으며 고난을 당한다 하였노라 그가 찔림은 우리의 허물 때문이요 그가 상함은 우리의 죄악 때문이라 그가 징계를 받으므로 우리는 평화를 누리고 그가 채찍에 맞으므로(또는 상처를 입으므로) 우리가 나음을 받았도다

논리학을 공부하며 분석 훈련을 받은 나의 사고는 이 성경 구절을 바탕으로 다음과 같은 결론을 내리지 않을 수 없었다. 예수님은 십자가에서 우리의 질병과 고통과 질고를 모두 지셨고, 그분이 상처를 입음으로 우리는 나음을 입었다.

> ***
> "창세기에서 시작하여 요한계시록에 이르기까지, 성경 곳곳에 치유, 건강, 신체의 강건함과 장수의 약속이 기록되어 있었다."
> ***

나는 이사야서 53장 4-5절에 내포된 것을 나의 철학적 성향을 바탕으로 무시하려고 애를 써 보았다. 신체적인 치유를 포함시키지 않고 해석하기 위해 모든 측면에서 검토해본 것이다. 그 다음 몇 주 동안 마귀는 하나님의 치유를 인정하지 않는 모든 종류의 부정적인 생각을 내게 몰고 왔다. 마귀가 빼먹은 부정적 생각은 한 가지도 없었다. 그러나 매번 성경 말씀으로 돌아갈 때마다 성경은 변함없이 동일한 것을 말씀하고 있었다. 나는 파란색으로 온통 밑줄 그어진 내 성경을 상기했다. 창세기에서 시작하여 요한계시록에 이르기까지, 성경 곳곳에 치유, 건강, 신체의 강건함과 장수의 약속이 기록되어 있었다.

어떤 이유 때문이었는지 나는 그리스도인으로서 평생 비참하게 살 각오를 해야 한다는 결론을 그전에 내리고 있었다. 그래서 성경에 기록된 치유에 관한 구절이나 약속을 읽을 때면, 혼자 이렇게 말하곤 했다. "이 말씀을 진리로 받아들이기는 어려워. 말씀 그대로가 아닐 거야. 하나님은 정말로 내가 건강하고, 성공하고, 장수하기를 원하신다는 말인가? 그럴 리가 없어. 내가 생각하는 종교는 그런 것이 아니야."

그렇게 마음속으로 논쟁을 벌이고 있을 때, 주님이 귀에 들리지 않는 음성으로 분명하게 말씀하셨다.

"누가 선생이고 누가 학생이냐?"

"주님, 당신이 스승이시고 제가 제자입니다." 내가 대답했다.

"그러면, 내가 너를 가르쳐도 되겠니?"

나는 주님의 말씀이 무슨 뜻인지 알아들었다.

그러자 성령은 나를 병원에서 퇴원시킨 성경 구절로 인도하셨다.

> 내 아들아 내 말에 주의하며 내가 말하는 것에 네 귀를 기울이라 그것을 네 눈에 떠나게 하지 말며 네 마음속에 지키라 그것은 얻는 자에게 생명이 되며 그의 온 육체의 건강이 됨이니라(잠 4:20-22)

'내 아들아…' 나는 하나님께서 나를 당신의 자녀로 부르고 계심을 깨달았다. 이 구절은 불신자를 향한 말씀이 아니고 하나님의 백성을 부르는 것이었다. '그의 온 육체의'라는 구절을 읽는 순간, "문제가 풀렸어!"라고 나는 말했다. 철학자라도 육체를 육체 아닌 다른 것으로 해석할 수는 없었다. '그의 온 육체의'는 나의 온몸을 뜻하는 것이었다. 하나님께서는 당신의 말씀을 통해 나의 온몸에 건강을 줄 그 무엇을 이미 공급하셨다.

나는 성경의 여백에 쓰여 있는 '건강'이라는 단어의 다른 번역을 참조하였는데, 그것은 '약'이라고 적혀 있었다. 원전의 히브리어가 건강이나 약으로 번역될 수 있다는 뜻이었다.

"놀라운 일이야!" 나는 혼잣말을 했다. 병이 들어 약이 필요한데 하나님께서는 내 온몸에 건강을 회복시켜줄 약을 이미 공급하신 것이었다.

영국군의 의무병으로서 나의 임무 가운데 하나는, 내가 아프지 않을 때 다른 아픈 병사들에게 약을 배부하는 것이었다. 그리하여 나는 하나님의 말씀을 약으로 먹기로 결심했다.

내가 그런 결심을 했을 때, 하나님은 귀로 들을 수 있는 음성은 아니었지만 다음과 같은 말씀을 또 분명하게 해주셨다. "의사가 환자에게 약을 처방하면 약병에 약을 복용하는 지침이 적혀 있다. 잠언 4장 20-22절은 내가 주는 약병이고, 복용법도 적혀 있으니 그 말씀을 연구해라."

하나님의 말씀대로 잠언 4장 20-22절을 다시 읽어보니 거기에는 네 가지 지침이 적혀 있었다.

첫째 지침: 내 말에 주의하라. 우리는 하나님 말씀에 주의를 집중해야 한다.

둘째 지침: 내가 말하는 것에 네 귀를 기울이라. 뻣뻣한 목을 숙이고 겸손하게 배울 자세를 갖춰야 한다. 우리가 모든 것을 다 알고 있지 않을 뿐만 아니라, 교회의 전통으로 내려오는 것들이 비성경적인 경우도 있다.

셋째 지침: 그것을 네 눈에서 떠나게 하지 마라. 우리는 동요하지 않는 자세로 하나님 말씀에 집중해야 한다.

넷째 지침: 네 마음속에 지키라.

잠언의 그 다음 구절은 다음과 같이 말하고 있다.

> 모든 지킬 만한 것 중에 더욱 네 마음을 지키라 생명의 근원이 이에서 남이니라(잠 4:23)

다른 말로 하자면, 내가 마음에 무엇을 품든지 그것이 인생행로를 좌우하게 된다는 말씀이었다. 그릇된 태도를 마음에 품고 바르게 살아갈 수 있는 사람은 없고, 바른 태도를 마음에 간직한 채 그릇되게 살아갈 수 없는 법이다. 우리의 인생행로는 우리 마음에 채워지는 것으로 결정된다. 하나님은 나에게 이렇게 말씀하시고 계셨다. "네가 내 말씀을 귀의 문을 열어 받아들이고, 눈의 문을 열어 받아들여 네 마음속에 깊이 간직하면, 그 말씀은 내가 약속한 모든 것을 이루리라."

하나님 말씀을 약으로 복용하기로 결심한 나는 의사를 찾아가서 그동안 나를 치료하려고 애쓴 것에 감사하고, "이제부터는 하나님을 신뢰하렵니다. 더 이상 약은 필요 없습니다"라고 말했다.

그 말을 들은 의사들은 내가 정신이 이상해진 것으로 판단하고 나를 정신병원에 보내려 했으나 간신히 모면하고, 내 자신이 전적으로 책임지기로 서약한 다음 퇴원했다.

나의 피부병에 가장 나쁜 기후는 더위였음에도 불구하고, 군은 나를 더 더운 지방인 수단의 카르툼으로 재배치시켰다. 그곳의 기온은 종종 화씨 127도(섭씨 53도)까지 치솟았다. 나는 그 더운 수단에서 병과 씨름해야 했으나, 반드시 하나님의 약으로 낫고야 말리라고 작정했다. 철학적으로 말하자면 그것은 바보 같은 짓이었다. 그렇지만 똑똑한 척하면서 계속 병을 앓을 것인지, 아니면 바보가 되어 치유를 받을 것인지 생각하다가 바보가 되기로 결심했다.

나는 자문해보았다. 사람들은 어떻게 정기적으로 약을 복용하지? 하루에 세 번 식후에 하지. 그래서 아침, 점심, 저녁 식사를 마친 후에 혼자 조용한 곳으로 가서 성경책을 펴고 고개를 숙여 기도했다. "하나님, 당신의 이 말씀이 나의 온몸에 약이 된다고 약속하셨습니다. 이제 예수님의 이름으로 당신의 말씀을 나의 약으로 먹습니다." 그리고 나는 주의를 집중하여 성경을 읽고 하나님이 내게 하시는 말씀에 귀를 기울였다.

그러다가 마침내 나는 온전한 치유를 받고 하나님께 감사드렸다. 육신의 질병만 치료받은 것이 아니라, 완전히 다른 사람이 되었다. 성경이 나의 마음을 새롭게 하였고, 인생의 우선순위, 가치관, 그리고 태도까지 바꾸어놓았다.

하나님의 약속을 실현시키는 조건

기적적으로 치유함을 받는다는 것은 참으로 감격스러운 일이다. 나는 현재까지 많은 사람이 기적적으로, 또 현장에서 즉시 치유되는 것을 목격했으며 그것을 하나님께 감사드린다. 그렇지만 오랜 기간에 걸쳐 조직적으로 '하나님 말씀을 약으로 복용'함으로써 치유함을 받을 때 얻는 진정한 유익이 있다. 신체의 질병만 치유되는 것이 아니라 내적으로 변화되기 때문이다.

나는 즉각적인 치유함을 받지 못했다. 그 열악한 기후에서 내 병이 온전히 치유되기까지는 삼 개월이라는 기간이 소요되었다. 그러한 상황에서 나는 애굽에 거했던 이스라엘 백성의 이야기를 읽고 격려받았다. 애굽 사람들이 이스라엘 백성을 학대할수록 그들은 더욱 번성하고 퍼져 나갔다(출 1: 12 참조). 상황은 결정적인 변수가 되지 않는다. 하나님의 약속은 상황에 따라 이루어지거나 말거나 하는 것이 아니다. 하나님의 약속은 우리가 그 조건을 충족시킬 때 실현된다. 하나님께서 예수님의 희생을 통해 우리에게 공급하신 것을 내 것으로 취하는 원리를 설명하면서 이 단원을 마치고자 한다. "아아 허탄한 사람아 행함이 없는 믿음이 헛것인 줄을 알고자 하느냐"라고 야고보서 2장 20절에는 기록되어 있다. 그러므로 가만히 앉아서 "나는 믿는다"라고 말하는 것만으로는 부족하다. 믿음에 합당한 행위를 통하여 믿음을 활성화시켜야 한다.

나를 최초로 교회 예배에 인도한 사람은 유명한 치유 설교가 스미스 위글스워스(Smith Wigglesworth)의 친구들이었다. 스미스 위글스워스는 "믿음은 행동이다"라고 종종 말하곤 했다. 행동으로 옮긴 믿음이 내게 치유를 가져왔다. 나는 병상에 앉아서 "믿습니다"라고 말할 수도 있었겠지만, 만일 그랬다면 아무런 역사도 일어나지 않았을 것이다. 나의 믿음을 활성화하기 위해 무엇인가 실행할 필요가 있었다. 하나님은 그분의 지혜로 나로 하여금 하루에 세 번씩 성경 말씀을 약으로 먹도록 인도하셨다.

내가 얻은 교훈은 분명하다. 절대로 수동적이 되지 말고, 합당한 행위를 실천함으로써 하나님께서 십자가를 통해 공급하신 것을 내 것으로 취해야 하는 것이다.

학습을 돕는 질문

1. 믿음은 어떻게 생기는가?
2. 십자가에서 이루어진 온전한 사역을 표현하는 헬라어는 무엇이며, 그 단어의 뜻은 무엇인가?
3. 베드로후서 1장 3절에 따르면, 십자가를 통해 하나님께서 우리에게 주시는 것은 얼마나 많은 것을 포괄하는가?
4. 당신의 삶에 있어서 주님께서 가르쳐주시도록 맡기지 않고 주님과 논쟁을 벌이고 있는 부분이 있는가?
5. 당신을 위한 치유를 이해하게 되면서 얻은 교훈은 무엇인가?
6. 하나님의 말씀을 약으로 복용하는 네 가지 지침은 무엇인가?
7. 하나님의 약속은 상황에 따라 실현되는가? 아니면 무엇에 달려 있는가?

3장 | 하나님이 제정하신 교환

이번 단원에서는 한 가지 놀라운 진리를 살펴보자. 그 진리는 예수님이 십자가에서 치르신 희생을 통해, 하나님의 온갖 보화를 우리가 취할 수 있는 교환이 이루어졌다는 사실이다.

우선 히브리서 10장 14절 말씀을 검토함으로써 하나님이 제정하신 거룩한 교환에 대한 연구를 시작하자. "그가 거룩하게 된 자들을 한 번의 제사로 영원히 온전하게 하셨느니라." 나는 늘 두 가지를 강조해왔다. 첫째는, 십자가에서 예수님의 죽음은 하나님께서 제정하신 희생으로, 예수님이 대제사장으로서 온 인류를 대신하여 하늘에 계신 아버지께 자신을 바치셨다는 점이다. 둘째는, 예수님의 희생은 완벽한 것이었다는 점이다. 아무것도 빠진 것이 없었고, 아무것도 더해야 할 필요가 없는 것이었다. 완벽하게 완벽하고, 완전하게 완전한 희생이었다. 십자가에서 예수님이 드린 단 한 번의 희생 제사로 인하여 아담의 모든 후예가 필요한 모든 것이 온전히 충족되었다.

이 사실을 붙들고 놓지 않는 것이 중요하다. 십자가의 희생으로부터 주의가 산만해지면 안 된다. 우리는 다양한 종류의 가르침과, 사역, 그리고 선한 취지의 그리스도교 운동에 참여할 수 있지만, 그것들이 십자가의 희생으로부터 분리되면 궁극적으로는 그 효력을 상실하게 된다.

이 점을 더 자세하게 설명하기 위해 이제부터 이사야서를 인용하고자 한다. 십자가는 하나님이 공급하시는 모든 것의 중심에 있다. 복음 전체가 십자가를 중심에 둔다. 이사야 선지자는 이 사실을 생생하게 묘사하고 있다. 참으로 공부할 가치가 있는 진리이므로 인내심을 가지고 따라오기를 바란다.

십자가는 중심에 있다

이사야는 몇 개의 장으로 구성되어 있는가? 예순여섯 개의 장이다. 성경은 몇 권의 책으로 구성되어 있는가? 예순여섯 권이다.

이사야는 두 개의 큰 묶음, 곧 1장에서 39장까지와 40장에서 66장까지(스물일곱 개 장)로 나눌 수 있다. 이와 흡사하게 구약은 서른아홉 권, 신약은 스물일곱 권이다. 그리고 이사야서의 뒷부분 스물일곱 장은 구약의 복음서라고 불리기도 한다.

그 27장은 또다시 각각 아홉 장씩 40-48장, 49-57장, 그리고 58-66장 이렇게 세 부분으로 나누어진다.

각각 아홉 장씩으로 구성된 이 세 부분은 한 가지 중요한 특징이 있다. 각 부분의 말미에 하나님이 죄와 타협하지 않으신다는 것을 강조하는 선언이 들어 있는 것이다. 이사야서 48장의 마지막 절에는 "여호와께서 말씀하시되 악인에게는 평강이 없다 하셨느니라"라고 기록되어 있다. 57장의 마지막 절로 가보면 역시 "내 하나님의 말씀에 악인에게는 평강이 없다 하셨느니라"고 적혀 있다. 이 두 구절은 거의 똑같은 말씀이다.

> ***
> "그의 모든 자비하심에도 불구하고, 하나님은 고백하지 않거나 포기하지 않은 죄에 대해서는 절대로 적당히 넘기지 않으신다."
> ***

이사야 66장의 마지막 절을 보면 "그들이 나가서 내게 패역한 자들의 시체들을 볼 것이라 그 벌레가 죽지 아니하며 그 불이 꺼지지 아니하여 모든 혈육에게 가증함이 되리라"라고 기록되어 있다. 표현은 다르게 했지만, 그 뜻은 동일하다. 죄를 범하고도 회개하지 않는 사람들은 영원히 하나님의 심판이 어떠한지 보여주는 구경거리가 될 것이라는 경고다.

아홉 장씩 나뉜 세 부분은 모두 유사한 선언으로 매듭짓는다. 그의 모든 자비하심에도 불구하고, 하나님은 고백하지 않거나 포기하지 않는 죄에 대해서는 적당히 넘기지 않으신다는 말씀이다.

가운데 장의 중심 메시지

이사야의 중심 부분은 49-57장이다. 이 중심 부분의 중앙에 위치한 장은 53장이다. 그런데 예언은 52장의 맨 마지막 세 구절부터 시작된다.

> 보라 내 종이 형통하리니…(사 52:13)

'보라'(behold)라는 단어는 이 예언에서 예수님에게 주어진 '내 종'(My

Servant)이라는 호칭을 소개한다. 도입 역할을 하는 52장의 마지막 세 절을 53장의 열두 구절과 더하여 각각 세 구절씩 다섯 묶음으로 나눌 수 있다.

* 이사야 52:13-15
* 이사야 53:1-3
* 이사야 53:4-6
* 이사야 53:7-9
* 이사야 53:10-12

이제 이사야서의 가운데 부분의 중앙에 위치한 장의 중심 구절이 53장 4절에서 6절이라는 것을 알 수 있다. 나는 이것을 우연이 아닌 하나님의 섭리라고 믿는다. 왜냐하면 이 구절이 드러내는 진리가 복음의 핵심과 일치하기 때문이다.

이 세 개의 구절 중 첫 두 구절이 말씀하는 바를 먼저 살펴보자.

> 그는 실로 우리의 질고를 지고 우리의 슬픔을 당하였거늘 우리는 생각하기를 그는 징벌을 받아 하나님께 맞으며 고난을 당한다 하였노라 그가 찔림은 우리의 허물 때문이요 그가 상함은 우리의 죄악 때문이라 그가 징계를 받으므로 우리는 평화를 누리고 그가 채찍에 맞으므로 우리는 나음을 받았도다(사 53:4-5)

성경의 영어 번역의 한 가지 문제는, 이 구절에서 흠정역(King James

Version) 번역자들이 육적인 의미의 단어를 영적인 단어로 번역했다는 점이다. 질고(griefs)와 슬픔(sorrows)으로 번역한 단어는 히브리어로 질병(sickness)과 고통(pains)이다. 질병과 고통을 뜻하는 이 두 단어의 의미는 모세 시대로부터 지금까지 변하지 않았다.

그리고 4절의 첫머리는 영어 번역에서는 'Surely He'(실로 그는)라고 시작한다. 히브리어 문법은 여기서 두 가지 이유로 '그는'을 강조하는 기능이 있다. 첫째, '실로'라고 번역된 단어는 그 다음에 따라오는 단어를 강조한다. 둘째, 히브리어는 라틴어, 그리스어, 러시아어 및 다른 언어들처럼 대명사 '그는'을 이곳에 삽입할 필요가 없다. 왜냐하면 그 문장의 동사 형태를 보면 주어의 인칭이 무엇인지 알 수 있도록 되어 있기 때문이다. 유럽의 대다수 언어는 그렇지 않은데, 히브리어는 대명사를 강조하고 싶을 때만 삽입한다. 4절의 첫머리에 대명사가 있으므로 '그는'은 이곳에서 두 번 강조되고 있다. 처음에는 그 앞에 있는 '실로'가, 두 번째는 '그는'이라는 대명사가 강조하고 있는 것이다.

이제 가장 중요한 구절, 곧 이사야 후반부의 가운데 부분에서, 중앙에 위치한 장의 중심 절 묶음의 세 번째 절로 들어가 보자.

> 우리는 다 양 같아서 그릇 행하여 각기 제 길로 갔거늘 여호와께서는 우리 모두의 죄악을 그에게 담당시키셨도다(사 53:6)

인류의 문제가 무엇인가? 우리는 모두 무슨 짓을 했는가? 이것에 대한 분석이 성경에 제시되어 있다. 모든 사람이 다 간음을 한 것도 아니고, 모두 술주정뱅이도 아니며, 도둑질을 한 것도 아니다. 그러나 모든 사람이 저지른 짓이 하나 있다. 각기 하나님의 길이 아닌 제 길로 갔다는 것이다. 하나님은 그것을 죄악(iniquity)이라고 말씀하신다. 내 생각에 현대어 중에서 가장 의미가 가까운 단어는 반역(rebellion)일 것이다. 인류의 문제의 뿌리는 하나님에 대한 반역이다.

이것은 전 인류의 문제다. 유태인이나 이방인, 가톨릭이나 프로테스탄트, 아시아인이나 미국인이나 아프리카인 할 것 없이 우리는 모두 각기 제 길을 간 것이다. 우리는 모두 하나님께 반역하는 같은 부류다.

그렇지만 놀라운 메시지는, 하나님이 모두의 반역이라는 죄악을 예수님에게 전가시키셨다는 것이다. 어떤 번역은 '하나님이 우리 모두의 죄악을 예수님 안에 모이게 하셨다'라고 표현했다. 모든 시대, 모든 인종의 모든 사람의 죄악, 곧 우리 모두의 반역이 예수님이 십자가에 매달렸을 때 그분에게 전가되었다.

예수님은 무엇을 짊어지셨는가?

'그가 상함은 우리의 죄악 때문이라'에서 죄악(iniquity)의 히브리어는 아본(avon)이다. 아본(avon)은 단순히 하나님에 대한 인간의 반역(rebellion)만 뜻하는 것이 아니라, 반역으로 말미암은 모든 악한 결과, 반역에 대한 형벌, 그러한 죄를 범한 사람들에게 반역이 부르는 모든 재앙까지 의미한다는 것을 이해해야 한다. 구약성경의 여러 부분에서 뽑은 세 구절을 읽어보면, 내가 하는 말이 자의적인 해석이 아니라 성경 말씀을 직접 적용한 풀이임을 알게 될 것이다.

첫째로, 형제를 살인한 가인이 하나님의 판결을 들은 후에 하나님께 하는 말을 들어보자.

> 가인이 여호와께 아뢰되 내 죄벌이 지기가 너무 무거우니이다(창 4:13)

위에서 사용된 '죄벌'이라는 단어의 히브리어는 아본(avon)이다. 가인의 죄악과 그에 대한 형벌 두 가지 다 이 한 단어에 함축되어 있다. 그 죄악과 형벌은 가인이 감당하기 벅찰 정도로 무거운 것이었다.

두 번째 예는 사무엘상에 있다. 사울이 엔돌의 신접한 여인을 찾아가 죽은 사무엘의 영을 불러올리라고 부탁했을 때, 그런 짓을 하면 사형이라는 형벌을 받게 됨을 여인이 상기시키자 사울이 신접한 여인에게 다음과 같이 약속했다.

> 사울이 여호와의 이름으로 그에게 맹세하여 이르되 여호와께서 살아 계심을 두고 맹세하노니 네가 이 일로는 벌을 당하지 아니하리라 하니(삼상 28:10)

여기서도 '벌'의 히브리어는 아본(avon)이다. 사울은 신접한 여인에게 죽은 영을 부르는 행위를 해도 죄를 지었다 하지 않을 것이며 벌도 받지 않을 것이라고 보증했다.

세 번째 예로, 예레미야애가 4장에서는 아본(avon)이라는 단어가 두 번 등장한다. 첫 번째는 6절에 나온다.

> 이제는 내 딸 내 백성의 죄가(The punishment of the iniquity of the

daughter of my people)…

영어 번역에는 punishment(벌)와 iniquity(죄) 두 단어가 사용되었다. 그러나 히브리어 원전에는 아본(avon)이라는 한 단어만 있다. 그래서 '내 백성의 죄가' 라고 번역할 수도 있고, '내 백성의 죄가 부른 벌' 이라고 번역할 수도 있다.

두 번째는 22절에 나온다.

> 딸 시온아 네 죄악의 형벌이 다하였으니(The punishment of your iniquity is accomplished)…

여기서도 마찬가지로 히브리어 원전에는 아본(avon)이라는 한 단어뿐이다.

그러므로 아본은 하나님에 대한 반역과, 반역에 대한 형벌 및 반역이 부르는 모든 악한 결과를 뜻하는 것이다.

이제 이사야 53장으로 돌아가면, 하나님이 우리 모두의 반역과, 그 반역이 받아야 할 형벌, 그리고 반역이 부른 모든 악한 결과를 고난당한 종 예수님으로 하여금 짊어지게 하셨음을 이해할 수 있다.

거룩한 교환

예수님께서 십자가에서 우리의 죄악과 우리가 받아야 할 형벌을 짊어지신 것이, 앞에서 이미 말한 바와 같이 하나님께서 우리에 주시려는 모든 보화 창고를 여는 열쇠다. 십자가에서 어떤 교환이 이루어졌는데, 그것은 하나님이 제정하시고 예언하신 것이었다. 이는 아주 단순하면서도 심오한 진리다. 하나님의 공의에 따라, 우리가 받아야 할 모든 악한 형벌이 예수님께 내려지면서, 예수님의 죄 없는 순종으로 말미암아 그분이 누려야 할 모든 선함이 우리에게 주어진 것이다.

이제 아래에 명시된 아홉 가지의 구체적인 교환을 하나씩 읽어보기 바란다. 한 가지씩 읽어가면서 악한 것에는 왼손을, 선한 것에는 오른손을 들어보자.

* 예수님이 징계를 받음으로써 우리는 용서를 받게 되었다.
* 예수님이 상처를 입음으로써 우리는 치유를 받게 되었다.
* 예수님이 우리의 죄를 지고 죄가 됨으로써 우리는 예수님의 의로움으로 의롭게 되었다.
* 예수님이 우리의 죽음을 죽음으로써 우리는 예수님의 생명을 누리게 되었다.
* 예수님이 저주가 됨으로써 우리는 축복을 받게 되었다.
* 예수님이 우리의 가난을 견딤으로써 우리는 예수님의 부요를 누리게 되었다.
* 예수님이 우리의 수치를 견딤으로써 우리는 예수님의 영광을 누리게 되었다.
* 예수님이 우리의 거절을 견딤으로써 우리는 예수님의 포용을 누리게 되었다.
* 우리의 옛사람이 예수님 안에서 죽음으로써 새사람이 우리 안에서

살게 되었다.

하나님이 이루신 교환을 받아들이기에 합당한 자격을 갖춘 사람은 아무도 없다. 이는 하나님의 주권적인 은혜의 산물이고, 하나님의 측량할 길 없는 사랑의 표현인 것이다. 십자가에서 이루어진 이 아홉 가지 교환에 더하여, 십자가를 우리의 삶에 적용함으로써 누릴 수 있는 해방의 다섯 가지 측면이 있다. 십자가를 통해 우리는

* 악한 현 세대로부터
* 율법으로부터
* 자아로부터
* 육체로부터
* 세상으로부터

해방될 수 있다.

***
"하나님께서 예수님의 십자가 죽음을 통해 우리를 위하여 이루신 것을 노력으로 얻을 방법은 없다."
***

이 책의 3장부터 18장까지 이러한 아홉 가지 교환과 다섯 가지 해방의 측면을 공부하고, 하나님께서 예수님의 속죄를 통해 공급하신 모든 것을 어떻게 우리의 것으로 취할 수 있는지 설명할 것이다. 여기에서 핵심 단어는 은혜다. 은혜는 우리가 노력해서 얻을 수 있는 것도 아니고 받을 자격이 되어 받는 것도 아니다. 종교적인 사람들은 대부분 하나님의 은혜

를 누리지 못하고 있다. 왜냐하면 노력해서 그것을 얻으려고 하기 때문이다. 그러나 하나님께서 예수님의 십자가 죽음을 통해 우리를 위하여 이루신 것을 노력으로 얻을 방법은 없다. 그것을 받는 방법은 오직 한 가지, 믿는 방법밖에 없다. 노력으로 얻어내려고 하지 마라. 나는 그것을 받을 수 있을 만큼 선량한 사람이라고, 자신을 설득하는 일은 이제 그만두어라. 당신은 그런 사람도 아니고, 앞으로도 그런 사람이 못될 것이다. 십자가의 예수님이 공급하신 것을 받는 유일한 방법은 믿음으로 받아들이는 것이다.

왜 하나님은 당신의 아들을 우리를 대신하여 십자가에서 못 박혀 죽도록 보내셨을까? 하나님은 우리를 사랑하시기 때문에 그렇게 하셨다. 그런데 왜 하나님은 우리를 사랑하시는 걸까? 성경은 그에 대한 해답을 제공하지 않는다. 아마 답은 영원히 얻지 못할지도 모른다. 여하튼 우리는 하나님의 사랑을 받을 만한 자격도 없고, 하나님의 사랑은 우리가 노력하여 얻은 것도 아니고, 우리 안에는 예수님의 엄청난 희생을 정당화할 것이 아무것도 없다. 그 희생은 전능하신 하나님께서 주권적으로 결정하신 일이었다.

하나님의 공급하심을 고찰함에 있어서 예수님의 두 가지 칭호를 이해하는 것이 중요하다. 첫 번째 칭호는 고린도전서 15장 45절에 나온다.

> 기록된 바 첫 사람 아담은 생령이 되었다 함과 같이 **마지막 아담**(the last Adam)은 살려주는 영이 되었나니(굵은 글씨는 저자 강조)

많은 기독교인이 예수님을 "두 번째 아담"이라고 부른다. 그러나 그것은 부정확하다. 45절에 따르면 예수님을 "마지막 아담"이라고 호칭한다. 이 두 가지 칭호 사이에 어떤 차이가 있을까?

우선 47절을 보자.

> 첫 사람은 땅에서 났으니 흙에 속한 자이거니와 **둘째 사람**(The second Man)은 하늘에서 나셨느니라(굵은 글씨는 저자 강조)

보다시피 예수님은 처음에는 마지막 아담, 두 번째는 "둘째 사람"으로 불리고 있다. 우리는 이러한 칭호를 올바로 불러야 하고, 또한 올바른 순서대로 사용해야 한다. 올바로 부르지 않거나 올바른 순서대로 사용하지 않으면 의미가 없다.

십자가 위에서 예수님은 마지막 아담이셨다. 시간상으로 마지막이라는 뜻이 아니다. 왜냐하면 예수님 이후로도 아담의 후예로 태어난 사람의 숫자가 수십억도 넘기 때문이다. 아담의 모든 후손이 물려받은 악이, 예수님께서 십자가에 달리셨을 때 남김없이 예수님께 전가되었다는 점에서 예수님은 마지막 아담이다. 죄로 인하여 저주를 받은 모든 인류의 악한 유산이 예수님께 씌워졌다. 그리고 예수님이 장사되었을 때에 그 모든 악한 유산도 함께 장사되었다. 아담으로부터 물려받은 우리의 악한 천성이 제거되었고, 끝이 났으며, 시야에서 사라진 것이다.

그 다음에 예수님이 죽은 자 가운데서 살아나셨을 때 그분은 둘째 사람으로, 새로운 종류의 인간으로, 임마누엘 종족, 신인 종족의 첫째로 일어나셨다. 예수님의 죽음과 부활을 믿고 거듭난 모든 사람은 이 새로운 임마누엘 종족에 속하게 된다. 이 점을 분명하게 이해해야 한다. 예수님이 마지막 아담으로서 십자가에 달려 있는 모습을 그려보자. 이는 모든 것의 마지막을 의미한다. 인류에게는 우리가 저지른 죄의 형벌로부터 벗어날 방도가 없었다. 그러나 예수님이 장사되었을 때에 그 모든 형벌도 함께 묻혔다. 셋째 날에 예수님이 부활하셨을 때 새로운 종족, 곧 하나님과 인간이 하나의 새로운 창조물로 신비롭게 어우러진 신인 종족이 시작된 것이다.

베드로전서 1장 3절에서 베드로는 부활을 죽음으로부터의 탄생에 빗대어 표현했고, 에베소서 1장 22-23절에서 바울은 예수님을 "만물 위에 교회의 머리로 삼으셨느니라 교회는 그의 몸이니"라고 묘사했다. 참으로 뛰어난 표현이다. 아기가 엄마의 태내에서 나올 때에 어느 부분이 제일 먼저 나오는가? 머리다. 일단 머리가 나오면 몸의 다른 부분이 따라 나오는 것은 보장된다. 예수 그리스도가 교회의 머리로 죽은 자 가운데서 부활하시면서 우리의 부활의 보증인이 되신 것이다. 예수님은 마지막 아담으로 죽으셨다가(왼손을 들어보라), 둘째 사람으로 살아나셨다(오른손을 들어보라).

마지막 예언적 장면

이제 마지막 예언적 장면, 곧 이스라엘 백성의 거역을 묘사한 구절을 살펴보자. 이사야 1장 2절에서 하나님은 이스라엘 백성에 관하여 이렇게 말씀하신다.

> 내가 자식을 양육하였거늘 그들이 나를 거역하였도다

그리고 5절과 6절에는 그러한 거역이 부른 결과를 생생하게 묘사한다.

> 온 머리는 병들었고 온 마음은 피곤하였으며 발바닥에서 머리까지 성한 곳이 없이 상한 것과 터진 것과 새로 맞은 흔적뿐이거늘 그것을 짜며 싸매며 기름으로 부드럽게 함을 받지 못하였도다

이것이 거역과, 거역이 부른 모든 형벌의 모습이다. 그런데 이것이 바로 십자가에 달린 예수님의 모습이다! 이 구절과 이사야서 52장 13-14절을 비교해보라.

> 보라 내 종이 형통하리니 받들어 높이 들어 올려서 지극히 존귀하게 되리라 전에는 그의 모습이 타인보다 상하였고 그의 모습이 사람들보다 상하였으므로 많은 사람이 그에 대하여 놀랐거니와

하도 손상되어 사람의 형체를 잃어버렸다는 뜻이다. 머리끝부터 발바닥까지 상처와 멍과 헌데밖에 없었다. 왜 예수님의 모습이 사람의 형체를 잃어버릴 정도로 손상되었을까? 하나님에 대한 거역이 그러한 형벌을 불렀기 때문이다. 하나님께서는 십자가에서 예수님이 우리의 거역과, 그 거역이 부른 모든 형벌을 짊어지셨다는 사실을 하나의 생생한 그림으로 보여주고 있다. 십자가에 관한 아름다운 종교적인 그림을 믿지 마라. 십자가는 상처와 멍, 헌데로 범벅이 되어 있다. 그 상처들은 터져서 고름이 흐르고 있다. 우리 모두의 거역에 대한 형벌이 전부 예수님에게 전가되었기 때문이다. 후에 나와 여러분이 하나님께 거역할 마음을 품을 때, 거역의

끝이 어떠한지 하나님께서 그림으로 보여주기를 바란다. 마지막 아담으로서 예수님은 우리 모두의 거역을 안고 죽었으며 그와 함께 장사되었다. 그러나 죽은 자 가운데서 다시 살아났을 때에 예수님은 둘째 사람으로, 새로운 종족의 머리로 일어나신 것이다.

  이제 이 단원을 마치면서 크게 소리 내어 외쳐보자. "십자가에서 예수님은 우리들의 반역과 그에 따른 모든 형벌을 짊어지셨다." 방금 여러분이 외친 것을 그대로 믿는다면 한 가지 더 외쳐야 할 것이 있다. "감사합니다. 주 예수님!" 아멘!

학습을 돕는 질문

1. 하나님의 모든 공급하심과 복음의 중심에는 무엇이 있는가?
2. 이사야 53장 6절은 인류의 문제가 무엇이라고 말하는가?
3. 하나님은 인류의 문제를 어떻게 해결하셨는가?
4. 거룩한 교환의 아홉 가지 측면은 구체적으로 무엇인가?
5. 우리가 얻는 해방의 다섯 가지 측면은 무엇인가?
6. 하나님의 공급을 이해하는 데 있어서 중요한 예수님의 두 가지 칭호는 무엇인가?
7. 예수님의 두 가지 칭호의 의미는 무엇인가?

제2부
아홉 가지 교환

4장 | 징계와 상처 대신에 용서와 치유를

앞에서 살펴본 대로, 십자가에서 하나님이 제정하신 교환이 이루어졌다. 그것은 영원으로부터 하나님이 마음에 품으셨다가 갈보리에서 실행에 옮기신 것이다. 십자가의 사건은 우연히 발생한 것이 아니다. 예수님께 강요된 비통한 불운도 아니고 하나님이 예기치 못했던 일도 아니다. 십자가는 태초부터 하나님이 계획하신 경이로운 사건으로, 대제사장이신 예수님이 그 자신을 하나님께 희생 제물로 바친 사건이다. 바로 이 한 번의 희생 제사로 예수님은 인류 전체에게, 우리의 삶의 모든 영역에서 필요한 모든 것을 현세로부터 영원에 이르기까지 공급하셨다.

이 교환의 본질은 다음과 같다. 공의로 말미암아 우리가 받아야 할 모든 악한 것이 예수님에게 전가되었으며, 예수님의 죄 없는 순종으로 말미암아 그분이 받아야 할 모든 선한 것이 우리에게 주어졌다. 간단하게 표현하자면, 모든 악을 예수님이 감당하셨기에 모든 선한 것이 우리에게 주어졌다.

본 단원에서는 이 거룩한 교환의 첫 두 가지 측면을 살펴보고자 한다. 그것은 이사야서 53장 4-5절에 언급되어 있다.

> 그는 실로 우리의 질고를 지고 우리의 슬픔을 당하였거늘 우리는 생각하기를 그는 징벌을 받아 하나님께 맞으며 고난을 당한다 하였노라 그가 찔림은 우리의 허물 때문이요 그가 상함은 우리의 죄악 때문이라 그가 징계를 받으므로 우리는 평화를 누리고 그가 채찍에 맞으므로 우리는 나음을 받았도다

첫째 교환: 예수님이 징계를 받음으로써 우리가 용서를 받음

이사야는 '그가 징계를 받으므로 우리가 평화를 누리고'라고 설명했다. 이것이 첫 번째 교환이다. 우리가 용서받을 수 있도록 예수님이 대신 형벌을 받으신 것이다. 우리 죄를 용서받기 전까지는 하나님과 평화를 누리지 못한다. 하나님은 죄와 화해하지 않는 분이시다.

> * * *
> "예수님이 형벌을 받지 않으셨다면, 우리는 절대로 하나님과의 화평을 누릴 수 없었을 것이다."
> * * *

앞에서 살펴본 대로, 이사야서 후반부에서 아홉 장씩 세 묶음으로 나누어진 각 부분의 마지막 절은 하나님이 절대로 죄와 타협하지 않으신다는 말씀으로 끝을 맺는다. 그러나 자비의 소식은 죄가 십자가 위의 예수님 안에서 모두 처리되었다는 것이다. 죄의 삯은 사망인데, 예수님이 갈보리에서 우리를 위하여 그 사망이란 대가를 치르신 것이다.

그렇다면 예수님의 그러한 희생의 결과는 무엇인가? 로마서 5장 1절을

읽어보자.

> 그러므로 우리가 믿음으로 의롭다 하심을 받았으니 우리 주 예수 그리스도로 말미암아 하나님과 화평을 누리자

하나님의 방법으로 우리의 죄가 처리되고 나면 그 결과는 하나님과의 화평이다. 예수님이 우리를 대신하여 형벌을 받지 않으셨다면, 우리는 절대로 하나님과의 화평을 누릴 수 없었을 것이다. 예수님께서 징벌을 받음으로써 우리가 화평을 누리는 것이 가능해진 것이다.

이 진리는 십자가에서 희생된 예수님에 대해 말씀하는 골로새서 1장 19-22절에 더 생생하게 묘사되어 있다.

> 아버지께서는 모든 충만으로 예수 안에 거하게 하시고 그의 십자가의 피로 화평을 이루사 만물 곧 땅에 있는 것들이나 하늘에 있는 것들이 그로 말미암아 자기와 화목하게 되기를 기뻐하심이라 전에 악한 행실로 멀리 떠나 마음으로 원수가 되었던 너희를 이제는 그의 육체의 죽음으로 말미암아 화목하게 하사 너희를 거룩하고 흠 없고 책망할 것이 없는 자로 그 앞에 세우고자 하셨으니

예수님이 십자가에 못 박히는 희생이라는 방법 이외에는 하나님과의 화해를 이룰 방법이 없었다. 예수님이 세상의 모든 남자, 여자 또한 아이가 지은 모든 악한 죄와 자신을 온전히 동일시하셨기에, 우리가 용서받고 죄악의 권세에서 해방되는 것이 가능해진 것이다.

이 주제에 관한 다른 성경 구절은 에베소서 1장 7절이다.

> 우리는 그리스도 안에서 그의 은혜의 풍성함을 따라 그의 피로 말미암아 속량 곧 죄 사함을 받았느니라

죄 사함을 받을 때, 우리는 속량을 얻는다. '속량 또는 구속'(redemption) 이라는 단어는 되사기(to buy back) 또는 몸값을 받고 석방하기(to ransom) 라는 뜻이다. 그러므로 우리 대신에 제물로 바쳐진 예수님의 피로 값을 치르고 우리는 사탄으로부터 풀려나 하나님의 자녀가 된 것이다.

사도 바울은 로마서 7장에서 이 첫 교환에 관한 놀라운 통찰력-문화적 배경을 모르는 사람에게는 다소 이해하기 어려운-을 제공한다.

바울이 로마서 7장 14절에서 "나는 육신에 속하여 죄 아래에 팔렸도다"라고 했을 때, '죄 아래 팔렸다' 라는 표현은 로마의 한 관습과 관련이 있다. 노예로 팔려나갈 사람은 나무토막 위에 세워진다. 그리고 그 사람의 뒤에 있는 기둥으로부터 머리 위까지 창이 뻗어 있다. 그래서 어떤 사람이 나무토막 위에 서 있고 그 머리 위로 창이 있으면, 그 사람은 노예로 팔릴 사람인 것이다. 다른 말로 표현하자면, 사도 바울은 "나는 육신에 속하여, 내 머리 위로 뻗어 있는 죄의 창 아래에 팔린 사람입니다. 나는 팔려나갈 수밖에 없는 신세입니다"라고 말하고 있는 것이다.

바울의 비유를 조금 더 연장시켜보자. 사람이 노예로 팔리면 무슨 일을 하게 될지 선택할 권리는 노예에게 없고 주인에게 달려 있다. 두 여인이 동일한 노예시장에서 팔렸다 하더라도, 한 여인은 요리사가 되고 다른 여인은 창녀가 될 수도 있다. 노예에게는 선택권이 없다. 죄인인 우리들도

마찬가지 신세였다. 당신은 "선량하고 존경받을 만한" 죄인으로 창녀나 마약 중독자들을 경멸했을 수도 있을 것이다. 그러나 당신이 품위 있는 노예든, 천한 노예든 노예로서 맡는 역은 여전히 주인이 결정하는 것이다.

그런데 여기에 복된 소식이 있다. 어느 날 예수님이 이 노예시장으로 찾아와 당신을 고르고 이렇게 말씀하셨다. "내가 이 사람을 사겠다. 사탄아, 이제 이 사람은 더 이상 네 것이 아니다. 내가 값을 치렀으니 이제부터 이 사람은 너의 노예가 아니고, 내 자녀다." 이것이 속량이다! 속량은 오직 죄 사함을 통해서만 얻을 수 있다. 우리는 어떻게 죄 사함을 받을 수 있는가? 우리가 받아 마땅한 형벌을 예수님이 대신 받으셨기에 우리는 용서받을 수 있는 것이다.

둘째 교환: 예수님이 상처를 입음으로써 우리가 치유를 받음

다음의 진리는 수많은 기독교인에게 감추어졌던 것인데, 이는 속죄의 신체적인 측면이다. 다시 한 번 이 신체적 측면을 담고 있는 이사야서 53장의 놀라운 말씀을 살펴보자.

그는 실로 우리의 질고를(문자 그대로 번역하면 질병) 지고 우리의 슬픔을(문자 그대로 번역하면 고통) 당하였거늘…(사 53:4)

둘째 교환은 바로 이것이다. 예수님이 육신에 상처를 입음으로써 우리 육신은 치유를 받았다.

이 절에서 히브리어는 두 가지 다른 동사를 사용한다. 고난받는 종이 '우리의 질고를 지고'라고 한 것은 히브리어로는 그분이 우리의 질병을 짊어지셨다는 뜻이다. 그리고 '우리의 슬픔을 당하였거늘'은 히브리어로는 우리가 당할 고통을 대신 견디셨다는 뜻이다. 그러므로 예수님은 우리의 질병을 짊어지고 우리를 대신하여 고통을 감내하신 것이다.

그렇다면 그 결과는 무엇인가? 5절의 끝 부분을 읽어보자.

> 그가 채찍에 맞으므로(혹은 상함으로) 우리는 나음을 받았도다

얼마나 논리적인가! 예수님이 자신의 몸으로 우리들의 질병과 고통을 다루셨기에 우리들에게 치유가 제공된 것이다. 히브리어를 글자 그대로 번역하면 "우리를 위하여 치유되었다"이다. 아마도 가장 적합한 표현은 "우리를 위하여 치유가 획득되었다"가 될 것이다.

성경이 속죄를 언급할 때 치유를 미래 시제로 표현하지 않는 점이 흥미롭지 않은가? 치유는 이미 종료되었다! 적어도 하나님 편에서는 치유는 이미 달성된 것이다. 우리들은 이미 치유되었다. 가끔 기독교인들이 나에게 "나를 치유하는 것이 하나님의 뜻인지 어떻게 알 수 있나요?"라는 질문을 던진다. 그러면 나는 이렇게 대답한다. "질문이 잘못되었습니다. 만일 당신이 헌신된 그리스도인으로 하나님의 뜻에 따라 그분을 섬기고자 하는 사람이라면, '나를 치유하는 것이 하나님의 뜻인지 어떻게 알 수 있나요?'라고 질문하면 안 됩니다. 대신에 '하나님께서 이미 나를 위해 공급하신 치유를 어떻게 내 것으로 취할 수 있나요?'라고 질문해야 합니다."

이 책의 뒷장에서 하나님이 이미 공급하신 것을 나의 것으로 취하는 방법을 다룰 것이다. 그렇지만 하나님이 이미 치유를 공급하셨다는 사실을 먼저 믿지 않는다면 그것을 취하기 어렵다. 하나님께서 십자가에 못 박힌 예수님을 통해 공급하신 것이 무엇인지 발견하는 일이 선행되어야 하는 것이다.

신약의 뒷받침

혹자는 나에게, "이사야서 53장에 대한 당신의 해석을 받아들이기 어렵습니다"라고 말할지도 모르겠다. 그러나 그런 사람도 마태와 베드로, 그리고 성령과는 논쟁을 벌이지 못할 것이다. 신약시대의 유대인이었던 마태와 베드로 두 사람 모두 성령으로부터 영감을 받고 이사야 53장 4-5절을 인용했다.

우선 마태복음 8장 16절과 예수님의 공적 치유 사역의 시작을 살펴보자.

> 저물매 사람들이 귀신들린 자를 많이 데리고 예수께 오거늘 예수께서 말씀으로 귀신들을 쫓아내시고 병든 자들을 다 고치시니

예수님의 치유 사역에서는 병자를 고치는 것과 귀신을 쫓아내는 것 사이에 어떤 뚜렷한 경계가 없다는 사실에 유념하라. 예수님의 사역에서 치유와 축사는 항상 함께 일어난다. 왜 예수님은 그와 같이 사역하셨는가? 그 이유는 17절이 말해준다.

이는 선지자 이사야를 통하여 하신 말씀에 우리의 연약한 것(infirmities)을 친히 담당하시고 병(sickness)을 짊어지셨도다 함을 이루려 하심이더라

> ***
> "여러분이 죄나 질병, 우울증, 거절감, 또는 두려움으로 몸부림칠 때에, 성경은 네 자신으로부터 눈을 떼라고 말한다."
> ***

마태가 인용하는 이사야서 53장 4-5절의 의미가 육신의 치유를 뜻한다는 점에 유의하기 바란다. 왜냐하면 분명히 병약함(infirmities)과 질병(sickness)을 언급하고 있기 때문이다. 더군다나 마태는 예수님이 그분에게 오는 자들을 모두 고치셨다고 서술한다. 몇몇 사람이 아니라 모든 병자를 고쳐주신 것이다. 한 사람도 빠짐없이! 그러므로 의심할 나위 없이, 마태는 이사야서 53장 4절과 5절 말씀을 신체의 질병 치유에 적용하고 있는 것이다.

이 마태복음의 구절에 대하여 한 가지 더 설명할 것이 있다. '친히(He Himself) 담당하시고'라는 구절에서 강조점이 우리에게 있지 않고 예수님께 있다는 사실이다. 여러분이 죄나 질병, 우울증, 거절감, 또는 두려움으로 몸부림칠 때에, 성경은 네 자신으로부터 눈을 떼라고 말한다. 문제의 해답은 당신 안에 있지 않다. 눈을 예수님에게로 돌리라. 예수님이 "친히 담당하셨다"가 해답이다.

두 번째로 베드로도 역시 이사야서 53장 4-5절을 인용하며 십자가에 달리신 예수님을 이야기한다.

친히 나무에 달려 그 몸으로 우리 죄를 담당하셨으니 이는 우리로 죄에 대하여 죽고 의에 대하여 살게 하려 하심이라 그가 채찍에 맞음으로 너

> 희는 나음을 얻었나니(벧전 2:24)

베드로도 '친히 담당하셨으니'라고 표현해서 예수님을 강조하고 있음을 주목하기 바란다. 위의 성경 구절에서 핵심 쟁점은 '죄'다. 일단 죄를 다루고 나면 다른 모든 것도 다룰 수 있다.

마지막으로 동사의 시제를 주목하라. 베드로의 표현에 따르면 미래 시제인 "나음을 얻을 것이다"도 아니고 현재 시제인 "나음을 얻는다"도 아니라, 과거 시제인 "나음을 얻었나니"이다. 하나님의 입장에서는 모든 것이 이미 이루어졌다. 예수님께서 "다 이루었다"(요 19:30)라고 말씀하셨을 때에 진실로 모든 것이 이루어졌다. 하나님 편에서는 아무것도 더 이상 변경할 것이 없고 아무것도 더하거나 뺄 것이 없다. 하나님이 나에게 온전한 치유를 주시기 전에 오클라호마에서 온 여성을 통해 주신 예언의 말씀을 상기해보자. "갈보리의 역사를 고려하라. 완벽한 역사, 어느 모로 보나 완벽한, 모든 면에서 완벽한." 갈보리의 역사는 신체적인 측면에서도 다른 모든 측면과 마찬가지로 완벽한 것이었다.

구원은 무엇을 포괄하는가?

이제 신약성경에서 "구원하다"(save)라는 말이 "치유하다"(heal) 또는 "건강을 회복하다"(make well)라고 번역된 몇 군데 구절로 주의를 돌려보자. "구원하다"에 해당되는 헬라어는 소조(sozo)다. 구원을 뜻하는 모든 단어는 이 단어와 동일한 어원에서 파생되었다. 신약성서의 많은 구절에서 동사 sozo는 신체적인 치유를 표현하기 위해 사용된다. 문제는 성경 번역자들이 "구원하다"라는 단어를 늘 번역하지는 않았기 때문에 신체적 치유가 구원의 일부라는 사실이 불명료하게 가려진 것이다.

치유

마태복음 9장 21-22절에 등장하는 혈루증을 앓고 있었던 여인의 이야기로 시작해보자. 그 여인은 몰래 예수님 뒤로 다가가서 겉옷자락을 만졌으나, 두려운 나머지 자신의 행위를 드러내기를 꺼려했다. 알다시피, 혈루증을 앓는 여인은 부정하다고 여겨졌기에 다른 사람과 접촉하는 것이 금지되어 있었다. 다른 사람을 만지면 그 사람도 부정을 탄다고 여겼다. 그 여인은 예수님을 만짐으로 죄를 범한 것이었다. 예수님이 무슨 일을 행하였느냐고 물었을 때 그 여인은 수줍음 때문이 아니라 죄를 범한 까닭에 떨면서 앞으로 나왔다.

> 이는 제 마음에 그 겉옷만 만져도 낫겠다 함이라(She said to herself, If only I may touch his garment, I shall be made well)(마 9:21)

그 여인이 여기서 실제로 한 말은 '구원을 받겠다'(I shall be saved)였다.

> 예수께서 돌이켜 그를 보시며 이르시되 딸아 안심하라 네 믿음이 너를 낫게 하였다 하시니(Your faith has healed you)(마 9:22)

예수님이 실제로 하신 말씀도 '네 믿음이 너를 구원하였다'(Your faith

has saved you)였다.

누가복음 8장 47-48절은 그 혈루증을 앓던 여인에 관하여 더 많은 이야기를 제공한다.

> 여자가 스스로 숨기지 못할 줄 알고 떨며 나아와 엎드리어 그 손댄 이유와 곧 나은 것을(how she was healed immediately) 모든 사람 앞에서 말하니 예수께서 이르시되 딸아 네 믿음이 너를 낫게 하였으니(your faith has made you well) 평안히 가라 하시더라

여기서도 여인이 한 말 중에서 '나은 것을'(healed)이라고 번역된 단어의 헬라어는 sozo(구원받은 saved)다.

여인의 말에 예수님께서 '네 믿음이 너를 낫게 하였으니'라고 반응하신 것도 실제로 헬라어로는 '네 믿음이 너를 구원하였으니'(your faith has saved you)였다. 보다시피 예수님은 치유를 구원의 한 부분으로 포함시키셨다.

이제 마가복음 6장 56절을 살펴보자.

> 아무 데나 예수께서 들어가시는 지방이나 도시나 마을에서 병자를 시장에 두고 예수께서 그의 옷 가에라도 손을 대게 하시기를 간구하니 손을 대는 자는 다 성함을 얻으니라(And as many as touched Him were made well)

여기에서도 '성함을 얻으니라'(made well)라고 번역된 단어의 헬라어는

sozo(구원을 받으니라)다. 그들은 무엇으로부터 구원받았는가? 질병으로부터 구원을 받았다.

귀신으로부터 해방

누가복음 8장 35-36절에는 군대 귀신이 들린 자에 관한 기록이 있다. 예수님께서 그 귀신들을 쫓아내자, 그 사람은 온전히 정상적인 사람이 되었다.

> 사람들이 그 이루어진 일을 보러 나와서 예수께 이르러 귀신 나간 사람이 옷을 입고 정신이 온전하여 예수의 발치에 앉아 있는 것을 보고 두려워하거늘 귀신들렸던 자가 어떻게 나았는지를 본 자들이 그들에게 이르매(They also who had seen it told them by what means he who had been demon-possessed was healed)

여기서도 어떻게 '나았는지를'(healed)이라고 번역된 단어의 헬라어는 sozo(구원받은 saved)다. 십자가에서 예수님께서 희생되심으로 인해 귀신으로부터 해방되는 것이 가능해졌고, 이것도 구원의 한 부분이다.

나는 귀신으로부터 해방되어야 할 수많은 사람을 대상으로 사역한 경험이 있다. 그러한 경험을 통해, 사탄이 두려워하는 것은 오직 한 가지, 십자가뿐이라는 사실을 터득했다. 사탄에게 당신이 침례교나 성공회 교인, 또는 장로교나 오순절 교인이라고 하면 사탄은 코웃음을 치겠지만, 예수님께서 십자가에서 행하신 일을 기반으로 사탄을 대적하면 사탄은 두려움으로 떨 것이다.

죽은 자로부터의 부활

이제는 누가복음 8장 49-50절로 옮겨가자.

> 아직 말씀하실 때에 회당장의 집에서 사람이 와서 말하되 당신의 딸이 죽었나이다 선생님을 더 괴롭게 하지 마소서 하거늘 예수께서 들으시고 이르시되 두려워하지 말고 믿기만 하라 그리하면 딸이 구원을 얻으리라 (she will be made well) 하시고

이제 여러분도 짐작하겠지만, 여기서 '나으리라'(made well)라고 번역된 헬라어는 sozo(구원을 얻으리라)다. '구원'(salvation)은 여기서 죽은 자들 가운데서 다시 살아나는 것을 뜻한다.

구원을 등한히 여기지 말자

이제까지 우리들은 신체의 치유, 악령으로부터 해방됨, 그리고 죽은 자로부터 다시 살아난 소녀에 이르기까지, 모두 구원(sozo)이라는 포괄적인 단어 하나로 표현되어 있는 것을 보았다. 구원이란 십자가에서 예수님의 죽음으로 인해 우리에게 제공된 그 모든 것을 포함한다.

사도행전 4장 7절에 보면, 사도들이 무슨 권세와 누구의 이름으로 성전 미문에서 앉은뱅이를 일으켰는지 질문을 받는 장면이 나온다.

이에 베드로가 성령이 충만하여 이르되 백성의 관리들과 장로들아 만일
병자에게 행한 착한 일에 대하여 이 사람이 어떻게 구원을 받았느냐고
오늘 우리에게 질문한다면 너희와 모든 이스라엘 백성들은 알라 너희가
십자가에 못 박고 하나님이 죽은 자 가운데서 살리신 나사렛 예수 그리
스도의 이름으로 이 사람이 건강하게 되어 너희 앞에 섰느니라(행 4:8-10)

나면서부터 못 걷게 된 이가 어떻게 하여 건강한 모습으로 서게 되었는가? 구원받았기 때문이다.

이어서 베드로는 핵심을 찌른다.

다른 이로써는 구원을 받을 수 없나니(행 4:12)

이제 마지막으로 디모데후서 4장 18절을 살펴보자.

주께서 나를 모든 악한 일에서 건져내시고 또 그의 천국에 들어가도록
보전하시리니(The Lord will deliver me from every evil work and preserve
me for His heavenly kingdom)

영어로 '보전하다'(preserve)라고 번역된 곳에 사도 바울은 헬라어로 구원하다(sozo)라는 단어를 사용했다. 바울은 "주님이 나를 구원하시고, 천국 갈 때까지 계속 구원하실 것"(The Lord will save me and keep on saving me)이라고 단언하고 있는 것이다.

예수님께서 십자가에서 우리를 위해 행하신 역사는 지속적인 구원이

다. 여러분은 믿는 그 순간부터 시작하여 현세를 벗어나 영원에 들어갈 때까지, 예수님께서 십자가에서 희생됨으로 인해 제공된 구원 안에서 움직이는 것이다.

여기서 우리에게 도전을 던지는 말씀이 있다.

> 우리가 이같이 큰 구원을 등한히 여기면 어찌 그 보응을 피하리요(히 2:3)

구원을 거부하는 사람들도 있다. 그들이 구원을 거부하는 이유는 믿지도 않고 원치도 않기 때문이다. 그런데 신앙을 고백하는 수많은 기독교인이 구원을 거부하지는 않지만, 등한히 여긴다. 그들은 하나님이 십자가에서 공급하신 것들을 찾지 않고, 십자가에 대한 전통적인 견해나 소속 교단이 제시하는 해석을 그냥 받아들일 따름이다.

* * *
"하나님, 우리가 하나님의 위대한 구원의 신체적 측면을 등한히 여기지 않도록 도와주소서."
* * *

하나님은 나로 하여금 오랫동안 병을 앓게 하심으로써, 구원에 무엇이 포함되어 있는지 찾게끔 하셨다. 나에게는 빠져나갈 다른 길이 없었다. 어쩌면 하나님은 여러분도 지금 그런 궁지로 몰아넣으셨는지 모른다. 그렇다면 하나님의 구원을 등한히 여기는 어리석은 짓을 하지 마라. 앞으로 어느 땐가, 어쩌면 지금 당장이라도 당신에게 구원이 절실히 필요한 상황이 닥칠 것이다.

우리가 하나님의 위대한 구원의 신체적 측면을 등한히 여기지 않도록 하나님께서 도와주시기를 축원한다.

4장 | 징계와 상처 대신에 용서와 치유를 75

교환을 고백하기

하나님께서 이미 이루신 일들을 내 것으로 삼는 가장 단순하고 실질적인 방법은, 하나님께 감사드리며 입술로 고백하는 것이다. 그래서 아홉 가지 교환 중 첫 두 가지를 이제 구두로 고백할 수 있는 문장을 제시한다.

예수님이 징계를 받음으로써 나는 용서를 받게 되었다.
예수님이 상처를 입음으로써 나는 치유를 받게 되었다.

만약에 당신이 이 교환을 진정으로 믿는다면, "예수님, 당신의 희생을 통해 나에게 용서와 치유를 주심을 감사드립니다"라는 고백을 하게 될 것이다.

학습을 돕는 질문

1. 십자가에서 이루어진 교환의 본질을 한 문장으로 표현해보라.
2. 하나님과 평화를 누리지 못하도록 가로막고 있는 것은 무엇인가?
3. 구속이라는 단어가 의미하는 바는 무엇인가?
4. 우리는 어떻게 해야 용서받을 수 있는가?
5. 이사야 53장 5절에 따르면, 우리는 언제, 그리고 왜 치유받을 수 있는가?
6. 구원에 포함된 것들은 무엇인가?
7. 히브리서 2장 3절에 따르면, 우리가 등한히 여기지 말아야 할 것은 무엇인가?
8. 이 단원의 마지막에 요약된 두 가지의 교환을 당신의 입술로 고백해보자.

5장 | 죄 대신에 의로움을

이번 단원에서는 그리스도인들에게 죄책감을 느끼게 하는 사탄의 공격과, 그러한 사탄의 공격을 우리가 어떻게 이겨낼 것인지 살펴보자. 우리의 승리는 그리스도가 십자가에서 완벽하게 이루신 거룩한 교환의 세 번째 측면에 그 기반을 두고 있다. 그 세 번째 측면은 죄와 의로움의 교환이다. 신앙을 고백하는 수많은 그리스도인이 이 진리를 이해하지 못해서 우리의 영적 유산의 일부를 박탈당해왔다.

먼저 우리는 죄들(sins 복수)과 죄(sin 단수)를 구별해야 한다. 죄들은 우리가 범한 악한 행위들이다. 예수님은 우리의 악한 행위가 용서받을 수 있도록 십자가에서 징벌을 받으셨다. 죄(sin)는 우리로 하여금 죄를 범하게 만드는 악한 권세 또는 악한 천성이다. 그 악의 권세가 처리되기 전까지는 우리의 구원은 완결되지 않는다.

이제 위대한 속죄장인 이사야서 53장으로 다시 돌아가자.

> 여호와께서 그에게 상함을 받게 하시기를 원하사 질고를 당하게 하셨은
> 즉 그의 영혼을 속건 제물로 드리기에 이르면 그가 씨를 보게 되며 그의
> 날은 길 것이요 또 그의 손으로 여호와께서 기뻐하시는 뜻을 성취하리로
> 다(사 53:10)

예수님의 부활에 대한 참으로 분명한 예언이다! 자신을 '속건 제물'(an offering of sin)로 드린 후에 고난받는 종은 '그의 씨를 볼 것이며 그의 날은 길 것이요 그의 손으로 여호와께서 기뻐하시는 뜻을 성취하리로다' 라고 성경은 말씀하고 있다. 예수님께서 부활하지 않았다면 이런 일은 일어날 수 없을 것이다.

> * * *
> "예수님의 영혼은 전 인류를 위한 속건 제물이 되었다!"
> * * *

하나님 아버지가 예수님의 영혼을 속건 제물(sin or guilt offering)로 삼았다는 구절에 초점을 맞추도록 하자. 여기서 핵심 단어는 죄(guilt)다. 구약 시대의 희생 제사는 하나님께서 예수님의 희생 제사를 통해 이루려고 하신 일의 예고편이라는 것을 늘 명심해야 한다.

구약 아래에서는 사람이 어떤 특정한 죄를 범할 경우 그 죄를 대속하기에 합당한 제물을 찾아내야 했다. 그 사람은 황소나 염소, 또는 양 같은 희생 제물을 성막에 있는 제사장에게로 가져가서 자신의 죄를 고백했다. 그런 다음 제물의 머리에 손을 얹어서 상징적으로 자신의 죄를 제물에게로 전가시켰다. 일단 죄가 전가되면, 제물을 죽임으로써 죄의 대가를 자신이 치르지 않고 제물이 치르게 했다. 어떤 의미에서는 제물이 그 사람의 죄에 대한 형벌을 대신 치르는 것이었다.

이 모든 것이 바로 예수님께서 십자가에 못 박혔을 때에 일어난 상황을

묘사하고 있다. 하나님 아버지는 인류의 모든 죄를 당신의 아들의 영혼에 전가시킨 것이다. 이사야 선지자는 우리 가운데 아무도 그 심오한 뜻을 온전히 이해하지 못할 놀라운 진술을 하였다. "당신은 그의 영혼을 속건 제물로 드리며." 예수님의 영혼은 온 인류를 위한 속죄 제물이 된 것이다!

예수님의 절대적인 순수함과 거룩함을 감안한다면, 예수님의 영혼을 전 인류의 속건 제물로 삼는다는 것은 이해하기 어려운 일이다. 우리 모두에게는 일어나지 않았더라면, 또는 저지르지 말았더라면 하고 후회하는 기억들이 있을 것이다. 어떤 기억이 떠오를 때면 곤혹스럽거나 심지어 혐오감이 들 때도 있을 것이다. 이제 아무런 죄가 없는 하나님의 아들이 인류의 모든 죄를 덮어쓰는 것을 한 번 상상해보라! 이것이 바로 겟세마네 동산에서 예수님이 마시고 싶어 하지 않았던 잔이다. 그리스도는 자신이 당해야 할 신체적 고통과 자신이 짊어져야 할 전 인류의 죄악이라는 끔찍한 영적인 짐을 바라보며, "이르시되 아버지여 만일 아버지의 뜻이거든 이 잔을 내게서 옮기시옵소서"(눅 22:42)라고 기도했다. 그렇지만 감사하옵게도 예수님은, "그러나 내 원대로 마시옵고 아버지의 원대로 되기를 원하나이다"라는 기도를 덧붙이셨다. 그리하여 우리의 속죄가 이루어진 것이다!

이제는 신약으로 가보자. 아마 여러분은 고린도후서 5장 21절을 읽으면서 그 구절이 이사야서 53장 10절을 인용하고 있음을 깨닫지 못했을 것이다.

하나님이 죄를 알지도 못하신 이를 우리를 대신하여 죄로 삼으신 것은

우리로 하여금 그 안에서 하나님의 의가 되게 하려 하심이라

죄 많음(sinfulness)의 반대는 무엇일까? 그것은 한마디로 의로움(right-eousness)이다. 그리하여 여기서 이루어진 교환은 다음과 같다. 예수님이 우리의 죄 많음으로 죄가 됨으로써 우리는 하나님의 의로움으로 의가 되었다.

이것은 참으로 놀라운 진술이지만, 철저히 성경적이다. 우리는 아무리 선하게 살려고 노력해도 하나님의 의에 도달하지 못한다. 우리가 하나님의 의를 이해할 수 있는 길은 믿음밖에 없다. 우리는 도저히 믿을 수 없는 것을 믿어야 한다. 우리로 하여금 예수님 안에서 하나님의 의가 되게 하려고, 예수님이 우리의 죄 많음으로 죄가 되었다는 사실을 믿어야 하는 것이다. 이것은 엄청난 계시가 아닐 수 없다!

구원받았을 뿐만 아니라 의롭게도 되었다!

이사야서의 다른 구절은 이 교환의 아름다운 그림과 그 결과를 보여준다.

> 내가 여호와로 말미암아 크게 기뻐하며 내 영혼이 나의 하나님으로 말미암아 즐거워하리니 이는 그가 구원의 옷을 내게 입히시며 공의의 겉옷을 내게 더하심이(사 61:10)

이사야는 '적당히 행복하며'라고 하지 않고 '크게 기뻐하며'라고 서술

한다. 기뻐한다는 뜻의 히브리어는 sous이고, 유태인들은 강조하고 싶을 때 동사를 반복하여 사용한다. sous asees는 하나님 안에서 크게 기뻐한다(rejoice rejoicing)는 뜻이다. 왜 크게 기뻐하는가? 이중 교환이 이루어졌기 때문이다.

먼저, 하나님은 우리들의 죄로 물든 더러운 옷을 벗기시고 구원의 옷으로 갈아입히셨다. 구원의 옷을 입는다는 것은 멋진 일이다. 그러나 그것으로 끝나지 않는다. 하나님은 우리를 공의의 겉옷으로 덧입히기를 원하신다. 현대어 성경 번역 중에 하나는, "하나님은 나를 공의의 겉옷으로 둘러싸주셨다"라고 표현한다. 우리는 죄로부터 구원을 받을 수 있을 뿐만 아니라 예수 그리스도 안에서 하나님의 공의라는 옷까지 입게 되는 것이다.

이러한 것을 표현하는 전문적인 단어는 justified(의화된)다. 성경의 언어에서 justified(의화된)와 righteous(의로운)는 같은 어원에서 나온 단어다. justified의 의미는 'made righteous' (의롭게 된) 또는 'made just' (공의롭게 된)라는 뜻이다.

당신이 사형선고를 받기에 마땅한 죄를 짓고 천국의 법정에서 재판을 받는다고 가정해보자. 판결을 기다리며 앉아 있는데, 무죄 선고를 받았다.

당신은 그런 판결을 받고 기뻐하지 않을 수 없을 것이다. 당신은 법정 앞으로 천천히 걸어나가 판사와 악수를 하며 "감사합니다, 판사님. 반가운 소식이네요"라고 말하지 않을 것이다. 또는 배우자나 친구에게 "오늘 아침의 재판은 괜찮았어"라고 말하지도 않을 것이다. 배우자를 끌어안고, 친구의 등을 두드리고, 껑충껑충 뛰면서 "나는 무죄다! 석방이다! 자유다!"라고 외칠 것이다. 견딜 수 없이 어깨를 무겁게 짓누르던 짐을 벗게 되었기 때문이다.

바로 이것이 '의롭게 되었다' 라는 말이 뜻하는 것이다. 천국의 법정에서 내 죄를 심리했는데, 무죄로 판결이 났다. 나는 무죄로 방면되고, "just-as-if-I'd" never sinned(마치 죄를 지은 적이 없는 것처럼) 의롭게 된 것이다. 마귀가 나를 죄인이라고 손가락질할 수 있는 것이 아무것도 없게 되었다.

청소년기에 나는 영국 성공회 교회 예배에 정기적으로 참석했다. 십대의 비판적인 눈에는 기도서에 적힌 아름다운 기도문을 낭독하는 사람들이 자기들이 읽는 내용을 믿는 것처럼 보이지 않았다. 나는 기품 있는 한 부인이 교회에서 걸어 나가다가 레이스가 달린 손수건을 떨어뜨리는 것을 본 기억이 난다. 나는 그것을 집어 들고 달려가 "마님, 이것은 마님 손수건입니다. 떨어뜨리셨어요"라고 말했다. 그때 나는 그 부인이 교회에서 기도문을 외울 때보다 손수건을 다시 찾은 것을 더 기뻐하는 모습을 보았다. 왜 그랬을까? 예배 중에 읽은 기도문과 들은 말씀이 그 부인에게는 생생한 현실로 느껴지지 않았기 때문이다.

나는 여러분이 이 책을 읽으면서 자신이 의롭게 되었다는 사실을 생생한 현실로 받아들일 수 있기를 바란다. 천국에 기록된 문서 중에 당신에 대하여 불리한 증언을 하는 것은 하나도 없다. 당신이 그리스도 안에 있으면, 사탄이 당신을 고소할 거리는 아무것도 없다.

죄책감을 경계하자

사탄이 인간을 공격하는 주 무기는 죄책감(guilt)이다. 누구든지 또는 무엇이든지 여러분에게 죄책감을 심어주는 것은 대단히 조심해야 한다. 죄책감은 하나님에게서 오는 것이 아니다. 성령은 "죄에 대하여 의에 대하여 심판에 대하여 세상을 책망하시리라"(요 16:8). 그러나 성령의 책망은 죄책감과 다르다.

성령이 죄를 책망할 때는, "네가 이런 짓을 했다. 그것은 나쁜 짓이다. 회개하고 바로잡아라. 회개하고 바로잡는 방법은 이것이다"라고 말씀하신다. 그때 성령의 말씀에 따라 죄를 고백하고, 회개하고, 잘못을 보상하는 조치를 취하고 나면 그 일은 종결된다. 더 이상 '무엇을 했어야 하는데', 또는 '하지 말았어야 하는데'라고 지난 일을 돌이켜 생각할 필요가 없다.

그러나 죄책감은 당신이 저지른 죄를 충분히 회개했는지 알 수 없게 만든다. 당신이 누군가를 공정하게 대하지 않아, 그 사람이 거절의 상처로 괴로워하고 있을 것이라는 생각이 들게 한다. 그리고 당신이 그 사람에게 어떤 말이나 행위로 사과를 해도 결코 충분하지 않다는 느낌을 준다. 그러한 죄책감은 성령의 역사가 아니라, 다른 악한 권세에게서 오는 것이다.

그러므로 당신으로 하여금 죄책감을 심어주는 것은 무엇이든지 경계해야 한다. 죄책감은 성령의 구체적인 책망과는 달리 십자가의 역사를 부인한다. 죄책감은 끝이 없다. 한없이 계속 이어진다. 아무리 노력해도 죄책감에서 벗어나기 어렵다. 만일 사탄이 당신으로 하여금 죄책감에 시달리도록 끈덕지게 달라붙는다면, 이사야서 54장 17절에 기록된 하나님의 약속으로 물리치기 바란다.

너를 치려고 제조된 모든 연장이 쓸모가 없을 것이라 일어나 너를 대적하여 송사하는 모든 혀는 네게 정죄를 당하리니(and every tongue which rises against you in judgement you shall condemn) 이는 여호와의 종들의 기업이요 이는 그들이 내게서 얻은 공의니라 이는 여호와의 말씀이니라

얼마나 놀라운 소식인가! 마귀가 당신을 치려고 만드는 무기가 아무것도 쓸모가 없는 것이다. 그러므로 긴장을 풀기 바란다. 마귀가 죄책감이라는 무기로 당신을 계속 괴롭히려 하더라도 결국에는 실패하고 말 테니까.

> * * *
> "사탄이 인간을 공격하는 주 무기는 죄책감이다."
> * * *

'당신을 대적하여 일어나 송사하는 모든 혀는 하나님께 정죄를 당하리니' 라고 하나님께서 말씀하지 않은 것을 주목하기 바란다. 하나님께서는 '네게 정죄 당하리니'(you shall condemn)라고 말씀하셨다. 예수님께서 십자가에서 당신을 위해 행하신 일을 기초로, 당신은 사탄의 모든 송사를 물리치고, 죄책감과 비난에 굴복하는 것을 단호히 거부해야 한다. 결국 사탄이 공격하는 것은 당신의 의로움이 아니라, 당신에게 전이된 하나님의 의로움이다. 당신은 이 사실을 바탕으로 당신을 향한 모든 비난을 거부할 수 있다. 당신은 죄가 없다. 공의의 겉옷을 기억하라! 마귀가 어떤 방향에서 당신에게 접근해도 문제없다. 마귀의 눈에는 그리스도의 공의가 당신을 덮은 것밖에 보이지 않기 때문이다. 이는 로마서 8장 1절에 다음과 같이 요약되어 있다.

그러므로 이제 그리스도 예수 안에 있는 자에게는 결코 정죄함이 없나니

로마서 8장은 성령의 지배를 받는 삶을 묘사하고 있다. 1절은 성령의

지배를 받는 그러한 삶으로 들어가는 관문으로, 그 문에는 정죄함이 없다(No condemnation)고 표시되어 있다. 정죄 아래에 있으면서 성령의 지배를 받는 삶을 살 수는 없으므로 정죄를 다루는 법을 배워야 한다. 하나님은 당신을 송사하는 마귀를 당신이 정죄하라고 말씀하신다. 예수님이 우리의 죄를 지고 죄가 되심으로써 우리는 예수님의 의로움으로 의로워졌기 때문이다.

요한계시록 12장 10절은 사탄의 왕국과 하나님의 백성들 사이에 마지막 투쟁이 일어나는 때를 묘사한다.

> 내가 또 들으니 하늘에 큰 음성이 있어 이르되 이제 우리 하나님의 구원과 능력과 나라와 또 그의 그리스도의 권세가 나타났으니 우리 형제들을 참소하던 자 곧 우리 하나님 앞에서 밤낮 참소하던 자가 쫓겨났고

하나님의 보좌 앞에서 마귀가 밤낮 참소하는 이 장면은 상상하기 어렵지만, 나는 앞으로도 계속 일어날 일이라고 믿는다. 사탄은 우리가 죄가 있다는 것을 증명하려고 하나님의 보좌 앞에서 끊임없이 우리를 참소하고 있다. 그렇다면 우리는 어떻게 참소하는 자를 이겨낼 수 있을까?

> 또 우리 형제들이 어린양의 피와 자기들이 증언하는 말씀으로써 그를 이겼으니…(계 12:11)

예수님의 피가 우리를 위해 역사하는 일에 대해 하나님의 말씀은 무엇이라고 하는지, 그리고 하나님께서 행하신 일은 무엇인지 우리의 입술로

증언할 때 사탄은 입을 다물 수밖에 없다.

교환을 고백하기

이미 이전 단원에서 언급했듯이, 하나님께서 이루신 일을 나의 것으로 취하는 가장 간단하고도 실질적인 방법은 하나님께 감사를 드리며, 입술로 고백하는 것이다. 그러므로 다시 한 번 구두로 고백함으로써 이 세 번째 교환을 내 것으로 삼기 바란다.

예수님이 나의 죄를 지고 죄가 되심으로써 나는 예수님의 의로움으로 의로워졌다.

나를 의롭게 만드신 예수님, 감사합니다!

학습을 돕는 질문

1. 죄들(sins)과 죄(sin)의 차이점은 무엇인가?
2. 죄 많음(sinfulness)의 반대는 무엇인가?
3. 우리는 의로움의 의미를 어떻게 이해할 수 있는가?
4. 의롭게 되었다는 것은 무엇을 뜻하는가?
5. 사탄이 인간을 공격하는 주 무기는 무엇인가?
6. 우리가 사탄의 송사, 죄책감, 정죄를 물리칠 수 있는 근거는 무엇인가?
7. 당신의 입술로 이 단원의 마지막에 있는 교환을 고백해보자.

6장 | 죽음 대신에 생명을

지금까지 예수님이 십자가에서 돌아가셨을 때 일어난, 하나님께서 제정하신 교환의 세 가지 측면을 살펴보았다.

예수님이 징계를 받음으로써 나는 용서를 받게 되었다.
예수님이 상처를 입음으로써 나는 치유를 받게 되었다.
예수님이 나의 죄를 지고 죄가 되심으로써 나는 예수님의 의로움으로 의롭게 되었다.

이제 교환의 넷째 측면, 단순하면서도 참으로 강력한 측면을 살펴보자.
예수님이 나의 죽음을 죽음으로써 나는 예수님의 생명을 누리게 되었다.

우리에게 생명을 주기 위해서 예수님은 생명을 바치셨다. 예수님은 요한복음 10장 10절에서 "도둑이 오는 것은 도둑질하고 죽이고 멸망시키려는 것뿐이요 내가 온 것은 양으로 생명을 얻게 하고 더 풍성히 얻게 하려는 것이라"라고 말씀하셨다.

예수님이 우리에게 주시는 것과 우리가 마땅히 받을 만한 것 사이에는 엄청난 차이가 있다. "죄의 삯은 사망이요 하나님의 은사는 그리스도 예수 우리 주 안에 있는 영생이니라"(롬 6:23). 이 구절에서 '삯'과 '은사'(free gift 선물) 사이에 현저한 차이가 있다. 삯은 우리가 행한 것에 대하여 마땅히 받는 대가다. 삯을 받는 것은 정당하며, 누구든지 당신의 삯을 주지 않는 자는 부당한 짓을 하는 것이다. 그러나 선물은 노력하여 얻을 수 있는 것이 아니다. 그러므로 "나는 오직 정의를 원한다"라고 말하는 사람은 어리석은 자다. 당신이 정의를 요구한다면, 온전히 정의로우신 하나님은 당신에게 정의를 줄 것이다. 정의는 당신이 정당한 삯을 받는 것을 요구하므로, 당신은 사망을 삯으로 받게 된다.

> ***
> "자비는 정의의 대안이다."
> ***

로렌 커닝햄(Loren Cunningham)은 어떤 부인이 사진관에 가서 사진을 찍은 이야기를 한 적이 있다. 시험 인화를 보러 간 그 부인은 자신의 사진이 만족스럽지 못했다. 그래서 그 부인은, "이 사진은 내 얼굴을 정의롭게(정당하게) 반영하고 있지 않네요"(These pictures don't do me justice)라고 사진사에게 항의했다. 사진사는 그 부인을 바라보며, "마님, 마님에게 필요한 것은 정의가 아니고 자비입니다"(Madam, you don't need justice, you need mercy)라고 대답했다.

나는 이 이야기를 곰곰이 생각해보았다. 그리고 가끔 내 자신에게 말한다. '나는 정의가 필요한 것이 아니라, 자비가 필요해'라고.

자비는 정의의 대안이다. 당신이 죄의 삯을 거절하면, 영생이라는 선물을 노력하지 않고 받을 수 있다. 우리가 받아야 할 죄의 삯을 예수님이 대신 받으셨기에 우리는 영생을 선물로 받을 수 있게 된 것이다. 히브리서 2장 9절에 예수님께서 "천사들보다 잠시 동안 못하게 하심을 입은 자 되어…하나님의 은혜로 말미암아 모든 사람을 위하여 죽음을 맛보려 하심이라"고 기록되어 있듯이, 예수님은 당신과 나를 위하여 죽음을 맛보셨다.

제3장에서 모든 아담의 후손을 대신하여 죽음을 맛보신 예수님은 "마지막 아담"(고전 15:45)이요, "둘째 사람"(고전 15:47)이라고 한 사실을 상기해보자. 마지막 아담으로 예수님은 나와 당신을 포함한 모든 아담의 후손이 물려받아야 할 악한 유산을 종결지었다. 예수님은 돌아가실 때에 "다 이루었다"라고 하셨는데, 그 말씀이 모든 것을 매듭지었다. 예수님이 장사되었을 때에 악한 유산들도 주님과 함께 매장되었다. 그리고 예수님은 죽은 지 삼 일 만에 새로운 인류의 머리인 둘째 사람으로 부활하셨다. 예수님이 우리의 죽음을 죽음으로써 우리가 예수님의 생명을 누리게 된 것이다.

이러한 교환의 본질을 정확하게 이해하려면 구약을 다시 돌아볼 필요가 있다.

하나님은 우리의 구속을 위해 초과 지불하셨다

하나님의 생명을 더 충만하게 받아들이도록 당신을 도와주고, 예수님을 더 소중한 분으로 이해할 수 있게 도와주는 개념을 설명하고자 한다. 이 개념을 이해하려면, 영어로 생명(life)이라고 번역된 성경의 단어들을 찾아볼 필요가 있다. 먼저 모세의 율법에 규정된, 하나님의 정의의 원칙을 살펴보자.

생명은 생명으로

출애굽기 21장 23-25절은 부당하게 타인에게 상해를 입힌 경우를 다루고 있다. "그러나 다른 해가 있으면 갚되 생명은 생명으로 눈은 눈으로 이는 이로 손은 손으로 발은 발로 덴 것은 덴 것으로 상하게 한 것은 상함으로 때린 것은 때림으로 갚을지니라." 상해를 입힌 것은 동일한 가치를 지닌 것으로 배상해야 했다.

번역이 때로는 구약과 신약에 나오는 단어의 뜻을 모호하게 만든다. 사실 출애굽기의 이 구절에서 구약의 기본적이고 위대한 계시가 번역으로 인하여 뜻이 모호해졌다. '생명은 생명으로'라는 첫 구절에서 '생명'(life)이라는 단어가 함축하는 바를 살펴보자.

신약의 헬라어에는 영어로 'life'(생명)이라고 번역된 세 개의 단어가 있다. 이들은 혼(soul)이라는 뜻인 psuche, 영원한 생명(eternal life)이라는 뜻인 zoe, 수명(natural life)이라는 뜻인 bios이다. 구약의 히브리어에는 매우 흥미로운 단어가 하나 있는데, '혼'(soul), '생명'(life), 또는 '사람'(person)이라는 뜻을 지닌 nefesh이다. 창세기 2장 7절에서 "사람이 생령이 되니라"라고 할 때 히브리어 nefesh를 사용한다. 하나님의 영과 진흙이 하나가 되면서 완전히 새로운 어떤 것이 출현했다-아담, 한 사람, 하나의 새 생명, 하나의 새로운 인격, 하나의 nefesh.

출애굽기 21장 23-25절에 나온 '생명은 생명으로'는 히브리어로 'nefesh for nefesh', 곧 '혼은 혼으로'라고 표기되어 있다. 어떤 사람이 살해되었으면, 살인죄를 저지른 사람은 자기 생명으로 속죄해야 했다.

이 구절을 신명기 19장 21절과 비교해보자. "네 눈이 긍휼히 여기지 말라 생명에는 생명으로 눈에는 눈으로 이에는 이로 손에는 손으로 발에는 발로이니라." 동일한 원리가 적용되고 있다. nefesh 대신 nefesh로, 한 혼 대신 다른 혼으로.

생명(혼)은 피 안에

그렇다면 혼(soul)이란 무엇인가? 그 해답은 하나님의 놀라운 예언적 말씀인 레위기 17장 11절에 들어 있다.

> 육체의 생명은 피에 있음이라 내가 이 피를 너희에게 주어 제단에 뿌려 너희의 생명을 위하여 속죄하게 하였나니 생명이 피에 있음으로 피가 죄를 속하느니라

'육체의 생명은 피에 있음이라' 라고 한 첫 구절에서 '생명' 의 히브리어는 또다시 nefesh이다. 육신의 "혼"은 피에 있다는 말씀이다.

이것이 왜 중요한가? 사람은 영(spirit)과 혼(soul)과 육신(body)을 갖고 있다. 영이 떠나면 숨이 멈춘다. 혼이 떠나면 피가 더 이상 돌지 않는다. 육신의 혼은 피 속에 있기 때문이다. 그래서 하나님은 "내가 이 피를 너희에게 주어 제단에 뿌려 너희의 생명을 위하여 속죄하게 하였나니"라고 말씀하셨다. 다른 말로 표현하면, 한 혼이 다른 혼을 위하여 속죄해야 한다는 뜻이다. 혼은 피 속에 있기 때문에, 한 생명으로 다른 생명을 속죄하

려면 피를 뿌려야 하는 것이다.

　이제 속죄에 관한 가장 위대한 말씀인 이사야서 53장으로 돌아가 보자. 53장 마지막 절에서, 하나님의 종이 고난을 통해 이룩한 것에 관해 성경은 이렇게 기록하고 있다.

> 그러므로 내가 그에게 존귀한 자와 함께 몫을 받게 하며 강한 자와 함께 탈취한 것을 나누게 하리니 이는 그가 자기 영혼을 버려 사망에 이르게 하며 범죄자 중 하나로 헤아림을 받았음이니라 그러나 그가 많은 사람의 죄를 담당하며 범죄자를 위하여 기도하였느니라

　어떤 번역은 혼(soul) 대신에 생명(life)이라는 단어를 사용한다. "그가 자기 생명을 버려 사망에 이르게 하며." 그러나 히브리어는 nefesh이므로 혼이 더 나은 번역이다. 예수님은 피를 쏟아 부어 자신의 혼을 버려 사망에 이르게 하였다. 십자가에서 피 흘리고 죽으면서 모든 인류를 대신하여 당신의 혼을 버리신 것이다.

　십자가에서 처형된 예수님의 이야기를 읽고 있으면, 예수님의 몸에서 피가 다 빠져나갔을 것이라는 추측을 할 수 있다. 로마 군인들은 예수님의 등을 채찍으로 갈겨 찢었다. 그들은 가시면류관을 예수님의 머리에 눌러 씌웠고, 예수님의 팔과 다리에 못을 박았다. 예수님의 몸에서 피가 철철 흘러내렸다. 그리고 예수님이 숨을 멈춘 후에, 한 군인이 창으로 심장을 찌르자 물과 피가 쏟아졌다. 예수님의 몸의 모든 피가 남김없이 십자가에서 쏟아져 내린 것이다. 이것이 바로 예수님이 마지막 아담으로서, 아담의 모든 후예를 위하여 자신의 혼을 바친 희생 제사였다.

예수님의 피에 감사하기

나는 그리스도교 교리를 믿음으로 받아들일 수 있지만, 논리학자로서 훈련된 배경으로 인해 어떤 교리가 논리적으로도 이치에 맞는지 따져보는 습성이 있다. 혼이 피 안에 있다는 진리를 묵상하기 시작했을 때 비로소 나는 그 개념을 생생하고도 논리적인 것으로 받아들일 수 있었다.

오랫동안 나는 예수님이 죄 사함을 위한 희생 제물로 드려졌다는 구속 교리를 믿어왔다. 예수님의 희생으로 인해 모든 인류가 죄를 용서받게 되었다는 것도 알고 있었다. 그러다가 나는 하나님의 아들의 혼이 어찌하여 인류를 위해 버려졌는지 묵상하게 되었다. 나는 창조주 하나님의 생명이, 그분이 창조한 모든 피조물의 생명을 모두 합친 것보다 더 귀한 것이라고 간주했다. 그렇다면 하나님의 아들의 혼은 전 인류의 모든 혼을 속죄하기 위한 제물로 삼기에 충분하고도 넘친다는 결론에 도달했다. 시편 130편 7절에서는, "여호와께서는 인자하심과 풍성한 속량이 있음이라"라고 고백한다. 다른 말로 하자면, 하나님은 우리를 속량하기 위한 대가를 초과 지불하신 것이다.

이 개념을 이해하면 예수님이 당신에게 무한히 소중한 분이 될 것이다. 예수님이 십자가에서 피를 흘리심으로써 바친 예수님의 한 혼은, '한 혼으로 다른 혼을' 이라는 원칙에 따라 전 인류를 구속하기 위해 바친 제물이었다.

그렇다면 우리가 예수님의 피를 언급할 때 대단히 조심해야 한다. 나는 심지어 복음주의 목회자와 은사주의 목회자들도 "예수님의 피는 중요하지 않다. 그냥 죗값을 치렀을 뿐이다"라고 말하는 것을 들었다.

나는 그런 말을 믿지 않는다. 그리고 여러분도 절대로 그런 생각을 품거나 예수님의 피의 가치를 평가 절하하는 일이 없기를 충고한다. 불행하게도 오늘날 교회에는 온갖 종류의 비성서적인 가르침들이 침투해 있다. 어떤 교단은 그들의 찬송가에서 예수님의 보혈에 대한 언급을 삭제해버렸다. 이러한 움직임의 배후에는 누가 있는 것일까? 분명히 하나님은 아니다!

> * * *
> "우리가 예수님의 피를 감사드리면 성령의 관심을 끌게 된다."
> * * *

레위기 17장 11절은 "생명은 피에 있음이라"라고 언급했다. 생명은 하찮은 것이 아니다. 생명은 세상에서 가장 소중한 것이다. 하나님의 생명이 예수님의 피 안에 있으므로 무엇이든 예수님의 피를 격하시키는 것이 있다면 온 하늘이 그것을 혐오하게 될 것이다. 왜냐하면 예수님이 그분의 생명인 피를 한 방울도 남김없이 쏟아버린 그 희생 제사를 온 하늘이 목격했기 때문이다.

그리하여 우리가 예수님의 피를 감사드리면 성령의 관심을 끌게 된다고 나는 믿는다. 찰스 웨슬리(Charles Wesley)가 지은 아름다운 찬송가, "일어나라, 나의 혼아, 일어나라!"를 상기해보라. 그 찬송가에는 이런 구절이 있다. "성령이 예수님의 보혈에 응답하신다." 우리가 예수님의 피에 관한 진리를 선포할 때에 성령은 말씀하신다. "저곳이 내가 있고 싶은 곳이다. 저 사람들은 내가 듣고 싶은 말을 하고 있구나."

예수님의 피를 마심

요한복음 6장 54-56절에서 예수님은 이렇게 말씀하셨다.

> 내 살을 먹고 내 피를 마시는 자는 영생을 가졌고 마지막 날에 내가 그를 다시 살리리니 내 살은 참된 양식이요 내 피는 참된 음료로다 내 살을 먹고 내 피를 마시는 자는 내 안에 거하고 나도 그의 안에 거하나니

예수님의 살과 피를 먹고 마신다는 개념은 예수님의 제자들 중 일부의 비위를 상하게 하여 그들은 더 이상 예수님을 따르지 않았다. 이것은 오늘날에도 사람들에게 그리스도교에 대한 적대감을 불러일으킨다. 사실 피에는 혐오감을 일으키는 무엇이 있다. 피를 생각할 때마다 속이 메스꺼워진다. 실제로 어렸을 적에 나는 피만 보면 토하곤 했는데, 오랜 세월이 지나서야 그러한 혐오감을 극복할 수 있었다. 우리 모두의 마음속에 있는 그 무엇은 피를 생각하거나, 피가 흐르는 참상을 보는 것을 좋아하지 않는다.

어떤 것은 불쾌하면서도 쓸데가 있다. 십자가도 비위를 거스르는 것이지만, 그것이 없이는 구속도 없고 희망도 없다. 우리의 희망은 전적으로 예수님의 피의 공로에 의존한다.

> 예수께서 이르시되 내가 진실로 진실로 너희에게 이르노니 인자의 살을 먹지 아니하고 인자의 피를 마시지 아니하면 너희 속에 생명이 없느니라
> (요 6:53)

왜 그럴까? 생명은 피에 있기 때문이다.

그러므로 생명을 얻으려면 우리는 예수님을 먹어야 한다. 예수님의 피 안에 들어 있는 생명을 우리가 취해야 한다는 뜻이다.

그 자신 안에 생명을 가진 존재는 온 우주에서 오직 하나님 한 분뿐이다. 우리 안에 생명을 가진 사람은 아무도 없다. 왜냐하면 우리는 아무도 우리 안에 생명의 근원을 갖고 있지 않기 때문이다. 우리 모두의 생명은 다른 근원에 의지하고 있다.

사실 이것이 nefesh라는 단어의 속성이다. nefesh는 스스로 존재하지 않고 남에게 의존하는 생명을 뜻한다. 아담이 생령이 되었을 때 아담의 생명은 그에게 생기를 불어넣은 하나님의 숨에 의존했다. 고린도전서 15장 45절에는 "기록된 바 첫 사람 아담은 생령이 되었다 함과 같이 마지막 아담은 살려주는 영이 되었나니"라고 기록되어 있다. 하나님은 예수님으로 하여금 그분 안에 생명을 갖도록 하셨고, 예수님은 그 생명을 나눠주신다.

이 단원의 첫 부분에서 우리는 요한복음 10장 10절에 기록된 예수님의 말씀을 주목하였다. "도둑이 오는 것은 도둑질하고 죽이고 멸망시키려는 것뿐이요 내가 온 것은 양으로 생명을 얻게 하고 더 풍성히 얻게 하려는 것이라." 우리는 모두 하나님께 생명을 의존한다. 그리고 하나님께서 우리에게 주신 영생의 유일한 채널은 예수님의 보혈이다. 우리가 생명을 원한다면, 예수님의 피를 통해 우리에게 생명이 온다는 사실을 인식해야 한다. 예수님의 피를 더 많이 묵상하고, 경배하고, 당신의 삶 속에 받아들일수록 당신의 삶은 더 풍성해질 것이다.

어떻게 예수님의 피를 마실 것인가?

나는 1946년에 이스라엘 땅에서, 그 당시 라말라라고 불리는 작은 아랍 마을에서 사역을 시작했다. 비록 나는 아랍어를 유창하게 구사하지는 못했지만, 집에서는 아랍어를 사용했다. 그리하여 나는 아랍 사람들이 성찬식을 하고 싶으면, "예수님의 피를 마십시다"라고 말한다는 것을 알게 되었다. 어떤 의미에서 성찬식이란 예수님의 피를 마시는 행위라는 개념을 거기에서 배웠다. 내가 이해하는 바로는, 예수님의 피를 마시는 것이 주님이 우리에게 주신 생명을 내 것으로 취하는 방법이다.

예수님께서 십자가에서 죽으시며 당신의 피를 쏟아버리셨을 때, 하나님의 생명이 온 우주로 방출되었다. 그 생명은, 예수님에 대한 믿음을 통해 그것을 받아들이는 사람은 누구나 얻을 수 있다. 그 이전까지는 하나님의 생명은 하나님 안에만 한정되어 있었다.

예수님이 십자가에서 돌아가셨을 때 일어난 일을 생각하면 놀라움을 금할 수 없다. 아낌없이 쏟아버린 예수님의 피와 함께, 예수님의 피를 통해서만 우리가 얻을 수 있는 하나님의 온전한 생명이 흘러내린 것이다. 생명의 채널은 예수님의 피밖에 없다.

내가 룻(Ruth)과 결혼생활을 한 이십 년 동안, 우리는 유목민처럼 살았다. 우리는 자주 여행을 했고, 어느 한곳에서 장기간 거주해본 적이 없다. 그런데 어떤 의식을 매일 행하면 우리의 삶에 어느 정도 안정을 찾을 수 있다는 것을 발견하게 되었다. 우리에게 매우 소중한 것이 된 한 가지 의식은 매일 아침 일상사에 휘말리기 전에 성찬식을 함께 행하는 것이었다. 내 가정의 제사장으로서 나는 매일 아침 룻에게 성찬을 베풀었고 우리는 함께 이런 고백을 했다. "하나님, 감사합니다. 예수님의 피를 마심으로써 저희는 하나님의 거룩하고 영원한 생명을 받아 누립니다." 그 고백은 룻과 내가 함께 살던 그 시절에 믿었던 것으로 지금도 나는 그것을 믿는다.

교환을 고백하기

당신도 입술로 다음과 같은 고백을 함으로써 이 네 번째 교환을 당신의 것으로 취하라.

예수님이 나의 죽음을 죽음으로써 나는 예수님의 생명을 누리게 되었다.

예수님, 나에게 당신의 생명을 주신 것을 감사드립니다!

학습을 돕는 질문

1. 요한복음 10장 10절에 따르면, 예수님은 왜 지상에 오셨는가?
2. 로마서 6장 2절에 따르면, 죄의 삯은 무엇인가?
3. 레위기 17장 11절에 따르면, 무엇이 우리의 혼을 속죄하는가?
4. 우리는 생명을 얻기 위해 무엇을 해야 하는가?
5. 예수님이 십자가에서 돌아가시며 그분의 피를 쏟아버리셨을 때 무엇이 우주로 방출되었는가?
6. 당신 자신의 입술로 이 단원의 마지막에 기술된 교환을 고백해보자.

7장 | 저주 대신에 축복을

이제 교환의 다섯째 측면인 저주와 축복을 살펴보자. 이는 갈라디아서 3장 13-14절에 분명하게 기록되어 있다.

> 그리스도께서 우리를 위하여 저주를 받은 바 되사 율법의 저주에서 우리를 속량하셨으니 기록된 바 나무에 달린 자마다 저주 아래에 있는 자라 하였음이라 이는 그리스도 예수 안에서 아브라함의 복이 이방인에게 미치게 하고 또 우리로 하여금 믿음으로 말미암아 성령의 약속을 받게 하려 함이라

여기에 교환이 있다. 우리에게 내렸어야 할 모든 저주가 예수님에게 대신 임함으로써 예수님이 받을 모든 축복을 우리가 누릴 수 있게 되었다. 예수님은 실제로 우리를 대신하여 저주를 받음으로써 우리로 하여금 "아브라함의 축복"을 받게 하셨다.

아브라함은 어떤 방식으로 축복을 받았는가? 창세기 24장 1절에 그 답이 있다. "아브라함이 나이가 많아 늙었고 여호와께서 그에게 범사에 복을 주셨더라." 아브라함의 축복은 우리 삶의 모든 영역을 망라한다. 우리가 예수님께서 십자가에서 우리를 위하여 저주를 받으셨을 때 일어난 교환을 믿을 때 누릴 수 있는 축복이 바로 이 아브라함의 축복이다.

축복과 저주의 본질을 파악하려면, 위의 성경 구절이 기록된 갈라디아서 3장의 서두로 돌아갈 필요가 있다.

> 어리석도다 갈라디아 사람들아 예수 그리스도께서 십자가에 못 박히신 것이 너희 눈앞에 밝히 보이거늘 누가 너희를 꾀더냐(갈 3:1)

몇 절 뒤에 바울은 갈라디아 성도들에게, "너희에게 성령을 주시고 너희 가운데서 능력을 행하시는" 하나님을 상기시킨다. 오늘날의 언어로 표현하자면, 갈라디아의 성도들은 은사주의 또는 성령 충만한 기독교인들이었다고 할 수 있다. 그럼에도 불구하고 바울은 갈라디아 성도들이 '홀렸다'(bewitched)고 말한다. 참으로 놀라운 진술이 아닐 수 없다! 왜 바울은 그렇게 말했을까?

왜냐하면 갈라디아 성도들은 십자가의 비전을 잃어버렸기 때문이다. 바울이 기록했듯이, '예수 그리스도께서 십자가에 못 박히신 것이 너희 눈앞에 밝히 보이거늘' 십자가의 비전을 흐리는 무슨 일이 갈라디아 성도들에게 생겼다. 사실은, 악한 사탄의 세력이 들어와 갈라디아인의 십자가에 대한 이해를 가려버린 것이었다. 바울은 '홀렸다'(bewitched)라는 단어-헬라어 baskaino-를 사용함으로써 그 사탄의 세력을 주술이라고 부른다.

주술의 속임수

나는 여기서 주술(witchcraft)에 대해 자세한 분석은 하지 않겠다. 그러나 구원받거나, 성령 충만하거나, 혹은 기적을 체험했다고 해서 주술의 속임수에 빠지지 않는다는 보장이 없다는 것을 이해함이 중요하다. 십자가의 의미를 모호하게 만들 목적으로, 사탄이 기독교인들 사이로 틈타고 들어와 영향력을 행사할 가능성은 늘 열려 있다. 우리를 위해 하나님께서 공급하시는 모든 것의 유일한 근거인 십자가에 대한 비전을 잃어버리면, 우리에게는 하나님의 공급을 받아들일 토대가 없어진다.

십자가는 또한 예수님이 사탄과 그의 왕국을 무너뜨린 곳이다. 바울은 골로새서 2장 15절에서, "통치자들과 권세들을 무력화하여 드러내어 구경거리로 삼으시고 십자가로 그들을 이기셨느니라"라고 선언했다. 사탄에게는 십자가에서의 패배를 만회할 길이 없다. 그러나 사탄은 교활한 책략으로 십자가에서 이루어진 일을 그리스도인들이 이해하지 못하도록 가려버린다.

사도 바울은 거의 모든 편지마다, 하나님이 그 편지를 받는 수신인들에게 베푼 은혜를 감사하는 말을 서두에 적었다. 심지어는 근친상간, 간음, 성찬 테이블에서 술에 취하는 고린도 교회를 책망하는 편지에서조차도, 바울은 하나님이 그들에게 내리신 은혜를 감사하는 글로 시작했다

> ***
> "사탄이 그리스도인들 사이로 틈타고 들어와 영향력을 행사할 가능성은 늘 열려 있다."
> ***

(고전 1:4 참조). 그러나 갈라디아의 성도들에게 편지할 때는 크게 걱정하고 있다는 것을 서두에 적었다. "그리스도의 은혜로 너희를 부르신 이를 이같이 속히 떠나 다른 복음을 따르는 것을 내가 이상하게 여기노라"(갈 1:6). 무엇이 문제였는가? 문제는 술 취함이나 부도덕이 아니고, 율법주의(legalism)였다. 바울은 육신의 죄보다도 율법주의에 더 놀란 것이었다.

주술의 산물

갈라디아 성도들을 홀린 주술의 산물은 두 가지였다. 첫째로, 갈라디아 성도들은 육욕을 따르게 되었다. 바울은 갈라디아서 5장 13-24절에서 음행과 더러운 것 등, 육체의 일에 관하여 준엄하게 경고했다. 주술이 그러한 육체의 죄를 짓도록 문을 연 것이 틀림없었다. 둘째로, 십자가에 대한 비전을 잃어버림으로써 갈라디아의 성도들은 율법적인 사람이 되어버렸다. 그들은 어떤 율법 체계를 지킴으로써 의를 이루려고 했던 것이다.

율법주의에 관한 간단한 정의 두 가지를 제시하고자 한다.

첫째, 율법주의는 어떤 규범 체계를 지켜서 하나님의 의에 도달하려는 시도인데, 이것은 하나님이 영원히 거부하신 방법이다. 나는 언젠가 한 무리의 그리스도인을 대상으로 설교하면서, "기독교는 하나의 규범 체계가 아닙니다"라고 말한 적이 있다. 그랬더니 그들은 깜짝 놀란 표정을 지었다. 그때 내가 "하나님은 존재하지 않는다"라고 말했더라면 그 사람들은 덜 놀랬을지도 모른다. 그러나 진실은, 그리스도교는 하나의 율법 체계가 아니라는 것이다. 율법을 지키는 것이 하나님과의 의를 이루는 길은 아니다.

둘째로, 율법주의는 하나님이 당신의 말씀으로 이미 천명한 것에 의로워지는 조건을 추가하는 것이다. 하나님이 이미 요구한 조건에 추가하는 권위는 아무에게도 주어지지 않았다. 하나님이 요구하는 조건은 매우 간단한 것으로 로마서 4장 마지막 부분(24-25절)에 자세히 기록되어 있다. 우리는 "예수 우리 주를 죽은 자 가운데서 살리신 이를 믿는 자니라 예수는 우리가 범죄한 것 때문에 내줌이 되고 또한 우리를 의롭다 하시기 위하여 살아나셨느니라." 의롭다고 인정받는 것은 "죄를 한 번도 범하지 않은" 사람으로 인정받는 것을 뜻한다. '의롭다 함' 이라는 단어를 망각해서는 안 된다. 우리를 의롭게 하기 위하여 예수님의 희생 이외에 더 이상 필요한 것은 없다. 추가로 필요조건을 더할 권위를 부여받은 사람은 아무도 없다. 그렇지만 갈라디아 교회의 성도들은 육욕적이 되면서 동시에 율법주의적이 되었다. 그리하여 갈라디아 교회는, 은혜의 복음을 떠나 행위의 복음으로 가는 사람들의 종말인 저주 아래 놓이게 되었다. 바울은 이것을 갈라디아서 3장 10절에서 다음과 같이 요약하였다.

> 무릇 율법 행위에 속한 자들은 저주 아래에 있나니 기록된 바 누구든지 율법 책에 기록된 대로 모든 일을 항상 행하지 아니하는 자는 저주 아래에 있는 자라 하였음이라

하나의 율법 체계를 지킴으로써 하나님의 의를 성취하려고 시도하다가 어떤 시점에서 그 율법 중 어느 한 가지라도 지키지 못하면 저주 아래에 놓이게 된다. 그러므로 행위로 의로움에 도달하려는 사람은 그 모든 율법을 항상 지켜야 하고, 하나라도 깨뜨리면 의로운 자로 인정받지 못하는

것이다.

벗어나는 길

다행히도, 바울은 단지 문제를 제기하는 것에 멈추지 않았다. 그는 저주로부터 벗어나는 길도 보여주었다.

만일 예수님이 십자가에 달려 고통스럽게 죽어가는 모습을 생각해본다면, 당신은 저주 아래 있고 싶지 않을 것이다. 예수님은 수치와 고통 속에서, 당신의 사도들로부터 외면당하고, 동족으로부터 버림받고, 이 세상에 가진 것 하나 없이, 하늘로부터 거절당하고, 초자연적인 어둠 아래서, 고통의 비명을 지르며 십자가에 매달려 있었다. 그것이 바로 저주의 모습이다.

오늘날의 문제는 대부분의 그리스도인이 저주가 무엇인지 그 개념을 분명하게 이해하지 못하고 있고, 저주가 어떻게 작용하는지, 저주를 어떻게 인지하는지조차 모른다는 점이다. 우리는 병에 걸리면 보통 병에 걸렸음을 안다. 죄를 범하면 또 죄를 지었다는 것을 안다. 그러나 저주 아래 있는 경우는, 문제의 속성이 무엇인지도 모르고, 어떻게 대처해야 하는지도 모른다.

그렇지만 하나님이 이루신 다섯 번째의 교환은 우리를 저주에서 풀어주시는 것이다. 예수님이 십자가에서 저주를 받으셨기에, 우리는 저주에서 벗어나 우리 삶의 모든 영역을 포괄하는 아브라함의 축복을 누릴 수 있게 된 것이다.

이제부터 저주의 본질과 저주에서 벗어나는 방법을 설명하고자 한다.

저주와 축복의 본질

저주와 축복의 본질은 다루기에 방대한 주제다. 나도 실제로 이 문제에 관련되기 전에는 얼마나 방대한 주제인지 깨닫지 못했다! 하나님이 내게 주신 다른 어떤 메시지보다 이 문제와 관련하여 내가 배운 교훈이 사람들에게 더 큰 영향을 끼쳤다고 말할 수 있다. 이것은 삶을 변화시키는 계시다.

축복과 저주는 본질적으로 말(word)이다. 글로 적을 수도 있고, 말로 할 수도 있으며, 단순히 생각일 수도 있다. 그러나 잠언 18장 21절에 "죽고 사는 것이 혀의 힘에 달렸나니"라고 기록되어 있듯이 그것은 초자연적인 권위와 능력이 실린 말이다.

> * * *
> "축복과 저주는 사람들에게 극적인 영향을 미치고 삶을 변화시킨다."
> * * *

신명기 28장에서 모세는 축복과 저주의 목록을 제시한다. 28장 14절은 축복을 묘사한다. 그 다음 54절은 저주를 묘사하는데, 그것은 길고도 소름끼치는 목록이다. 제정신을 지닌 사람 치고 그런 저주를 받고 싶은 사람은 아무도 없을 것이다.

축복과 저주는 사람들에게 극적인 영향을 미치고 그들의 삶을 선하거나 악한 방향으로 변화시킨다. 축복과 저주는 그 영향을 막는 무슨 일이 일어나기 전까지 대를 이어 내려가는 일이 흔하다. 성경에는 거의 사 천 년간 영향을 미쳐온 축복과 저주가 있고, 그 역사는 오늘날까지 이어진다.

왜 우리는 이 문제를 염려해야 하는가? 왜냐하면 우리의 삶에는 근원을 알 수 없는 문제가 있을지 모르고, 그 문제의 근원이 몇 세대 이전까지 거슬러 올라갈 수 있기 때문이다. 우리는 어떤 문제의 본질을 파악하기 전까지는 어떻게 그 문제를 다루어야 할지 몰라 암중모색하게 될 것이다. 축복과 저주의 두드러진 특성 가운데 하나를 다시 얘기하면, 그것들은 영속하지는 않더라도 보통 몇 세대를 이어 내려간다.

예를 들어, 십계명에서 하나님은 우리가 잡신을 섬기든지 아니면 우상을 만들면, "나를 미워하는 자의 죄를 갚되 아버지로부터 아들에게로 삼사 대까지 이르게 하거니와"라고 하셨다(출 20:5). 이것이 저주의 전형적인 특성이다. 나는 동남아시아에서 몇 세대 전의 조상들이 우상을 숭배했던 사람들을 상대로 사역하면서 이것이 진리임을 목격했다. 나는 또한 그들을 저주에서 풀어주는 사역이 엄청난 효과가 있다는 것도 알게 되었다.

여기에 신명기 28장에 기록된 축복과 저주에 대한 간단한 개요를 제공한다. 여러분이 스스로 신명기 28장을 읽으며 내가 정리한 개요에 동의하는지 결정하기 바란다. 먼저 축복은 다음과 같다.

1. 신분 상승_ 영예로운 신분으로 높아지는 것을 뜻한다.
2. 다산_ 신체적이나 재정적인 면, 인간관계나 창조적 능력 등 삶의 모든 분야에서 풍성한 열매를 맺는 것이다.
3. 건강_ 병에 걸리기 전까지는 건강이 얼마나 큰 축복인지 모른다. 병에 걸리고 나서야 '건강의 축복을 누릴 때 하나님께 더 자주 감사드렸어야 하는데'라고 생각하게 될 것이다.
4. 번영 또는 형통_ 성경에서 말하는 번영이란 현대의 미국인들이 생각하는 그런 것이 아니다. 번영이란 호화스러운 삶이나 육체적인 쾌락을 맘껏 누리는 것을 뜻하지 않고, 하나님의 목적을 성취하고 하나

님의 뜻을 따라 행함에 성공하는 것을 의미한다. 여호수아 1장 8절에서 하나님은 여호수아에게, "그가 무슨 일을 하든 그 길이 평탄하고 형통하리라"라고 약속하셨다. 그런데 이스라엘의 지도자들이 그로부터 수년간 전쟁을 치렀고, 항상 위험에 노출되었고, 들판에서 잠을 잤고, 전장의 군인들이 겪는 고달픈 삶을 살았던 것을 생각해 보면 형통의 의미가 무엇인지 알 수 있다.

5. 승리_ 축복은 우리가 하나님의 뜻을 따를 때 겪는 모든 영적 전투에서 승리를 가져온다.

6. 머리가 되고 꼬리가 되지 않음_ 수년 전에 나는 꼬리와 머리의 차이점에 관해 하나님께 여쭈어보았다. 하나님은 다음과 같은 간단한 답을 주셨다. 머리는 결정을 내리는 반면에 꼬리는 이리저리 끌려 다닌다. 여러분에게 묻고 싶다. 당신은 머리처럼 살고 있는가, 아니면 꼬리처럼 살고 있는가? 당신은 결정을 내리는 자인가? 당신의 계획은 성공적으로 실행되는가? 아니면 당신은 상황과 압력과 세력에 끌려 다니는 희생자로서 이다음에 무슨 일이 닥칠지 모르며 살고 있는가?

7. 위에 있고 아래에 있지 않음_ 이것은 머리가 되고 꼬리가 되지 않는 것과 동행하는 축복이다.

신명기 28장의 저주는 축복의 정반대다.

1. 굴욕.
2. 불임 또는 불모_ 불임은 거의 언제나 저주의 결과다.

3. 각종 질병_ 특히 한 세대에서 다른 세대로 이어져 내려가는 유전 질환은 저주일 가능성이 크다.
4. 빈곤과 실패.
5. 패배_ 승리의 축복과 반대.
6. 머리가 되지 않고 꼬리가 됨.
7. 위에 있지 않고 아래에 있음.

저주의 일곱 가지 징후

신명기 28장과 별개로, 내가 사람들과 상대하면서 관찰하여 터득한 저주의 일곱 가지 징후를 지금부터 설명하고자 한다(신 28장과 놀랄 만큼 유사하다). 만약 여러분에게 이런 문제 중 한 가지만 있다면, 저주일 수도 있고 아닐 수도 있지만, 여러 가지 문제가 겹쳐 있다면, 저주 아래 있을 가능성이 크다.

1. 정신 질환.
2. 재발하거나 만성적인 질병, 특히 유전병.
3. 부인병(불임, 유산, 생리통 등)_ 아픈 사람들을 위해 치유 기도를 할 때 어떤 부인이 이런 문제로 기도를 받으러 나오면, 나는 대개 저주로 가정하는데 틀리는 경우가 거의 없다.
4. 결혼의 파탄과 가족 간의 단절_ 어떤 가족은 그냥 함께 살지 못한다. 부부가 이혼하고, 재혼하고 또 이혼한다. 자녀들도 부모로부터 단절된다.

5. 재정적 궁핍_ 우리들 대부분은 재정적으로 어려운 시기를 겪을 때가 있다. 나도 예외가 아니다. 그러나 항상 경제적인 어려움으로 허덕이고, 풍족한 때가 전혀 없다면 저주일 가능성이 크다.

6. 사고를 잘 당함_ 계단을 내려가다가 발목이 부러지거나, 차를 타고 가는데 누가 들이받는다든가, 항상 사고가 따라다니는 사람이라면 저주일 가능성이 크다. 그런 사람은 "왜 내게만 늘 이런 일이 일어나는가?"라고 자문할 것이다.

7. 어떤 가정에 자살이나 또는 자연사가 아닌 죽음이 자주 발생한다.

나는 저주 아래 있는 것이 어떤 것인지 경험적으로 알고 있다. 하나님이 나를 이 사역으로 던져 넣어 세계 곳곳에서 수많은 사람을 대상으로 사역하며 객관적인 배움을 얻게 하셨다.

저주란 마치 과거로부터 비치는 어두운 그림자와 같다. 그것이 어디에서 오는지 알지 못하고, 심지어 당신의 일생에서 시작되지 않았을 수도 있다. 어쩌면 당신의 집안 내력과 상관이 있을지 모른다. 저주는 당신의 삶 위에 그림자를 드리우고 하나님의 축복의 햇살을 차단해버린다. 주변 사람들이 축복의 햇볕을 쬐는 것을 보면서도 당신 자신은 그 햇볕을 좀체 누리지 못한다. 그리고 과거의 무엇이 저주의 원인인지도 알지 못한다.

또는 저주를, 당신의 등 뒤에서 당신을 향해 뻗치고 있는 길고 사악한 팔에 비유할 수도 있다. 때때로 이것이 당신을 밀쳐 넘어뜨리거나 옆길로 빠지게 만든다. 당신이 열심히 노력해서 인생의 어떤 지점에 도달하여 "이제 무엇인가 이루는구나!" 하는 순간, 일이 생겨 성공이 당신의 손아귀에서 빠져나가 버린다. 당신은 다시 그 고통스러운 투쟁 과정을 지나

간신히 이전과 같은 지점에 도달하지만, 그 악한 팔이 당신을 또 밀쳐 넘어뜨린다. 이것이 당신의 삶에 한 가지 패턴처럼 되풀이된다. 당신의 부모나 조부모 혹은 다른 친척을 돌아보면, 그들의 삶에도 이러한 패턴이 있음을 알게 될 것이다.

> ***
> "저주의 특질은
> 좌절이라는
> 한 단어로 요약된다."
> ***

저주가 어떤 사람을 항상 명백한 실패자로 만들지는 않는다. 나는 동남아시아에서 왕족 출신에다 고학력자이면서 판사로 성공적으로 활동하는 어떤 여성을 만난 적이 있다. 그 여성은 축복과 저주를 주제로 한 나의 강연에 참석한 후 나를 찾아왔다.

"저는 목사님이 설명하시는 것에 들어맞지 않습니다. 왜냐하면 저는 실패한 사람이 아니고, 사실 성공한 사람이기 때문입니다." 그리고는 덧붙여, "그러나 저는 좌절감에 쌓여 있습니다. 저는 예수님을 믿습니다만, 예수님을 믿는 다른 사람들이 지닌 것들이 제게는 없는 것 같습니다"라고 말했다.

몇 분간 그 여성과 대화를 나눈 후, 나는 그 여성이 조상 대대로 우상 숭배하는 집안 출신이라는 것을 알게 되어, 어쩌면 그것이 그 여성이 가진 문제의 본질일 것이라고 지적했다. 나의 진단이 적중하면서, 그 여성이 자신의 문제를 분별하고 하나님의 조건을 충족시켰을 때, 우리는 조상들의 우상 숭배로 말미암아 그 여성에게 내려진 저주를 파기하는 기도를 할 수 있었다.

저주의 특질은 좌절이라는 한 단어로 요약된다. 사람은 실패하고 좌절할 수도 있고, 성공하고 좌절할 수도 있다. 오늘날 세계에는 성공했으면서도 좌절감에 쌓여 있는 사람들이 수없이 많다.

저주의 원인은 무엇인가?

어떤 사람에게 저주를 부르는 여덟 가지 원인을 설명하고자 한다.

1. 우상 숭배

모든 저주의 주된 원인은 우상 숭배다. 우상 숭배는 십계명의 첫 두 계명을 어기는 행위다. 온갖 종류의 사교를 포함하는 우상 숭배는 필연적으로 저주를 부른다. 사교를 추구하는 자는 하나님에게서 구해야 할 도움을 잡신한테서 찾는다. 그런 사람들은 우상을 만들거나 잡신을 숭배하는 사람들에게 내려지는 것과 같은 저주 아래 놓인다.

2. 거짓 종교와 비밀 단체

저주의 두 번째 원인은 첫 번째와 비슷한 것으로, 거짓 종교나 비밀 단체다. 성경의 계시를 거부하고, 예수 그리스도의 독특한 위격과 역할을 부인하는 종교는 성경적 기준에 의하면 거짓 종교다. 이 세상이 거짓 종교로 가득 차 있다는 것은 말할 필요도 없다. 나는 비밀 단체도 포함시키는데, 그 이유는 비밀 단체에 가담하는 사람은 거짓 신을 섬기는 사람들과 언약을 맺기 때문이다. 프리메이슨과 관련되어 저주받은 사람을 나는 수없이 만났고, 그러한 사례를 바탕으로 내린 결론은, 프리메이슨에 가입한 가정은 저주 아래 놓이게 된다는 것이다.

3. 부모에 대한 그릇된 태도

에베소서 6장 2-3절에는 "네 아버지와 어머니를 공경하라…이로써 네가 잘되고 땅에서 장수하리라"라고 기록되어 있다. 부모를 공경하는 것은 항상 부모님의 의견에 동의해야 한다는 뜻은 아니다. 부모가 틀린 경우도 있지만, 그렇다 하더라도, 존경하는 태도로 대해야 한다. 오늘날 부모에게 그릇된 태도를 갖고 있는 사람의 비율이 인류 역사상 과거의 그 어떤 세대보다도 더 높은 것 같다.

젊은 사람이 나에게 도움을 요청하러 찾아올 적마다 나는 항상 그들과 부모의 관계를 캐묻는다. 우리가 구원을 받았고, 성령의 은사도 받았고, 죽으면 천국으로 갈 수 있지만, 부모에게 올바른 태도를 갖지 않는다면 이 세상에서 사는 동안 결코 잘되는 일이 없을 것이다.

4. 약한 자에 대한 불의

저주가 임하게 되는 네 번째 이유는 약하고 힘없는 자를 부당하게 대우하는 행위다. 하나님은 연약하고 억눌린 자의 편에 서 계신다. 오늘날 그 두드러진 예가 아직 태어나지 않은 아기의 생명을 고의적으로 빼앗는 낙태다. 태내의 아기는 연약하고 힘없는 존재의 한 예다. 내 의견으로는, 고의적으로 아기를 낙태시키면 당신의 삶에 저주를 부르게 된다.

5. 반유대주의

저주의 다섯째 원인은 유대인들을 미워하고 그들을 헐뜯는 행위다. 하나님이 아브라함을 불렀을 때, "너를 저주하는 자에게는 내가 저주하리니"(창 12:3)라고 말씀하셨다. 이 약속은 이삭과 야곱을 통해 그의 후손들에게 전달되었다. 그러므로 유대인들에 대해 그릇된 태도를 갖거나 악한 말을 하는 사람은 결코 잘될 리가 없다.

나와 가까운 친구 한 사람의 놀라운 사례인데, 그는 하이파에서 출생한 팔레스타인 아랍인으로, 현재는 미국 시민이다. 그 친구는 자신이 거슬러 올라가 기억할 수 있는 자신의 모든 조상이 유대인들을 끈질기게 저주했다고 시인했다. 그러나 그 친구가 그것을 회개하고 떨쳐버림으로써 저주에서 풀려났을 때, 하나님이 그를 형통케 하시어 영적으로도 축복받고 가정과 사업체도 엄청난 축복을 받았다. 오늘날 그 친구는 하나님의 축복을 받고 싶다면 유대인들에 대한 태도를 바꾸어야 한다고 다른 사람들에게, 특히 아랍 동족들에게 담대하게 말하고 다닌다.

6. 자신이 내뱉은 말

가장 흔한 저주는 사람들이 자기 자신에게 내뱉는 말로, 스스로 내리는 저주다. "나는 결코 성공하지 못할 거야." "이런 운 나쁜 일이 내게는 늘 생겨." "이 상황을 어떻게 처리해야 할지 모르겠어." 이와 같은 말을 할 때 당신은 스스로에게 저주를 내리고 있는 셈이다.

나는 죽음의 영으로부터 해방되어야 할 사람들을 수없이 만나 사역한 경험이 있다. 그들은 "차라리 죽었으면 좋겠어. 살아본들 무슨 소용이 있나?" 같은 말을 함으로써 스스로 죽음의 영을 부른다. 그런 말은 죽음의 영에게 "어서 오세요. 환영합니다"라고 초대장을 보내는 것과 같다. 죽음의 영은 초대장을 여러 차례 보내지 않아도 찾아온다! 이 단원의 마지막 부분에서 죽음의 영으로부터 풀려나는 말을 가르쳐주고자 한다. 나는 지금 사소한 문제를 얘기하고 있는 것이 아니고, 정말로 실재하는 그 무엇을 설명하고 있는 것이다.

7. 권위를 가진 자의 말

어떤 저주는 부모나 남편처럼 인간관계에서 권위를 가진 사람들에게서 온다. 많은 부모가 자녀 때문에 부아가 치밀면, 자기가 하는 말이 자녀들에게 어떤 영향을 미칠지 생각하지 않고 통렬한 말을 퍼붓는다. "바보 같은 자식!" "네가 그렇게 멍청한 줄 몰랐어!" "너는 절대로 성공하지 못할 거야!" 사십대 또는 오십대의 나이가 되어서도 어릴 때 부모가 던진 말이 끼친 영향 때문에 여전히 괴로워하며 몸부림치는 사람들을 위해 기도한 적이 있다.

남편이 아내에게 던지는 말도 저주를 부를 수 있다. 부당한 일 같지만 그것은 사실이다. 하나님은 남편에게 아내에 대한 권위를 부여하셨다. 야곱의 장인이 야곱의 권속 중 한 사람이 라반의 신을 훔쳐갔다고 비난했을 때, 야곱이 대답한 말을 상기해보라. "외삼촌의 신을 누구에게서 찾든지 그는 살지 못할 것이요"(창 31: 32). 야곱은 자기가 총애하는 아내 라헬이 훔쳤다는 사실을 모르고 그런 말을 했다. 라헬은 그 다음에 아기를 낳다가 실제로 자기 남편이 내린 그 저주로 인해 죽었다. 물론 라헬은 자기 아버지가 섬기는 신상을 훔치는 죄를 범함으로써 이미 저주받을 짓을 했지만.

남편이 아내에게 이런 말을 한다고 가정해보자. "당신은 정말 요리를 못하는군! 나는 당신 요리에 질렸어. 당신은 평생 요리는 글렀어!" 그런 말을 듣는 아내는 비록 재능도 있고 다른 많은 분야에서는 유능하더라도, 부엌에서는 허둥지둥하게 된다. 마찬가지로 그 남편도 "나는 당신 요리에 질렸어"(I'm sick of your cooking)라는 말을 함으로써 자기도 모르는 사이에 스스로 자신에게 저주를 내려 평생 소화불량에 시달리게 된다. 우스운 이야기로 들리겠지만, 실제로 그런 일이 발생한다.

8. 무당

마지막으로 검토할 저주의 원인은 주술사, 무당 또는 토홍아스(tohungas. 뉴질랜드 원주민의 무당)다. 이름은 지역에 따라 다르게 불리지만, 이들은 모두 사탄의 힘을 빌려 초자연적인 능력을 행사한다. 이들

> ***
> "많은 사람이 주술로 인해 죽는다."
> ***

의 능력은 실재하며 사람을 죽일 수도 있다. 실제로 많은 사람이 주술로 인해 죽는다. 미국의 주요 도시와 소도시에 있는 마녀들은 모여서 구체적으로 그리스도인을 저주하고, 기독교 목회자들의 결혼을 저주하는 기도를 한다. 그들의 궁극적인 목표는 예수 그리스도의 교회를 파괴하는 것이다.

사탄의 힘을 빌리는 데 정통한 사람들이 많은 팔레스타인과 케냐에 살아본 적이 있는 나는, 주술사가 초자연적인 능력을 갖춘 사람으로 사람들

한테서 인정받고 있으며, 사람들이 자기들 문제와 소욕을 들고 주술사를 찾아간다는 것을 알고 있다. 수많은 나라에서 심지어는 그리스도인들조차도 자기들이 원하는 것을 하나님으로부터 얻지 못하는 경우, 주술사를 찾아간다.

저주에서 벗어나는 길

이제는 저주로부터 벗어나는 길을 살펴볼 차례인데, 먼저 십자가에서 이루어진 저주와 축복의 교환을 하나님께 감사드리자.

다음의 네 가지 핵심 영어 단어는 모두 re로 시작한다.

1. 이해하라(Recognize)

당신의 문제가 무엇인지 보여달라고 하나님께 기도하라. 내가 지금까지 설명한 것은 당신으로 하여금 문제를 이해하도록 돕는 것이 목적이었다. 어쩌면 당신에게 광명이 비치어, 당신이 어떻게 하여 자신에게 저주를 불렀는지 이해하게 되었을 것이다. 또는 당신의 조상으로부터 시작된 문제를 이해하게 되었는지도 모른다.

2. 회개하라(Repent)

개인적으로 어떤 악한 것에 연관되었다면, 회개하라. 예를 들자면 밀교에 가담했다든지, 점쟁이를 찾아갔다든지, 점괘판으로 점을 쳤다든지, 밀교를 공부했을 수 있다. 그런 일이 있다면 반드시 회개하라. 혹은 당신의 부모, 조부모나 다른 조상들이 당신의 가계에 저주의 문을 열어놓았을 수도 있다. 당신은 잘못이 없지만, 그래도 그 결과로 고통을 당하는 것은 당신이다. 당신의 가문에서 그러한 죄를 청산하기 위하여, 그 책임이 누구에게 있든 당신이 대신하여 회개하라.

3. 저주를 끊으라(Renounce)

어떤 저주이든 상관없이 그것을 향해 다음과 같이 선언하라. "이 저주는 내 것이 아니다! 나는 예수님의 피로 구원받았다. 나는 예수님의 속죄를 믿는다. 십자가에서 예수님이 내게 내릴 모든 저주를 대신 짊어짐으로써, 나는 예수님이 받을 모든 선함을 누릴 수 있게 되었다." 이렇게 선언함으로써 당신은 저주를 끊을 수 있다.

4. 저항하라(Resist)

성경에는 이렇게 기록되어 있다. "그런즉 너희는 하나님께 복종할지어다 마귀를 대적하라 그리하면 너희를 피하리라"(약 4:7). 마귀는 당신이 먼저 하나님께 순종할 때만 달아난다. 그렇지 않으면 마귀는 면전에서 당신을 비웃을 것이다. 어떤 그리스도인은 거꾸로 산다. 그들은 마귀에게 복종하고 하나님께 대항한다! 당신도 그렇게 살고 있는지 모른다. 사탄의 공격과 압력을 못 이기고 넘어져 사탄이 당신을 짓밟고 넘어가게 내버려두는 삶. 그것은 겸손도 아니고 하나님을 기쁘게 하는 행위도 아니며 불신앙일 뿐이다.

굳게 서서 저항하라! 그리고 이렇게 선포하라. "나는 하나님의 자녀다. 이 저주는 내 것이 아니다. 나는 마귀의 손아귀에서 예수님의 피로 속량되었다."

시편 107편 2절에는 이렇게 기록되어 있다. "여호와의 속량을 받은 자들은 이같이 말할지어다." 당신의 구원은 당신이 그것을 개인적으로 신앙 고백하기 전까지는 진정한 효력을 발휘하지 못한다. 요한계시록 12장 11절 말씀을 기억하기 바란다. "또 우리 형제들이 어린 양의 피와 자기들이 증언하는 말씀으로써 그를(사탄을) 이겼으니." 당신의 신앙 고백을 소리 높여 여러 차례 반복하라.

"나는 마귀의 손아귀에서 예수님의 피로 속량되었다."

만약 죽음의 저주가 당신을 덮고 있는 것이 느껴지면, 시편 118편 17절 말씀을 선포하라. 나 자신도 영적인 전쟁을 치르는 때가 자주 있으므로 나는 이 구절을 헤아릴 수 없을 만큼 많이 선포했다.

> 내가 죽지 않고 살아서 여호와께서 하시는 일을 선포하리로다

이 선언은 당신의 삶에 큰 커다란 변화를 일으킬 수 있다.

교환을 고백하기

이제 십자가에서 일어난 이 교환을 당신의 삶에 적용하는 것을 돕고자 한다. 어쩌면 당신은 어떤 저주가 당신의 삶에 내려 있다는 것을 느끼고

있을지도 모른다. 그렇지만 나는 예수님이 십자가에서 저주를 받음으로써 당신은 저주로부터 풀려나게 되었다는 것을 믿는다. 만약 당신이 하나님의 조건을 충족시킬 의사가 있다면, 저주로부터 풀려나는 데 필요한 모든 것을 담은 기도를 아래에 제시하니, 소리 내어 따라 하기 바란다.

주 예수 그리스도여, 나는 예수님이 하나님의 아들이시며 하나님 아버지께로 가는 유일한 길이심을 믿습니다. 나는 예수님이 십자가에서 내 죄 때문에 돌아가셨고 죽은 자 가운데서 다시 살아 나셨음을 믿습니다. 예수님이 십자가에서 내 죄를 짊어지시고 죄가 됨으로써 나는 예수님의 의로움으로 의로워졌음을 믿습니다. 예수님이 내게 임할 저주가 됨으로써 나는 축복을 받게 되었음을 믿습니다.

주님, 이제 모든 저주로부터 해방되기 위해 주님에게 나아갑니다. 저주를 부른 모든 죄, 내가 지은 죄와 나의 조상이 지은 죄를 회개합니다.

이제 마귀와 마귀의 모든 압력, 그리고 나를 대적하는 마귀의 모든 계략에 대항하여 나는 굳건히 섭니다. 예수님의 이름으로 나는 마귀를 물리칩니다. 마귀에게 굴복하기를 거부합니다. 예수님의 이름으로, 나는 이제 내 삶에 내려 있는 모든 저주로부터 나를 해방시킵니다. 예수님께서 십자가에서 나를 위해 행하신 일에 힘입어, 예수님의 이름으로 나는 내 자신을 해방시킵니다. 그리고 이제 그 해방을 믿음으로 받아들이며 감사와 찬양을 드립니다.

주님, 감사드립니다. 찬양 드립니다. 주님은 신실한 분임을 믿습니다. 주님은 제가 주님께 간구한 일을 응답하는 분이심을 믿습니다. 지금부터 주님의 축복이 제게 내리도록, 제 삶을 주님께 드립니다. 감사합니다, 주 예수님, 감사합니다!

　이제 당신 자신의 말로 하나님께 감사 기도드리는 시간을 가지라. 예수님이 이미 이루신 일들과 앞으로 계속 이루실 일들을 감사함으로 받아들이라.

　저주로부터 풀려나기 위한 단계를 밟고 십자가에서 이루어진 교환을 믿음으로 고백한다고 해서 당신의 모든 문제가 지금부터 자동적으로 해결되는 것은 아니다. 그렇지만 그것은 당신 앞에 새로운 삶의 길을 열어 준다. 나는 저주로부터 풀려난 많은 사람을 대상으로 사역했는데, 그중에는 엄청난 투쟁을 치러야 했던 사람도 있다. 변화는 하루아침에 일어나지는 않는다. 마귀에 계속 저항하면서 다음과 같이 선언할 태세가 되어 있어야 한다. "나는 저주에서 풀려날 조건을 충족시켰다. 마귀는 나를 더 이상 저주로 묶을 권리가 없다. 내 앞길을 막지 마라. 하나님의 자녀가 길을 가신다. 옆으로 비킬지어다!"

　사탄은 당신이 진정으로 결단을 내렸다는 것을 알면 비켜날 것이다. 그러므로 남은 문제들과 씨름하면서 절대로 절망하지 마라. 당신의 얼굴을 이제 빛을 향해 고정했다는 것을 깨닫고, 당신이 옳은 방향으로 나아가고 있다는 확신을 가지라. 나는 당신에게 단언하고 싶다. 희망이 있다는 사실을!

학습을 돕는 질문

1. 주술의 주요 목표는 무엇인가?
2. 갈라디아 교회에서 주술이 부른 두 가지 결과는 무엇이었는가?
3. 갈라디아서 3장 10절은 은혜에 속하지 않고 율법에 속한 자들에 관해 무슨 말을 하고 있는가?
4. 우리는 어떻게 하여 저주로부터 속량되었는가?
5. 축복과 저주라는 것은 무엇인가?
6. 신명기 28장에 열거된 일곱 가지 저주의 목록을 재검토하라. 그 저주들 중 당신의 삶에 현재 작용하는 것이 있는가?
7. 저주의 일곱 가지 징후 중에 당신의 삶에 명백하게 나타나는 것이 있는가?
8. 저주의 핵심을 한마디로 요약한다면 무엇인가?
9. 저주의 여덟 가지 원인은 무엇인가?
10. 저주로부터 벗어나는 네 단계는 무엇인가?
11. 당신의 삶을 좌절시키고 있을지도 모르는 저주에서 풀려나기 위해 이 단원의 마지막에 있는 기도를 하라.

8장 | 가난 대신에 부요를

우리는 지금 십자가에서 예수님이 드리신 희생 제사를 탐구하고 있다. 완벽하며, 온전하며, 현세부터 영원에 이르기까지 모든 인류의 필요를 넘치도록 채워주는 희생. 우리에게 임해야 할 모든 악한 것이 예수님에게 전가됨으로써 예수님이 받기에 마땅한 모든 선한 것이 우리에게 제공되었다는 진리가 희생의 핵심이라는 것을 나는 펼쳐 보이고 있는 중이다. 우리의 노력으로는 이것을 얻어낼 수 없다. 에베소서 2장 8절에는 이렇게 기록되어 있다. "너희는 그 은혜에 의하여 믿음으로 말미암아 구원을 받았나니." 은혜는 예수님이 십자가에서 우리를 위해 행하신 그 모든 것을 포함한다.

앞에서 십자가에서 이루어진 교환의 다섯 가지 측면을 이미 다루었는데, 기억을 되살리기 위해 다시 요약해보자.

예수님이 징계를 받음으로써 우리는 용서를 받게 되었다.

예수님이 상처를 입음으로써 우리는 치유를 받게 되었다.

예수님이 우리의 죄를 지고 죄가 됨으로써 우리는 예수님의 의로움으로 의롭게 되었다.

예수님이 우리의 죽음을 죽음으로써 우리는 예수님의 생명을 누리게 되었다.

예수님이 저주가 됨으로써 우리는 축복을 받게 되었다.

이제부터는 이 거룩한 교환의 다른 측면을 살펴보고자 한다.

> 우리 주 예수 그리스도의 은혜를 너희가 알거니와 부요하신 이로서 너희를 위하여 가난하게 되심은 그의 가난함으로 말미암아 너희를 부요하게 하려 하심이라(고후 8:9)

이 교환을 이렇게 표현하면 뜻이 좀 더 분명해진다. **"예수님이 우리의 가난을 견딤으로써 우리는 예수님의 부요를 누리게 되었다."**

> ***
> "하나님은 우리가 우리의 필요를 채우고 나서 타인에게 베풀 수 있을 정도로 넘치도록 풍족하게 주신다."
> ***

여러분은 가난이 나쁜 것이라는 데 동의하는가? 그리스도인들 중에는 자발적으로 가난을 실천하는 사람들이 있는데, 나는 그들의 신념을 존경한다. 그런데 가난한 사람들의 대다수가 가난을 선택한 것이 아니라 물질이 부족하여 가난한 삶을 살고 있다. 나는 지구 곳곳을 여행하며 많은 나라에서 가난을 목격했는데, 내가 보기에 가난은 저주다.

가난의 대안은 부유함이지만, 나는 풍족함(abundance)이라는 단어를 더 좋아한다. 캐딜락을 타고 다니며 수영장이 딸린 저택에 거주하는 것이 그리스도인의 영성의 표시라고 생각하지는 않는다. 그러나 하나님은 우리에게 풍족하게 주시는 분이라고 나는 믿는다. 풍족함이란 우리 자신의 필요를 채우고 나서 타인에게 베풀 수 있을 정도로 넘치는 것을 뜻한다. 하나님은 그렇게 넘치도록 공급하시는 분이다.

고린도후서 9장 8절에서 바울은 하나님의 종들을 위해 하나님이 공급하시는 수준을 다음과 같이 요약하고 있다.

> 하나님이 능히 모든 은혜를 너희에게 넘치게 하시나니 이는 너희로 모든 일에 항상 모든 것이 넉넉하여 모든 착한 일을 넘치게 하게 하려 하심이라

참으로 놀라운 하나님의 말씀이다! 헬라어 원전에는 '모든'(all)이라는 단어가 다섯 번 나오며 '넘치게'(abound or abundance)라는 단어도 두 번 등장한다. 바로 이것이 하나님이 당신의 종들을 위하여 공급하시는 수준이다.

그러나 하나님의 공급은 오직 은혜를 통하여 받을 수 있다는 점에 유의하라. 그것은 우리가 마땅한 자격이 있어 받거나, 또는 노력하여 얻을 수 있는 것이 아니다. 오직 십자가에서 우리를 위한 그리스도의 희생에 기반을 둔 믿음으로만 받을 수 있다.

그렇지만 만일 당신도 나와 비슷한 사람이라면, 이러한 진리를 받아들이기 위해 정신적 투쟁을 벌여야 할지도 모른다. 나는 청소년 시절에 별로 종교적이지 않았지만, 영국에서 학교를 다닌 십 년 동안 일주일에 여덟 번씩 교회에 출석해야 했다. 그때 나는 그리스도인들은 가난하고 비참한 삶을 기대해야 한다는 인상을 받았다. 여러분도 나와 비슷한 배경에서

자랐다면, 이러한 전통적인 사고의 속박에서 풀려나게 해달라고 하나님께 기도드릴 필요가 있다.

축복과 저주에 관한 놀라운 말씀을 담은 신명기 28장에는 다음과 같이 기록되어 있다.

> 네가 네 하나님 여호와의 말씀을 청종하지 아니하므로…이 모든 저주가 네게 와서…네가 모든 것이 풍족하여도 기쁨과 즐거운 마음으로 네 하나님 여호와를 섬기지 아니함으로 말미암아 네가 주리고 목마르고 헐벗고 모든 것이 부족한 중에서 여호와께서 보내사 너를 치게 하실 적군을 섬기게 될 것이니…(신 28:45, 47-48)

우리가 불신앙이나 불순종으로 인하여, 모든 것이 풍족하여도 하나님을 기쁜 마음으로 섬기지 않는다면, "주리고 목마르고 헐벗고 모든 것이 부족한" 상태를 경험하게 될 것이라고 하나님은 말씀하신다. 이 네 가지 상태를 모두 합하면 무엇이 되겠는가? 극도의 빈곤이다.

오래전에 뉴질랜드를 방문했을 때 깨달은 것을 함께 나누고자 한다. 나의 첫째 아내와 나를 초빙한 사람들은 우리의 여행 경비를 부담하겠노라고 약속했다. 그러나 도착해서 보니, 그들에게는 경비를 부담할 돈이 없었다. 그들은 "목사님이 설교하신 다음 헌금을 거두어 경비를 마련해야 되겠습니다"라고 말했다.

내가 축복과 저주에 관한 신명기의 구절을 두고 설교하고 있을 때, 성령이 십자가에 달리신 예수님의 형상을 나에게 보여주셨다. 성령이 보여주신 것은 가난의 저주가 예수님에게 내려진 모습이었다. 예수님은 배가

고프셨다. 이십사 시간 동안 아무것도 먹지 못했기 때문이다. 예수님은 목이 마르셨다. 예수님이 마지막으로 하신 말씀 가운데 하나는 "목이 마르다"였다. 예수님은 벌거벗으셨다. 군병들이 예수님의 의복을 몽땅 탈취해갔기 때문이다. 예수님은 죽을 때에 아무것도 소유한 것이 없었다. 예수님은 빌린 수의를 입고 빌린 무덤에 묻혔다.

그날 말씀을 전하는 동안, 예수님이 십자가에서 가난의 저주를 소진시켰다는 진리를 깨닫게 되었다. 예수님은 가난한 분이 아니었다. 십자가를 지기 전에, 예수님은 다량의 현금을 소지하지는 않았지만 필요한 것은 언제나 가지고 계셨다. 산에서 오천 명의 남자들(거기에 여자들과 아이들까지 더하여)을 먹일 수 있는 사람이라면 가난한 자라고 할 수 없지 않은가! 현대 문화의 표현을 빌리자면, 예수님은 하나님 아버지의 신용카드를 들고 다녔고, 그 신용카드는 어디서든지 사용 가능하였다! 십자가를 지기 전에 예수님이 가난뱅이였다고 하는 것은 그릇된 말이다.

그러나 십자가에서 예수님은 가난을 견디어내셨을 뿐만 아니라 가난이라는 저주를 소진시켜버렸다. 굶주리고, 목마르고, 벌거벗어 아무것도 없는 상태에서 가난의 저주는 고갈되어 남은 것이 없었다. 그보다 더 가난할 수가 없는 것이다!

이러한 계시가 뉴질랜드 사람들에게 전달되었다. 거기에는 삼사백 명 정도 모였는데, 그들은 특별히 부자도 아니었다. 그렇지만 그들이 워낙 풍족하게 헌금하여 아내와 나의 뉴질랜드 체재비용과 왕복 항공 요금을 충당할 수 있었다. 그들은 예수님이 십자가에서 모든 가난의 저주를 소진시켜버렸기에 우리가 부요의 축복을 누리게 되었다는 계시를 받아들였던 것이다.

공급의 세 가지 수준

공급에는 세 가지 다른 수준, 즉 부족함, 충분함, 그리고 풍족함이 있다. 부족함이란 필요한 것을 충분히 가지지 못한 상태를 의미한다. 백 불어치의 식료품이 필요한데 칠십오 불밖에 없다면 부족한 장을 보게 될 것이고, 백 불이 있다면 충분한 장을 보게 될 것이며, 백이십오 불이 있다면 남아돌 만큼 풍족한 장을 보게 될 것이다.

풍족함(abundance)이라는 말은 "넘치는 물결"이라는 뜻의 라틴어에서 유래한 단어다. 당신은 하나님으로부터 오는 물결이 당신 위로 넘치는 사람이 되어야 한다.

왜 하나님은 그의 모든 자녀가 풍족함을 누리기를 원하시는가? 사도 바울이 에베소 교회의 장로들에게 한 말씀을 들어보자.

> 범사에 여러분에게 모본을 보여준 바와 같이 수고하여 약한 사람들을 돕고 또 주 예수께서 친히 말씀하신바 주는 것이 받는 것보다 복이 있다 하심을 기억하여야 할지니라(행 20:35)

***
"헌금이 예배에 장애가 된다면, 차라리 헌금을 하지 않는 것이 낫다."
***

하나님은 편애하지 않으신다. 하나님은 우리에게 남아돌 만큼 풍족하게 공급하시어 우리가 받는 것을 넘어서서 다른 사람에게 베풂으로써 더 큰 축복을 누리는 것을 원하신다. 나는 하나님께서 그분의 자녀 모두가 베푸는 축복을 누리는 것을 원하신다고 믿는다.

기부는 그리스도인의 삶에 있어서 중요한 부분이다. 그렇다고 해서 우리 모두 큰돈을 헌금해야 한다는 뜻이 아니다. 그러나 하나님은 구약에서 이스라엘 백성에게 "빈손으로 내 얼굴을 보지 말지니라"라고 명령하셨다(출 34:20). 시편 96편 8절에도 "예물을 들고 그의 궁정에 들어갈지어다"라고 기록되어 있다. 빈손으로 하나님 앞에 나아가지 않도록 해야 한다.

그런데 하나님은 당신의 팁이 필요 없다는 것을 기억하라. 헌금함이 당신에게 올 때에 호주머니를 뒤져 가장 작은 액수의 잔돈을 찾아 넣는 일이 없도록 하라. 그것은 하나님을 공경하는 행위가 아니다. 원치 않는다면 헌금을 하지 않아도 된다. 그러나 헌금을 드리려면 하나님을 공경하는 방식으로 드리라. 헌금을 드리는 것도 예배의 일부라는 점을 기억하라. 헌금이 예배에 장애가 된다면, 차라리 헌금을 하지 않는 것이 낫다.

아프리카 동부에 오 년간 있었을 때 내가 관찰한 사실은, 하나님께서 사람들의 심령을 만져주시면, 사람들이 기쁜 마음으로 드리게 된다는 것이다. 성경에서는 하나님이 "즐겨" 내는 자를 사랑하신다고 말씀한다(고후 9:7). 나는 아프리카에서 즐겨 내는 사람들을 목격하였다. 그들은 대개 돈이 별로 없기 때문에 헌물로 커피 원두를 머리에 이고 예배당 강대상 앞으로 걸어 나왔다. 나중에 하나님께서 그들을 다시 만지시면, 이번에는 옥수수를 이고 나왔다. 그 다음에 하나님께서 그들의 영을 깊이 만지시면, 살아 있는 닭을 들고 왔다. 그들은 진정으로 즐겨 내는 사람이었다.

더 높은 등급의 부

경고의 말을 한마디 덧붙이고자 한다. 만일 당신의 부가 오직 주택과

유가증권, 자동차 혹은 호숫가에 위치한 별장으로만 구성되어 있다면 이 것을 기억하라. 당신은 죽을 때에 그 어느 것도 가지고 가지 못한다. 당신 은 벌거벗은 혼으로 영원 속으로 들어가게 될 것이다.

그런데 이러한 것보다 더 높은 등급의 부가 있다. 잠언 8장 17-18절에 서 지혜가, 즉 하나님의 지혜가 말씀하신다.

> 나를 사랑하는 자들이 나의 사랑을 입으며 나를 간절히 찾는 자가 나를 만날 것이니라 부귀가 내게 있고 장구한 재물(enduring riches)과 공의도 그러하니라

'장구한'(enduring)이라는 말에 유의하기 바란다. 우리가 이 세상에서 갖고 있는 것은 아무것도 장구한 것이 없다. 우리는 죽을 때 그것을 가지 고 갈 수 없다. 그러면 무엇이 '장구한 재물'(enduring riches)일까?

우선, 하나님의 왕국에 우리가 드리는 것은 무엇이든 장구하다. 예수님 은 다음과 같이 말씀하셨다.

> 또 내 이름을 위하여 집이나 형제나 자매나 부모나 자식이나 전토를 버 린 자마다 여러 배(hundredfold, 백배 New King James Version)를 받고 또 영생을 상속하리라(마 19:29)

우리가 소유한 것으로 주님께 드리는 것은 장구한 재물이 된다. 당신이 바친 것에 대하여 백배를 받는 것은 천 퍼센트 이자를 받는 셈이다. 얼마 나 후한 이율인가!

그러나 하나님은 항상 물질로만 우리를 축복하지는 않으신다. 바울은 우리가 지상에서 하나님을 섬길 수 있는 두 가지 방식을 지적하면서 장구한 재물을 언급한다.

> 이 닦아둔 것 외에 능히 다른 터를 닦아 둘 자가 없으니 이 터는 곧 예수 그리스라 만일 누구든지 금이나 은이나 보석이나 나무나 풀이나 짚으로 이 터 위에 세우면 각 사람의 공적이 나타날 터인데 그날이 공적을 밝히리니 이는 불로 나타내고 그 불이 각 사람의 공적이 어떠한 것을 시험할 것임이라 만일 누구든지 그 위에 세운 공적이 그대로 있으면(endures) 상을 받고 누구든지 그 공적이 불타면 해를 받으리니 그러나 자신은 구원을 받되 불 가운데서 받은 것 같으리라(고전 3:11-15)

바울은 우리가 주님께 드릴 수 있는 두 가지 종류의 봉사를 예로 들고 있다. 한 가지는 나무나 풀이나 짚처럼 양은 많으나 그 가치가 적은 봉사다. 다른 종류의 봉사는 금이나 은이나 보석처럼 양은 적지만 시간이 지나도 변치 않으며 불도 견뎌내는(endure) 것들이다. 그러므로 나무나 풀이나 짚 같은 것들을 잔뜩 쌓지 않도록 조심해야 한다. 이것들을 순식간에 태워버릴 불이 다가오고 있기 때문이다.

장구한 재물이란 성령의 권능과 하나님의 말씀의 진리로 우리가 축복하는 사람들이다. 하나님의 말씀의 진리와 성령의 권능은 그리스도인의 성품을 길러낸다. 성령의 권능과 하나님의 말씀으로 우리는 하나님의 사람을 양육하지만, 보통 그 숫자는 많지 않다. 교회가 양적 성장을 지향하는 잘못된 경향이 있는데, 중요한 것은 어떤 교회에 얼마나 많은 성도가 있는가 하는 것이 아니라 그 교회가 얼마나 많은 제자를 양육해내는가 하는 것이다. 예수님은 교회의 성도 수를 늘리라고 하신 적이 없고, 제자를 만들어내라고 말씀하셨다. 오랫동안 하나님을 섬기면서 내가 관찰한 바로는, 제자를 양육하려면 예수님이 그러하셨듯이 보통 적은 인원으로 시작해야 한다. 그런데 그 적은 인원이 자기 증식을 하므로 장기적으로는 많은 제자를 키워내게 되고, 또 진정한 그리스도인의 성품을 갖춘 제자들이 양육되는 것이다.

올바른 시각

하나님의 풍요로운 공급을 올바른 시각으로 이해할 수 있게 해주는 두 개의 성경 구절로 이 장을 매듭짓고자 한다.

첫째는 잠언 13장 7절이다. "스스로 부한 체하여도 아무것도 없는 자가 있고 스스로 가난한 체하여도 재물이 많은 자가 있느니라." 어떤 사람들은 이 세상의 물질적인 부를 일부러 외면함으로써 스스로 가난한 자가 되지만, 영적인 영역에서 그들은 많은 재물을 소유하고 있다. 나는 사도 바울이 그런 사람 가운데 한 사람이라고 생각한다. 바울의 고백이 담긴 고린도후서 6장 4절이 두 번째 성경 구절이다. 그것은 "오직 모든 일에 하나님의 일꾼으로 자천하여…"라고 시작해서, 바울과 그의 동역자가 겪은 온갖 고초들이 뒤를 잇는데, 그러한 고난의 대부분은 신학교 교과 과정에는 없는 것들이다. 그들은 많이 견디는 것과 환난과 궁핍과 고난과 매 맞음과 갇힘과 난동과 수고로움과 자지 못함과 먹지 못함에 자신들을 맡겼다(고후 6:4-5 참조).

바울은 이어서 자신과 동역자들이 하나님의 사역자임을 입증하는 다른 특징들을 열거한다.

> 무명한 자 같으나 유명한 자요 죽은 자 같으나 보라 우리가 살아 있고 징계를 받는 자 같으나 죽임을 당하지 아니하고 근심하는 자 같으나 항상 기뻐하고 가난한 자 같으나 **많은 사람을 부요하게 하고 아무것도 없는 자 같으나 모든 것을 가진 자로다**(고후 6:9-10, 굵은 글씨는 저자 강조)

가난은 저주이고, 하나님은 풍족하게 공급하시지만, 물질적인 영역에만 초점을 맞추지 말기 바란다. 왜냐하면 당신이 죽는 순간 물질은 끝이 나기 때문이다. 우선순위가 올바른 사람에게 하나님은 더 풍성하고 더 장구한 재물을 허락하신다.

교환을 고백하기

다시 한 번 더 이 거룩한 교환을 우리의 입술로 고백해보자.

예수님이 우리의 가난을 견딤으로써 우리는 예수님의 부요를 누리게 되었다.

예수님, 제게 주님의 부요를 누리게 해주심을 감사드립니다.

학습을 돕는 질문

1. 하나님의 종에 대한 하나님의 공급 수준은 어느 정도인가?
2. 불신앙이나 불순종으로 살아간다면, 하나님은 우리가 네 가지를 체험하게 될 것이라고 말씀하신다. 그 네 가지는 무엇인가?
3. 예수님은 가난의 저주를 어떻게 다루셨는가?
4. 하나님의 공급의 세 가지 수준은 무엇인가?
5. 왜 하나님은 풍족하게 공급해주시는가?
6. 장구한 재물이란 무엇인가?
7. 당신의 입술로 이 단원의 마지막에 적힌 교환을 고백해보자.

9장 | 수치 대신에 영광을

이제 수치심과 거절감이라는 정서적 상처를 치유하는, 십자가에서 일어난 교환의 두 가지 측면을 살펴볼 차례다. 우리는 이와 관련된 성경 구절을 여러 차례 읽은 적이 있다. "그가 채찍에 맞으므로(또는 상처를 입으므로) 우리는 나음을 받았도다"(사 53:5). 이는 신체적 치유뿐만 아니라, 정서적 치유에도 적용되는 말씀이다.

정서적 상처의 종류는 다양하지만, 십자가를 통해 그 모든 상처에 대한 치유가 공급된다. 그중에서도 수치심과 거절감은 인간이 당하는 가장 흔하고 가장 깊은 정서적 상처다.

먼저 수치심에 관해 살펴보자. 수치심에 반대되는 것은 무엇일까? 그것은 영광이다! 십자가에서 예수님이 극도의 수치스러움을 당함으로써 우리에게는 그것으로부터 치유될 길이 열렸다. 예수님이 우리의 수치를 견딤으로써 우리는 예수님의 영광을 누리게 된 것이다. 이번 단원에서는 십자가의 수치와, 오늘날 사람들이 겪는 수치의 원인과, 치유를 찾는 방법을 검토할 것이다.

나는 사역을 하면서 사람들이 거절감과 수치심의 상처에서 치유되는 모습을 보는 것이 나의 가장 큰 특권이었다고 생각한다. 하나님의 치유책은 이론이나 신학에 불과한 것이 아니고, 실제로 효과가 있다! 당신이 예수님의 대리 희생을 통하여 치유가 제공되었다는 원리를 받아들이면, 스스로 치유를 찾게 될 것이다. 그리고 당신이 다른 사람을 가르치거나 상담하는 사역을 하고 있다면, 다른 사람을 치유의 길로 인도하는 특권을 누릴 수 있다.

오랜 기간 사람들을 상담한 경험으로, 나는 수치심이 하나님의 백성들에게 가장 흔한 정서적 문제임을 알게 되었다. 그리스도인들은 자신의 문제를 다른 사람에게 공개하는 것을 부끄럽게 여긴다. 그리하여 어떤 의미에서 수치심은 우리를 감옥에 가두어버린다.

히브리서 2장 10절에서 성경적 근거를 찾아보자.

> 그러므로 만물이 그(하나님 아버지)를 위하고 또한 그로 말미암은 이가 많은 아들들을(당신과 나를) 이끌어 영광에 들어가게 하시는 일에 그들의 구원의 창시자(예수)를 고난을 통하여 온전하게 하심이 합당하도다

하나님은 우리가 그분의 충만함 속으로 들어갈 수 있도록 예수님으로 하여금 고통을 겪도록 허락하셨다. 많은 아들을 이끌어 영광에 들어가게 하시려는 하나님의 목적에 주목해야 한다. 우리가 하나님을 믿는 자녀라면, 우리는 영광에 들어가게 되어 있다. 십자가에서 예수님이 우리의 수치를 견뎌내셨으므로 예수님의 영광을 누릴 수 있게 된 것이다.

히브리서 12장 2절도 우리의 수치를 견디신 그리스도를 언급하며 다음과 같이 권고한다.

> 믿음의 주요 또 온전하게 하시는 이인 예수를 바라보자 그는 그 앞에 있는 기쁨을 위하여 십자가를 참으사 **부끄러움을 개의치 아니하시더니** 하나님 보좌 우편에 앉으셨느니라(굵은 글씨는 저자 강조)

십자가에서 예수님은 우리가 상상하기조차 힘든 부끄러움을 견디셨다. 그러나 예수님은 부끄러움을 개의치 아니하셨다. 그분 앞에 있는 기쁨에 마음을 집중하셨기에 예수님으로 하여금 소망을 포기하게 만들 수 있는 것은 아무것도 없었다. 예수님 앞에 있는 기쁨은 많은 아들을 영광으로 이끄는 것이었다. 당신과 나를, 그리고 수없이 많은 사람을 영광으로 이끌기 위하여 예수님은 십자가의 수치를 견디셨다.

십자가의 치욕

아주 오래전에 나의 첫째 아내와 나는 소련에서 탈출한 두 명의 유대인 여성을 도운 적이 있다. 그들을 돕기 위해 나는 많은 수고를 했고 골치 아픈 일도 많았다. 어느 더운 날, 나는 하이파의 가파른 언덕길을 걸어 올라가면서 그 여성들을 위해 얼마나 더 성가신 일을 감당해야 하는지 생각하며 혼자 불평하고 있었다(물론 그 두 여인은 나의 그런 도움에 무척 고마워했다). 그런데 하나님은 불평하는 나에게 디모데후서 2장 10절의 말씀을 주셨다.

그러므로 내가 택함받은 자들을 위하여 모든 것을 참음은 그들도 그리스도 예수 안에 있는 구원을 영원한 영광과 함께 받게 하려 함이라

> ***
> "십자가 처형보다 더 치욕스러운 죽음은 없었다."
> ***

이 말씀을 통해 나는 예수님께서 십자가에서 견디신 것과는 비교할 수도 없는 아주 사소한 불편함을 겪고 있음을 깨달으면서 부끄러워졌다.

십자가 처형보다 더 치욕스러운 죽음은 없었다. 십자가형은 가장 질이 나쁜 범죄자를 처형하는 잔악한 수단이었다. 로마 군인들이 예수님의 옷을 모두 벗겨버려, 사람들 앞에서 예수님은 벌거벗은 알몸으로 매달려 있었다. 구경꾼들은 예수님을 조롱했다. 예수님이 당한 것을 한마디로 요약하자면 치욕이다. 그러나 그런 치욕을 통하여 우리를 영광으로 인도할 수 있다는 것을 알고 있었기에 예수님은 그 치욕을 견뎌내셨다.

신약성경은 예수님이 십자가에서 감내한 고통에 관한 정보를 별로 제공하지 않는다. 사실 신약성경의 기록은 더 이상 짤막하게 표현할 수 없을 정도로 간결하다. 네 복음서는 모두 "그들은 예수를 십자가에 못 박았다"라고만 기록하고 있다. 그렇지만 구약성경의 시편 기자와 선지자들은 예수님 안에서 무슨 일이 일어났는지 드러내어 보여준다.

위대한 속죄 장인 이사야서 53장으로 돌아가서, 예수님이 겪은 수치가 어떤 것이었는지 살펴보자.

그는 멸시를 받아 사람들에게 버림받았으며 간고를 많이 겪었으며 질고를 아는 자라 마치 사람들이 그에게서 얼굴을 가리는 것같이 멸시를 당

하였고 우리도 그를 귀히 여기지 아니하였도다(사 53:3)

나는 이 구절을 예수님의 상한 모습이 너무나도 끔찍했기에 사람들이 눈을 돌려버렸다는 뜻으로 이해한다. 그 앞의 구절에서는 예수님의 모습에 대하여 "고운 모양도 없고 풍채도 없은즉"이라고 했다. 예수님의 몸은 인간의 형체를 알아볼 수 없을 정도였다. 멍들고 곪아 터져 만신창이가 된 예수님의 몸이 그를 증오한 사람들과 십자가에 못 박은 자들과 지나가는 행인들에게 구경거리가 되었다.

시편 69편은 그 구절을 쓴 다윗이 처한 상황을 읊고 있을 뿐만 아니라 구세주로 오실 예수님이 겪게 될 일을 다윗의 입을 통해 표현한 놀라운 메시아 시편의 하나다. 7절을 읽어보자.

> 내가 주를 위하여 비방을 받았사오니 수치가 나의 얼굴에 덮였나이다

이 말씀으로 예수님이 십자가에서 견디신 것이 무엇인지 이해할 수 있다. 수치심으로 고통을 당하는 사람들은 사람을 똑바로 쳐다보지 못한다. 수치가 예수님의 얼굴을 덮어버린 것이다.

시편 69편의 첫 두 구절은 더 많은 면을 엿볼 수 있다.

> 하나님이여 나를 구원하소서 물들이 내 영혼에까지 흘러들어왔나이다
> 나는 설 곳이 없는 깊은 수렁에 빠지며 깊은 물에 들어가니 큰 물이 내게 넘치나이다(시 69:1-2)

예수님은 홀로 아무한테서도 지지를 받지 못하며, 세상의 죄의 더러운 수렁 속으로 점점 더 깊이 빠져들어 가신 것이다.

시편 69편의 네 구절이 신약성경에서 특히 예수님께 적용되고 있다. 첫째로, 예수님은 시편 69편 4절을 자신과 관련지어 인용하셨다(요 15:25 참조).

> 까닭 없이 나를 미워하는 자가 나의 머리털보다 많고

두 번째로 8절을 보자.

> 내가 나의 형제에게는 객이 되고 나의 어머니의 자녀에게는 낯선 사람이 되었나이다

예수님의 친척들과 그의 형제들까지 예수님을 배척한 사실을 기억하라 (막 3:21, 요 7:3-5 참조).

세 번째로 9절은 요한복음 2장 17절에 기록된, 예수님이 성전을 정화하는 것과 관련이 있다.

> 주의 집을 위하는 열성이 나를 삼키고 주를 비방하는 비방이 내게 미쳤나이다

마지막으로 21절은 예수님께서 십자가에 달리셨을 때에 실현되었다(마 27:34, 48 참조).

그들이 쓸개를 나의 음식물로 주며 목마를 때에는 초를 마시게 하였사오니

위의 모든 일은 다윗에게 발생하지 않았으나, 다윗 안에 계신 메시아의 영이 일인칭으로 십자가에서 예수님에게 일어날 일들을 예언한 것이다. 베드로전서 1장 10-11절에서 베드로는 구약의 선지자들이 자기들에게 일어나지 않고 예수님의 생애에서 성취된 일들을 어찌하여 일인칭으로 말할 수 있었는지 설명한다.

이 구원에 대하여는 너희에게 임할 은혜를 예언하던 선지자들이 연구하고 부지런히 살펴서 자기 속에 계신 그리스도의 영이 그 받으실 고난과 후에 받으실 영광을 미리 증언하여 누구를 또는 어떠한 때를 지시하는지 상고하니라

이제 마태복음 27장 35절에 있는 십자가 처형 기록을 보자. 이 구절은 또 다른 메시아 시편인 시편 22편 18절을 인용한다.

그들이 주를 십자가에 못 박은 후 주의 옷을 제비뽑아 나누었으니 이는 선지자를 통하여 그들이 그들 중에서 나의 옷을 나누고 또 나의 속옷을 제비뽑았나이다라고 하신 말씀을 이루어지게 하려 함이더라(King James Version)

'그들이 주를 십자가에 못 박은 후에' 라고만 기록한 복음서의 절제된

표현에 나는 감탄한다. 복음을 기록한 사람들은 예수님 몸에서 흘러내리는 피나 고통으로 몸부림치는 모습을 그리지 않았다. 만일 현대의 작가들에게 십자가의 처형을 묘사하라고 했다면 그들은 몇 페이지에 걸쳐 소상하게 기록했을 것이다. 그러나 신약성경은 우리가 알 필요가 있는 것을 성령이 가르쳐주시도록 맡겨버린다.

이제 예수님의 겉옷을 나누어 가지는 군병들의 모습을 보라. 그 당시 남자들은 네 종류의 옷을 걸치고 다녔다고 한다. 거기에는 네 명의 군인들이 있었기에 그들은 한 가지씩 나누어 가졌다. 그러나 속옷은 호지 아니하고 위에서부터 통으로 짠 것이라 나눌 수가 없어 제비를 뽑았다. 구약의 예언이 참으로 정확하게 성취되지 않았는가! 군병들이 예수님의 옷을 나누어 가져버렸으므로 예수님은 십자가에서 완전히 벌거벗은 몸으로 매달려 있었다.

예수님을 따르던 여인들은 어떻게 되었는가? 십자가에 가까이 다가온 사람은 예수님의 어머니 마리아와 이모이자 글로바의 아내인 마리아, 그리고 막달라 마리아 세 사람뿐이었다(요 19:25 참조). 이들은 모두 멀찍감치 떨어져 있었다. 이것은 다시 말해 예수님의 벌거벗겨진 몸이 온 세상에 공개되었음을 뜻한다. 우리가 흔히 보는 십자가 처형에 관한 아름다운 그림-예수님의 허리에 천이 둘러져 있고, 손과 발에 약간의 피가 묻어 있고, 머리에 가시면류관이 씌워져 있는-은 실제로 일어난 상황과는 거리가 멀다.

그렇지만 예수님은 우리가 치욕에서 해방되어 당신의 영광을 누릴 수 있도록 우리의 수치를 대신 견디셨다.

왜 사람들은 수치를 경험하게 되는가?

사람들이 수치심을 느끼는 이유는 여러 가지가 있다.

그중에 하나는 과거의 굴욕적인 경험에 기인한다. 이는 종종 학교에서 발생하는데, 많은 아이 앞에서 놀림거리가 되었던 경험이다. 예전에는 교사가 학생에게 열등생 모자를 씌워 교실 한구석에 세워놓던 적이 있다. 교실에서는 규율이 중요하지만 그러한 벌은 아이에게 수치심을 안겨준다. 만일 그 아이가 민감한 아이라면 내적인 상처가 일생 지속될 수도 있다.

수치심을 느끼는 또 다른 이유는 우리가 예수님을 알기 전에 저지른 창피한 짓에 대한 기억 때문이다. 때로는 나 자신도 과거를 생각하면 어째서 그런 부끄러운 짓을 했는지 괴로울 때가 있다.

오늘날 수치의 가장 흔한 원인은 어릴 때 당한 성적 학대일 것이다. 미국의 통계를 보면 놀라울 정도다. 열두 살이 되기 전에, 여아는 네 명 중에 한 명이, 남아는 다섯 명 중에 한 명이 성적 학대를 당한다고 한다. 이런 일이 교회 안에서는 발생하지 않는다고 생각하면 착각이다. 내가 처음으로 "교회의 뚜껑" 밑에서 일어나는 일을 알기 시작

> ***
> "십자가에서 예수님은 우리가 당할 수 있는 온갖 수치를 견디어내셨다. 예수님은 그 모든 수치를 짊어져 치워버리셨다."
> ***

했을 때에, 나는 내가 발견한 사실들을 감당할 수가 없었다. 나는 교회를 부정적으로 묘사할 의향은 추호도 없다. 그러나 집사의 자녀, 목사의 자녀들이 성적 학대를 당하고 있는 것이 사실이다. 교회의 모든 영역에서 이런 일이 일어나고 있다.

당신이 상담을 하는 사람이라면, 수치심으로 고통당하는 사람을 대상

으로 상담할 경우가 있을 것이고 그중에는 어릴 때에 성적 학대를 당한 사람도 있을 것이다. 그럴 때 기억해야 할 것은 이런 정서적 상처가 십자가에서 이미 해결되었다는 점이다. 이 문제를 해결하기 위하여 예수님이 십자가에 벌거벗긴 채로 매달린 것이다.

어쩌면 당신 자신이 이러한 수치심의 상처를 안고 있을지도 모른다. 그렇다면 성령으로 하여금 당신의 상처를 치유하게 하라. 성령은 참으로 은혜로우시며, 부드럽고, 사려 깊으며, 진실한 분이시다. 이 문제로부터 도망 다니지 마라. 복음을 기억하라. 십자가에서 예수님은 우리가 당할 수 있는 온갖 수치를 견디어내셨다. 예수님은 그 모든 수치를 짊어져 치워버리셨다.

욥기의 두 구절은 우리의 얼굴을 하나님께로 들어 올리는 것을 언급하고 있다. 먼저 욥기 11장 14-15절을 살펴보자.

> 네 손에 죄악이 있거든 멀리 버리라…그리하면 네가 반드시 흠 없는 얼굴을 들게 되고 굳게 서서 두려움이 없으리니

내가 관찰한 바로는, 수치심을 안고 몸부림치는 사람들은 기도할 때 하나님 앞에서 좀처럼 얼굴을 들지 않는다. 그들은 고개를 푹 숙이고 기도를 드린다. 왜 그럴까? 부끄럽기 때문이다. 수치스러울 때 사람들은 하나님과 사람 앞에서 고개를 숙이게 된다.

그러나 욥기 22장 26절은 수치심으로부터 벗어난 사람을 다음과 같이 묘사한다.

이에 네가 전능자를 기뻐하여 하나님께로 얼굴을 들 것이라

이것이 당신의 체험이 될 수도 있다!

교환을 고백하기

수치심의 상처는 믿음으로 치유할 수 있다. 예수님이 당신의 수치를 대신 견디셨음으로 당신이 수치심에서 벗어날 수 있게 된 것을 감사드리라. 감사는 믿음을 표현하는 가장 간단한 방법이다.
이제 잠시 동안, 하나님께 몰입하라. 그리고 다음과 같은 기도를 드리기 바란다.

하나님, 제 마음과 제 삶에 하나님 앞에 얼굴을 들지 못하게 만드는 수치가 있다면, 그 수치심으로부터 해방되기 원합니다. 예수님이 나의 수치를 대신 견디셨기에 나는 예수님의 영광을 누리게 되었음을 믿습니다.

하나님께서 당신에게 임하여 수치의 굴레에서 풀어주시도록 맡기라. 그리고 당신의 얼굴을 하나님을 향해 들고, 당신으로 하여금 그리스도의 영광을 누리도록 허락하신 것을 감사드리라.
베드로전서 1장 10-11절에서 베드로는 수치가 영광으로 교환된 것을 기록하고 있다. 구약의 선지자들을 언급하며 사도는 이렇게 말한다.

이 구원에 대하여는 너희에게 임할 은혜를 예언하던 선지자들이 연구하

고 부지런히 살펴서 자기 속에 계신 그리스도의 영이 그 받으실 고난과 후에 받으실 **영광**을 미리 증언하여 누구를 또는 어떠한 때를 지시하는지 상고하니라(굵은 글씨는 저자 강조)

다음과 같은 진실을 꼭 붙들기 바란다. 예수님이 당신의 수치를 견딤으로써 당신은 예수님의 영광을 누리게 되었다. 이것은 당신을 위해 하나님께서 공급하신 것이다. 지상에서의 삶과 천국에서의 삶을 위하여.

학습을 돕는 질문

1. 히브리서 2장 10절에 따르면, 예수님은 왜 고통을 견뎌내야만 했는가?
2. 수치심은 사람에게 어떤 영향을 미치는가?
3. 예수님은 왜 십자가의 수치를 견디셨는가?
4. 사람들이 수치를 겪는 이유는 무엇인가?
5. 수치심을 안고 있는 사람의 특징은 무엇인가?
6. 당신에게 수치의 상처가 있고, 그 상처가 치유되기를 원한다면, 이 단원의 마지막에 제시된 기도를 드리라.

10장 | 거절 대신에 포용을

앞 단원에서는 수치심이라는 정서적 상처를 다루었다. 그리고 예수님이 우리의 수치를 견딤으로써 우리는 예수님의 영광을 누리게 되었음을 배웠다. 이 단원에서는 거절을 다루고자 한다.

거절의 반대는 무엇일까? 그것은 포용이다. 여기에 거룩한 교환이 있다. **예수님이 우리의 거절을 견딤으로써 우리는 예수님의 포용을 누리게 되었다.**

나는 개인적으로 거절감 때문에 괴로워한 적이 없었다. 사실 나의 시각은 그 반대였기 때문이다. "당신이 나를 좋아하지 않는다면, 그건 당신의 문제야"라는 것이 나의 태도였다(물론 그것은 좋은 태도라고 할 수 없다). 그래서 나는 거절당하는 것이 무엇인지 객관적인 관찰을 통하여 배우게 되었다. 처음에는 거절의 상처를 안고 있는 사람들이 겪는 괴로움이 믿어지지 않았다. 그러다가 거절감으로 고통당하는 사람들을 대상으로 사역하는 과정에서 하나님이 나를 일깨워주셔서 그런 사람들에 대한 특별한 연민과 이해심을 갖게 되었다.

거절감이란 아무도 나를 원치 않으며, 아무도 나를 사랑하지 않는다고 느끼는 것이라고 할 수 있다. 거절감을 느끼는 사람은 언제나 바깥에서 안을 들여다보고만 있다. 다른 사람은 안으로 들어가는데, 그는 어쩐 일인지 들어가지 못한다.

나는 테레사 수녀의 종교적 신조를 전부 모두 지지하지는 않지만, 테레사 수녀가 진단한 인류의 근본 문제는 동의한다. 사랑받지 못하는 것이 최악의 질병이라는 점이다.

요한일서 4장 19절에는 이렇게 기록되어 있다. "우리가 사랑함은 그가 먼저 우리를 사랑하셨음이라." 얼마나 심오한 진리인가! 하나님의 사랑이 우리 안에서 사랑을 일깨우지 않는 한, 우리는 하나님을 사랑할 수 없다. 이는 사람들 간의 사랑에도 적용되는 진리다. 누군가의 사랑에 의해 우리 안의 사랑이 일깨워지지 않으면 우리는 사랑할 줄 모른다. 한 번도 사랑받지 못한 사람은 어떻게 사랑해야 하는지 모른다. 거절의 상처로 고통당하는 수많은 사람도 남을 사랑하고 싶어 하지만, 그들 속의 사랑이 한 번도 일깨워진 적이 없기 때문에 사랑할 줄 모른다.

거절감의 원인

거절감은 현대 문화의 가장 흔한 정서적 상처다. 여기에는 몇 가지 이유가 있다. 그중에 하나가 가족 관계의 붕괴다.

세상에 태어나는 모든 아기의 가장 중요한 욕구는 사랑하고 사랑받고자 하는 욕구다. 그래서 아기를 껴안아주고 품어주어야 한다. 아기는 자신을 안아주는 사람이 기쁜 마음으로 안아준다는 것을 본능적으로 알 때 사랑받는 느낌을 갖는다. 추상적인 사랑으로는 아기의 사랑받고자 하는 욕구를 채워줄 수가 없다. 사랑은 능동적으로 표현되어야만 한다.

나는 또 모든 아기에게 아버지의 사랑은 다른 것으로 대치할 수가 없다고 믿는다. 심리학자들도 최근에 같은 결론을 내리고 있다. 내가 결코 어머니의 사랑을 과소평가하는 것은 아니다. 어머니의 사랑은 유일무이한 것이다. 그러나 아기들은 아버지의 품에 안겨 있을 때 안전함을 느낀다. 어린 아기가 아버지 품에 안겨 있을 때, 그 아기의 표정은 이렇게 말하는 듯하다. "내 주위에서 무슨 일이 일어날지 알 수 없지만, 나를 안아주고 사랑해주는 이 강한 팔 안에서 나는 안전해." 그러나 현대사회의 가족 관계의 붕괴로 말미암아 세상의 많은 아기가 아버지가 품어주는 이러한 사랑을 경험하지 못하고 있다.

때로는 아기가 태어나기 전의 일이 거절감의 원인이 된다. 나는 어머니의 자궁 속에 있을 때 임한 거절의 영으로부터 해방되어야 할 사람들과 상담한 경험이 있다.

> ***
> "사랑을 받아보지 못한 사람은 사랑하는 법을 모른다."
> ***

네 명의 자녀를 먹여 살리려고 발버둥치는 한 어머니가 또 아기를 임신했다는 사실을 알았을 때 어쩌면 그 어머니는 이 달갑지 않은 임신을 원망할지도 모른다. 그 어머니에게는 새로 태어날 아기를 양육할 시간이나 돈이나 다른 수단이 없다. 그 어머니는 이렇게 생각하거나 또는 말할 수도 있다. "임신하지 않았어야 했는데. 이 아기가 태어나지 않으면 좋겠는데." 그 어머니가 큰 소리로 말하지 않아도 뱃속에 있는 아기는―태아도 사람이라는 것을 명심하라―자기가 환영받지 못하는 존재임을 안다. 그리하여 그 아이는 거절의 영을 갖고 태어난다.

오래전에 나는 사람들을 악한 영으로부터 해방시키는 사역을 하면서, 특정 나이의 미국인들이 거절감의 상처에서 해방되어야 할 필요가 유난히 많다는 점을 인지하게 되었다. 그래서 그 사람들에게 언제 태어났는지 물어보았다. 대답은 1929년이나 1930년, 또는 그 이후였다. 영국인인 나는 1929년에 미국에서 무슨 일이 일어났는지 알지 못했다. 그러나 대다수 미국인은 1929년을 듣는 순간, "오, 경제 대공황이 일어난 해!"라고 했다. 그 당시 태내에 있던 수많은 아기의 마음속에 어떤 상처가 생겼는지 나의 머릿속에 그려졌다. 거절감의 또 다른 주요 원인은 결혼의 파탄이다. 알다시피 오늘날 결혼한 부부의 오십 퍼센트가 이혼을 한다. 이혼하는 부부는 양쪽 모두 상처를 입는다. 어떤 여성은 자기만 고통을 당하는 당사자로 생각하는데 그렇지 않다. 남성도 여성 못지않게 깊은 거절의 상처를 느낀다.

이사야 54장 6절은 시온에 관한 말씀이지만, 모든 버림받은 아내, 그리고 더 나아가서 거절의 상처를 입은 모든 사람에게 적용되는 말씀이다.

> 여호와께서 너를 부르시되 마치 버림을 받아 마음에 근심하는 아내 곧 어릴 때에 아내가 되었다가 버림을 받은 자에게 함과 같이 하실 것임이라 네 하나님께서 말씀하셨느니라

지금 우리 시대에 결혼의 파탄으로 인하여 버림받은 상처를 안고 있는 사람의 숫자를 누가 셀 수 있을까? 성공적인 결혼 생활을 위하여 남편에게 모든 것을 바친 한 여인을 상상해보라. 그런데 그 남편이 다른 여자를

만나 떠나버린다! 내가 그 여인의 입장이 되어 그 여인의 버림받은 심정과 그 여인이 겪는 고통을 이해하기는 어렵지만, 하나님은 이해하신다.

신체적 용모도 거절감의 또 다른 원인이 되기도 한다. 오늘날의 젊은 여성들은 인기를 얻으려면 날씬해야 한다는 터무니없는 생각을 하고 있다. 여자 아이가 조금 통통하거나, 학교의 다른 친구들보다 조용하거나, 아니면 어울리지 않는 옷을 입고 있는 경우, 그 아이는 따돌림을 당하는 느낌을 받는다. 남자 아이의 경우는 남들보다 키가 좀 작거나 행동이 굼뜨거나 스포츠에 능하지 못하면 따돌림을 당하기도 한다. 사소한 것으로 사람들은 쉽게 따돌림을 당한다.

우리는 어렵잖게 거절의 문제를 식별할 수 있고, 또 그것이 바로 나의 문제라는 것을 알 수 있다. 이제 해결책을 찾아보자. 또다시 그 해결책은 십자가에서 철저한 거절을 견디신 예수님이 제공하셨다.

십자가에서 버림받은 예수님

이사야 53장 3절은 예수님께서 십자가에서 처형되기 칠백 년 전에 이미 그 모습을 예언적으로 그리고 있다.

> 그는 멸시를 받아 사람들에게 버림받았으며 간고를 많이 겪었으며 질고를 아는 자라 마치 사람들이 그에게서 얼굴을 가리는 것같이 멸시를 당하였고 우리도 그를 귀히 여기지 아니하였도다

고난받는 종은 "사람들에게 버림을 받았다." 사도 요한은 이것을 "자기

땅에 오매 자기 백성이 영접하지 아니하였으나"(요 1:11)라고 표현한다. 예수님의 친형제들, 예수님 어머니의 자식들도 예수님을 거부했다. 지난 장에서 살펴본 메시아적 시편인 69편에서도 같은 말씀을 볼 수 있다.

> 내가 나의 형제에게는 객이 되고 나의 어머니의 자녀에게는 낯선 사람이 되었나이다(시 69:8)

'아버지의 자녀'가 아니라 '어머니의 자녀'라고 언급된 부분에 주의를 기울여야 한다. 많은 메시아적 예언은 메시아의 어머니를 언급하지 메시아의 아버지를 언급하지 않는다. 메시아가 동정녀 마리아에게 수태되어 탄생했음을 상기하면 그 이유를 이해할 수 있을 것이다.

이러한 종류의 거절을 경험한 사람들은 예수님도 그런 것을 겪었다는 사실을 깨달을 필요가 있다. 예수님의 가족과 예수님의 동족들이 예수님을 거부했다. 예수님이 십자가에서 돌아가실 때 끝까지 곁에서 지킨 사람은 오직 세 여인으로 구성된 외로운 작은 무리뿐이었다.

그런데 그것이 마지막 장면이 아니었다. 사람들에게 버림을 받는 것도 고통스러운 일이었지만 하나님 아버지로부터 버림받는 것은 견디기 어려운 궁극적인 거절이었다. 마태복음 27장 45-47절은 십자가에 달리신 예수님의 마지막 순간의 모습을 보여준다.

> 제육 시로부터 온 땅에 어둠이 임하여 제구 시까지 계속되더니 제구 시쯤에 예수께서 크게 소리 질러 이르시되 엘리 엘리 라마 사박다니(Eli, Eli, lama sabachthani!) 하시니 이는 곧 나의 하나님 나의 하나님 어찌하여 나

를 버리셨나이까 하는 뜻이라 거기 섰던 자 중 어떤 이들이 듣고 이르되 이 사람이 엘리야를 부른다(This Man is calling for Elijah!) 하고

예수님이 부르짖는 말을 이해하지 못한 사람들은, '엘리'(Eli)를 '엘리야(Elijah)라는 선지자의 이름이라고 생각했다.

그중의 한 사람이 곧 달려가서 해면을 가져다가 신 포도주에 적시어 갈대에 꿰어 마시게 하거늘(마 27:48)

십자가상에서 예수님은 두 번 마실 것을 제공받았다. 마가복음 15장 23절은 "몰약을 탄 포도주를 주었으나 예수께서 받지 아니하시니라"라고 기록하고 있다. 몰약은 진통제로 예수님의 고통을 어느 정도 경감시켜줄 수도 있었을 것이다. 그러나 예수님은 완화되지 않은 고통을 견뎌내기로 작정하신 것 같다.

그러다가 숨을 거두기 직전에 누군가가 예수님의 입에 신 포도주를 갖다 대었다. 아마도 예수님이 의식을 잃는 것을 막으려는 의도에서 그런 것 같다. 그 신 포도주를 받아 마심으로써 예수님은 상징적으로 거절의 쓴잔을 앙금까지 남김없이 마신 것이었다. 예수님께서 십자가에서 겪은 것과 같이 철저한 거절을 경험한 사람은 아무도 없다.

그 남은 사람들이 이르되 가만 두라 엘리야가 와서 그를 구원하나 보자 하더라 예수께서 다시 크게 소리 지르시고 영혼이 떠나시니라(마 27:49-50)

역사상 처음으로, 하나님의 아들이 기도했는데 하나님 아버지로부터 아무런 답이 없었다. 왜 그랬을까? 왜냐하면 5장에서 살펴본 것처럼 그리스도는 우리의 죄 많음으로 죄인이 되셨고, 하나님은 죄를 다루는 방식으로 그리스도를 다루어야 했기 때문이다. 하나님은 예수님을 거절해야만 했다. 예수님을 받아들이기를 거부해야만 한 것이다. 그래서 예수님은 십자가 처형으로 죽은 것이 아니라, 하나님 아버지로부터 거절당해 상심한 나머지 숨을 거두었다.

예수님은 실제로 어떻게 사망하셨는가?

신약성경은 예수님의 마음속에 무슨 일이 일어났는지 말해주지 않지만, 구약성경은 이를 보여준다. 시편 69편으로 돌아가 보자.

> 비방이 나의 마음을 상하게 하여 근심이 충만하니 불쌍히 여길 자를 바라나 없고 긍휼히 여길 자를 바라나 찾지 못하였나이다 그들이 쓸개를 나의 음식물로 주며 목마를 때에는 초를 마시게 하였사오니(시 69:20-21)

통상적으로 십자가형은 사람을 빨리 죽이지 않는다. 이러한 사실은 신약성경이 뒷받침해준다.

> 아리마대 사람 요셉이 와서 당돌히 빌라도에게 들어가 예수의 시체를 달라 하니 이 사람은 존경받는 공회원이요 하나님의 나라를 기다리는 자라 빌라도는 예수께서 벌써 죽었을까 하고 이상히 여겨 백부장을 불러 죽은

지가 오래냐 묻고 백부장에게 알아본 후에 요셉에게 시체를 내주는지라

(막 15:43-45)

예수님은 그렇게 빨리 숨을 거두지 않았어야 했다. 예수님과 함께 십자가에 못 박혔던 다른 두 도둑은 예수님이 숨진 후에도 살아 있어 군인들이 다리를 꺾어 죽여야 했다. 그래서 우리는 시편 69편과 신약성경의 다른 기록들을 근거로, 예수님께서는 십자가 처형으로 죽은 것이 아니라 상심하여 숨을 거둔 것이라고 추측할 수 있다. 물론 십자가에 못 박힌 채로 오래 달려 있으면 결국 죽게 되어 있지만 말이다. 이 점을 이해하는 것이 중요하다. 예수님을 상심시킨 것은 무엇일까? 바로 하나님 아버지로부터 버림받는 궁극적인 거절이었다. 예수님은 우리가 받아들여지도록 거절을 견디신 것이다.

> * * *
> "예수님께서 십자가에서 겪은 것과 같이 철저한 거절을 경험한 사람은 아무도 없다."
> * * *

마태복음 27장 50-51절로 돌아가 보자.

예수께서 다시 크게 소리 지르시고 영혼이 떠나시니라 이에 성소 휘장이
위로부터 아래까지 찢어져 둘이 되고 땅이 진동하여 바위가 터지고

거룩하신 하나님과 죄 많은 인간을 가르는 성전의 휘장이 둘로 갈라짐으로써 우리가 받아들여질 길이 열렸음이 선포되었다. 성전의 휘장이 위로부터 아래로 찢어졌기에, 사람이 한 일이라고는 상상할 수가 없다. 하나님께서 그것을 찢은 것이다. 그 찢어진 휘장은 예수님을 믿는 모든 사

람에게 하나님 아버지께서 보내는 초대장이다. "어서 오너라. 환영한다. 내 아들이 너희가 당해야 할 거절을 대신 견뎌냈으므로 내가 너희를 받아들일 수 있다."

> 찬송하리로다 하나님 곧 우리 주 예수 그리스도의 아버지께서 그리스도 안에서 하늘에 속한 모든 신령한 복을 우리에게 주시되 곧 창세 전에 그리스도 안에서 우리를 택하사…(엡 1:3-4)

궁극적 선택권은 우리가 아닌 하나님께 있다는 사실에 유의하기 바란다. 당신이 선택했기에 구원받았다고 상상해서는 안 된다. 하나님이 당신을 선택하셨고 당신은 그분의 선택에 응답했으므로 구원받은 것이다. 당신은 마음을 바꿀는지 몰라도 하나님의 마음은 변치 않으신다.

> 우리로 사랑 안에서 그 앞에 거룩하고 흠이 없게 하시려고(엡 1:4)

참으로 놀라운 배려다. 만약 구원이 하나님의 선택에 기반을 두고 있지 않다면, 나는 사랑 안에서 그리스도 앞에 거룩하고 흠이 없는 사람이 될 수 있다는 믿음을 결코 갖지 못할 것이다. 구원은 나의 선택이 아니라 하나님의 선택이다.

오늘날 복음을 제시함에 있어서 모든 것이 우리의 행위에 달려 있다고 강조하는 그릇된 경향이 있다. 우리가 선택해야 하는 것은 사실이지만, 만약 하나님께서 먼저 우리를 선택하지 않았더라면 우리는 결코 올바른 선택을 하지 못할 것이다.

하나님과의 관계를 당신의 행위에 기반을 두지 않고 하나님께서 하신 일에 기반을 둘 때 당신은 그리스도인으로서 훨씬 더 든든함을 느끼게 될 것이다. 하나님은 당신과 나보다 더 신뢰할 수 있는 분이기 때문이다.

> 하나님의 기쁘신 뜻에 따라 예수 그리스도를 통하여 우리를 자신의 자녀로 입양할 것을 예정하셨으니 이는 하나님께서 그 사랑하시는 이 안에서 우리를 받아들이시어 그 은혜의 영광을 찬양케 하려 하심이니라(엡 1:5-6, King James Version)

하나님께서 그 사랑하시는 이, 곧 예수 그리스도 안에서 받아들여짐은 최고의 포용이다. 현대 영어 번역은 '받아들임'(accepted)을 여러 다른 단어로 표현하고 있으나, 에베소서에서 사용된 헬라어 'charitoo'는 "우아한, 자비로운" 또는 "은혜를 받은"(highly favored)이라는 뜻이다. 천사 가브리엘이 동정녀 마리아에게 나타나서 인사할 때 같은 단어가 사용되었다. "은혜를 받은 자여 평안할지어다"(Rejoice, highly favored one)(눅 1:28).

은혜를 받는 것은 받아들여지는 것보다 한층 더 나은 것이다. 하나님께는 열등한 자녀가 없다. 하나님의 모든 자녀는 받아들여지는 것으로 그치지 않고, 예수 그리스도를 통하여 은혜를 받는다.

누가 이 모든 것을 계획하였는가? 하나님께서 하셨다!

예수님이 하신 일을 받아들이기

오래전에 일어난 어떤 사건 하나가 이 진리를 내게 생생하게 일깨워주었다. 나는 큰 야외 집회에서 설교를 맡게 되었는데, 시작 시간에 늦어 야영장을 서둘러 건너가다가 어떤 여인과 부딪혔다. 아니, 그 여인이 내게 부딪혔다는 것이 더 정확한 표현이다.

충돌한 후 서로 몸을 추스르고 있는데 그 여인이 말했다. "오, 프린스 씨. 제가 당신과 상담하는 것이 하나님이 원하시는 일이라면 서로 만나게 해달라고 기도하고 있었습니다."

"네, 정말 만났군요! 그런데 시간이 이 분밖에 없습니다. 설교 시간에 늦을 것 같아서요."

그 여인은 자신의 모든 고뇌와 문제를 내게 털어놓기 시작했다. 일 분쯤 지났을 때 내가 그 여인의 말을 중지시켰다.

"더 이상 시간을 내드리기 곤란합니다. 저를 따라 기도하십시오"라고 내가 말했다. 나는 무엇을 기도할 것인지 말하지 않았고, 그 여인의 문제를 진단하지도 않았다. 나는 그냥 다음과 같은 기도를 인도했을 뿐이다.

오, 하나님, 저를 진정으로 사랑하심을 감사드립니다. 저는 진실로 하나님의 자녀이고, 하나님은 저의 아버지이심을 감사드립니다. 제가 우주에서 최고의 가족에 속함을 감사드립니다. 저는 쓸모없는 인간이 아닙니다. 저는 거절당하지 않았습니다. 하나님이 저를 받아주셨습니다. 하나님은 저를 사랑하시고, 저는 하나님을 사랑합니다. 하나님, 감사합니다.

그 기도를 드린 후에 우리는 헤어졌다. 나는 설교 시간이 시작되기 직전에 집회 장소에 도착했고, 곧 그 사건을 잊어버렸다.

한 달쯤 뒤에, 나는 그 여인에게서 한 장의 편지를 받았다. 자신이 누구인지 내가 기억할 수 있도록, 우리가 만난 장소와 그때 일어난 일을 설명한 다음 그 여인은 다음과 같은 글을 적어 보냈다. "당신과 함께 그 기도를 드린 것이 나의 인생을 완전히 뒤바꾸어놓았습니다. 나는 이제 전혀 딴사람이 되었습니다."

> * * *
> 그 여인은 예수님이 십자가에서 그 여인을 위해 행하신 일을 단순히 받아들임으로써 거절감에서 풀려났다.
> * * *

무슨 일이 발생했는가? 그 여인은 거절의 터널을 통과해 포용으로 나아간 것이었다. 그것은 그 여인의 어떤 행위로 이룬 것이 아니었다. 다시 말해 자신을 개선하려고 힘써 노력했거나, 기도를 더 열심히 해서 달성한 것이 아니었다. 예수님께서 십자가에서 그 여인을 위해 행하신 일을 단순히 받아들임으로써 거절감에서 풀려난 것이었다.

교환을 고백하기

거절감으로 몸부림치는 사람들에게 벗어나기 위해 더 노력하라고 말하는 것은 최악의 충고다. 거절의 상처가 있는 사람들은 자신들이 아무리 애를 써도 절대로 충분히 노력했다고 믿지 않는다.

그러나 여기 놀라운 소식이 있다. 하나님이 우리를 사랑하신다는 것이다. 믿어지지 않겠지만 하나님은 당신과 나를 개인적으로 사랑하신다. 그리스도 안에서 우리는 하나님의 자녀다. 우리는 우주에서 가장 좋은 가정에 속해 있다. 부끄러워할 것이 아무것도 없다. 우리는 이류도 아니고 쓸모없는 존재도 아니다. 우리는 하나님께 받아들여진 것이다.

이 놀라운 교환을 나의 것으로 취하고자 한다면, 입술로 다음과 같이 고백하라.

예수님이 나의 거절을 견딤으로써 나는 예수님의 포용을 누리게 되었다.

만일 당신이 십자가에서 일어난 이 교환을 진정으로 믿는다면 다음과 같은 기도를 드리도록 하라.

"하나님, 감사합니다. 나를 진정으로 사랑하시어 나를 위해 당신의 독생자를 주심을 감사드립니다. 하나님은 나의 아버지이십니다. 천국은 나의 집입니다. 나는 우주에서 가장 좋은 가정의 일원입니다. 나는 하나님의 무조건적인 사랑과 돌보심을 받으며 안전함을 느낍니다. 주님, 감사드립니다!"

학습을 돕는 질문

1. 거절감은 어떤 종류의 감정인가?
2. 거절을 경험하는 이유는 무엇인가?
3. 예수님은 어느 정도로 거절을 경험하셨는가?
4. 에베소서 1장 5-6절에 따르면, 하나님은 예수님을 통해 우리를 위하여 무슨 일을 행하셨는가?
5. 이 단원의 끝에 있는 기도를 하고, 당신의 입술로 그 교환을 고백해보자.

11장 | 옛사람 대신에 새사람을

지금까지 십자가가 우리를 위해 성취한 것들을 다루었다. 물론 사람들은 십자가가 이룬 것을 감사하게 생각하지만, 많은 그리스도인이 거기서 멈춰버린다. 십자가가 달성한 것을 더 많이 달라고 요구하는 기도밖에 하지 않는 그 사람들의 믿음은 얄팍하여 진정한 만족을 느낄 수 없다. 왜냐하면 하나님의 최종 목적은 그것이 아니기 때문이다.

그러므로 이제 십자가 사역의 다른 측면을 살펴보도록 하자. 십자가가 우리를 위하여 할 수 있는 일보다 십자가가 우리 안에서 일으키는 변화에 초점을 맞출 차례다. 이제부터는 하나님께서 옛사람을 어떻게 다루시는지 검토할 것이다. 이것은 십자가가 우리 안에서 역사해야 할 필요가 있는 것을 다루는, 이 책의 제3부로 들어가는 문을 열어준다.

먼저 옛사람이 무엇인지 명확한 개념을 확립할 필요가 있다. 옛사람은 나이 많은 사람을 이르는 말이 아니다. 신약은 두 종류의 사람을 언급하고 있다. 옛사람과 새사람. 그들은 조지 또는 헨리나 빌이라는 이름으로 불리지 않지만 옛사람과 새사람은 신약성경에 등장하는 가장 중요한 두 인물이다.

내가 이해하기로 옛사람은, 아담의 후예로서 우리가 물려받은 악한 성품이다. 그래서 어떤 사람은 옛사람을 "옛 아담"이라고 부르기도 하는데, 이는 정당한 명칭이다. 아담은 하나님을 거역하기 전까지는 자식이 없었다. 그러므로 아담의 모든 후예는 그 안에 거역의 영을 가지고 태어난다. 두뇌가 명석하든지, 나이가 어리든지, 혹은 나이가 많든지 상관없다. 아담의 모든 후예 속에는 하나님을 거역하는 영이 들어 있다.

> * * *
> "인류의 문제를 다루기 위해서는 표면 밑으로 들어가 뿌리에까지 이르러야 한다."
> * * *

거역하는 영은 어린아이들한테서 관찰할 수 있다. 나는 아홉 명의 딸을 입양한 사람이기에 딸들을 다루어본 경험이 있다. 두 살쯤 된 여아들은 참으로 귀엽고 예쁘다. 그런 예쁜 아이의 입 안에서는 아이스크림도 녹지 않을 것처럼 보인다. 그렇지만 내가 "이리 오너라!" 하면, 그 아이는 반대 방향으로 돌아서서 달아나버린다. 그런 어린아이에게서도 거역하는 영이 자신을 드러내 보이는 것이다.

성경은 하나님께 거역하는 이 존재를 옛사람이라 칭한다. 하나님의 계획은 옛사람을 새사람으로 대체하는 것이다. 그것을 다음과 같이 표현할 수 있을 것이다.

"십자가에서 우리의 옛사람이 죽음으로써 새사람이 우리 안에 대신 살게 되었다."

마태복음 3장 10절에서 예수님의 길을 준비하도록 먼저 보내진 세례 요한이 다음과 같이 선포한다. "이미 도끼가 나무뿌리에 놓였으니"(Even now the ax is laid to the root of the trees). 영어 단어 'radical'(근본적인, 철저한, 급진적인, 과격한, 혁명적인)은 뿌리(root)를 뜻하는 라틴어 radix에서 유래했다. 인류에게 전해진 모든 메시지 중에 가장 심오한 것이 복음이다. 많은 사람이 복음을 피상적인 것으로 이해하고 있지만, 하나님은 그냥 가지만 치거나 줄기만 잘라버리지 않고, 뿌리를 손보는 분이시다.

뿌리를 손보기

하나님께서 나를 축사 사역으로 인도하셨을 때, 나는 나무 꼭대기에 있는 가지만 주로 손보았다. 그것은 여러 형태의 중독증으로, 명백하게 육적인 죄라서 종교적인 사람들이 좋아하지 않는 것이다. 그렇지만 얼마 안 가서 중독증이 더 큰 가지로부터 자라나는 작은 가지라는 것을 깨닫게 되었다. 그러므로 중독증이라는 잔가지만 쳐낸다면 문제의 뿌리는 그대로 남아 있는 것이다. 모든 중독증의 뿌리는 좌절감이다. 그러므로 중독증을 다루려면, 중독증을 자라게 한 좌절감을 찾아내야 한다.

그렇지만 사실은 좌절감도 가지다. 인류의 문제를 다루려면, 표면 아래에 있는 뿌리까지 파고들어가야 한다. 이것이 바로 세례 요한이 '이미 도끼가 나무뿌리에 놓였으니'라고 말한 이유다. 그렇다면 그 뿌리란 무엇인가?

이사야가 그 뿌리가 무엇인지 우리에게 분명하게 말해준다.

> 우리는 다 양 같아서 그릇 행하여 각기 제 길로 갔거늘 여호와께서는 우리 모두의 죄악을 그에게 담당시키셨도다(사 53:6)

우리 문제의 뿌리는 하나님에 대한 거역이다. 우리 모두의 마음속에는 반항아가 자리 잡고 있다. 공산주의 반항아일 수도 있고, 알코올중독 반항아일 수도 있으며 심지어 점잖은 종교적 탈을 쓴 반항아일 수도 있다. 여하튼 반항아가 우리 모두의 속에 들어 있다. 반항아를 교정하는 하나님의 방법은 오직 한가지다. 하나님은 반항아를 교회나 주일학교로 보내지 않으신다. 혹은 황금률(남에게 대접을 받고자 하는 대로 너희도 남을 대접하라, 눅 6:31)을 가르치거나 성경을 암송하라고 말씀하지도 않으신다. 하나님은 반항아를 처형하신다. 처형이 하나님의 해결책인 것이다.

그러나 자비로운 소식은 십자가에서 예수님께서 처형되었다는 사실이다. 로마서 6장 6-7절에는 이렇게 기록되어 있다.

> 우리가 알거니와 우리의 옛사람이 예수와 함께 십자가에 못 박힌 것은 죄의 몸이 죽어 다시는 우리가 죄에게 종노릇하지 아니하려 함이니 이는 죽은 자가 죄에서 벗어나 의롭다 하심을 얻었음이라

바울은 우리가 과거에 저지른 죄악을 말하는 것이 아니고, 지금 우리 속에 있는 반항아에 대해 논하고 있다. 우리는 교회에 가서 기도도 드리고 죄를 용서받기도 한다. 그렇지만 우리 속에 반항아가 아직 살아 있는 채 교회에서 나온다면, 그 반항아는 계속 죄를 저지를 것이다. 죄의 종살이에서 풀려나려면, 단순히 과거의 죄를 용서받는 것만으로는 부족하고, 우리 속에 있는 반항아를 처단해야 한다.

바로 여기에 십자가에서 돌아가신 예수님의 죽음이 등장한다. 우리들의 옛사람은 예수님과 함께 십자가에서 처형되었다. 이것은 역사적인 사

실이다. 우리가 알든지 모르든지, 또는 믿든지 믿지 않든지 상관없이 그것은 역사적인 사실이다. 수많은 그리스도인의 문제는 그러한 역사적 사실을 모른다는 데 있다. 우리 속의 옛사람이 그리스도와 함께 십자가에서 처형된 것을 알고 믿기 전에는 우리의 삶에 십자가가 역사할 수가 없다. 십자가에서 옛사람이 그리스도와 함께 죽었다는 것을 알고 믿을 때 십자가 처형이 우리의 삶에 진정한 변화를 가져오는 것이다.

자기 속의 옛사람이 처형되지 않은 사람은 여전히 죄의 노예다. 우리가 방금 살펴본 로마서 6장 6-7절은 이것을 분명하게 밝히고 있다. 그러나 그리스도와 함께 죽은 사람은 "죄에서 벗어나 의롭다 하심을" 얻는다. 궁극적인 죗값을 치르고 나면 더 이상 받을 형벌이 없다. 우리가 죽은 다음에 율법은 더 이상 우리에게 요구할 것이 없는 것이다.

> 만일 우리가 그리스도와 함께 죽었으면 또한 그와 함께 살 줄을 믿노니 이는 그리스도께서 죽은 자 가운데서 살아나셨으매 다시 죽지 아니하시고 사망이 다시 그를 주장하지 못할 줄을 앎이로라 그가 죽으심은 죄에 대하여 단번에 죽으심이요 그가 살아 계심은 하나님께 대하여 살아 계심이니(롬 6:8-10)

이 말씀은 역사적 사실을 서술하고 있으며, 그 다음 말씀은 그것을 어떻게 적용해야 하는지 가르쳐준다.

> 이와 같이 너희도 너희 자신을 죄에 대하여는 죽은 자요 그리스도 예수 안에서 하나님께 대하여는 살아 있는 자로 여길지어다(롬 6:11)

이제 역사적 사실을 알게 되었으니 그것을 삶에 적용해야 한다. 우리의 옛사람은 십자가에서 처형되었다. 하나님이 그렇게 하셨다. 그러나 우리는 믿음으로 자신이 예수님과 함께 죽었다고 여겨야 한다. 반드시 그렇게 간주해야 한다. 그렇게 하기 전까지는 여전히 옛사람의 노예로 살아가게 될 것이다.

교회 다니는 사람들이 보기에 도저히 참고 견딜 수 없을 정도의 악한 남자를 상상해보자. 그 사람은 욕설을 퍼붓고, 위스키를 마시며, 시가를 피우고, 아내와 자식들을 못살게 군다. 그 사람의 아내와 자식들이 그리스도인이 되어, 그들은 주일 저녁에 동네 교회의 예배에 참석하러 나간다. 아내와 자식들이 집을 나설 때, 가장은 안락의자에 등을 기대고 앉아서 입에는 시가를 물고, 위스키 한 병을 탁자에 놓고, 보아서는 안 될 비디오를 시청하고 있다. 그 사람은 아내와 자식들이 지나가는 것을 보며 욕설을 퍼붓는다.

가족들이 저녁 예배에서 큰 은혜를 받고 찬송을 부르며 집으로 돌아왔다. 현관문을 열고 집으로 들어서며 가장이 욕설을 퍼부을 것으로 예상했는데 욕하는 소리가 들리지 않았다. 재떨이에서는 시가 연기가 피어오르고 있지만 그 사람은 담배를 피우고 있지 않았다. 병에는 위스키가 남아 있으나 술도 마시고 있지 않았다. 그리고 비디오도 시청하고 있지 않았다. 왜 그럴까? 가족들이 교회에 간 사이에 그가 심장마비로 죽었기 때문이다. 그는 이제 위스키에 대하여 죽은 사람이다. 담배에 대해서도 죽었다. 욕지거리에 대해서도 죽었다. 비디오에 대해서도 죽었다. 죄는 이제 더 이상 그를 유혹하지 못한다. 죄는 더 이상 그 사람으로부터 어떠한 반응도 이끌어내지 못한다. 그는 사망한 것이다.

우리는 로마서 6장 11절의 권고를 살펴보았다. "이와 같이 너희도 너희 자신을 죄에 대하여는 죽은 자로 여길지어다." 이 말씀이 의미하는 바가 무엇인가? 죄가 더 이상 당신을 유혹하지 못한다는 것이다. 죄는 더 이상 당신의 마음을 움직이지 못한다. 더 이상 당신에게 아무런 권세를 부리지 못한다. 어떻게 이런 일이 일어날 수 있을까? 예수님이 십자가에서 행하신 일을 믿음으로 받아들이면 이것이 가능해진다. 죄인인 우리의 옛사람이 십자가에서 처형되었기 때문이다.

타락에 대한 하나님의 처방

오래전 부활절 때 일이다. 나는 당시에 일주일에 세 번 노방 전도를 하고 있었는데, 어느 날 매우 생생한 꿈을 꾸었다. 꿈에서 어떤 남자가 나와 똑같은 방식으로 거리에서 설교하는 모습이 보였다. 그 남자는 설교를 정말 잘했고, 많은 사람이 그 주위에 모여 있었다. 그렇지만 그 남자는 기형적인 만곡족에다 몸이 구부정하게 휘어 있었다.

'저 사람이 도대체 누구지?' 라고 나는 내 자신에게 물었다.

그런데 이 주 후에 나는 정확하게 똑같은 꿈을 또다시 꾸었다.

하나님께서 나에게 무언가 말씀하시려는 것 같다는 생각이 들면서 다시 그 사람이 누군지 궁금했다. 그의 설교는 괜찮았는데 그 사람은 뭔가 비뚤어진 데가 있었다.

혼자서 그 사람이 누구일지 생각하고 있는데, 하나님께서 사무엘하 12장 7절에서 선지자 나단이 다윗에게 한 말과 같은 말씀을 나에게 하셨다. "네가 그 사람이라!"

하나님께서 내 안에 있는 옛사람을 드러내어 보여주신 것이다. 나는 이미 구원받고 목회를 하고 있었지만 그 꿈을 통하여 아직도 옛사람이 내 안에 있다는 것을 깨달았다. 그래서 나는 성경을 연구하기 시작하여 그 비뚤어진 본성에 대한 처방은 십자가에 못 박는 것임을 알게 되었다.

그때가 부활절이었기에 골고다 언덕에 세워진 세 개의 십자가가 마음 속에 그려졌다. 가운데 십자가는 다른 두 개보다 더 높았다. 그 십자가를 묵상할 때에 성령께서 내게 말씀하셨다. "가운데 십자가는 누구를 못 박기 위해 세운 것이냐? 대답하기 전에 잘 생각해보아라."

나는 깊이 생각한 후에, "바라바를 처형하기 위해 세운 것입니다"라고 대답했다.

"그렇다. 하지만 마지막 순간에 바라바 대신 예수님이 처형되지 않았니."

"네, 예수님이 그 십자가에 못 박혔지요."

"그렇지만 나는 예수님이 너를 대신하여 그 십자가에서 처형되었다고 생각했는데."

"네! 맞습니다."

"그렇다면 네가 바로 바라바 아니냐."

그 순간 나는 그 의미를 깨달았다. 죄인인 나를 처형하기 위해 그 가운데 십자가가 세워졌다는 것을. 그 십자가는 내 몸에 꼭 맞았다. 내 치수에 맞추어 만들어진 것이었다. 그러나 내가 매달려야 할 그 자리에 예수님이 대신 매달리셨다. 나의 옛사람은 예수님 안에서 못 박혔다. 믿기 어렵겠지만 사실이다!

에베소서 4장 22-24절까지 바울은 옛사람과 새사람의 모습을 보여주며 다음과 같이 권면한다.

> 너희는 유혹의 욕심을 따라 썩어져 가는 구습을 따르는 옛사람을 벗어버리고 오직 너희의 심령이 새롭게 되어 하나님을 따라 의와 진리의 거룩함으로 지으심을 받은 새사람을 입으라

여기에서 주목해야 할 것은 바울이 이미 구원을 얻은 사람들을 대상으로 옛사람을 벗어버리고 새사람을 입도록 권면하고 있다는 점이다. 옛사람을 벗고 새사람을 입는 것은 구원받는 순간에 저절로 일어나는 일이 아니고, 구원받은 다음 우리가 노력해서 달성해야 하는 것이다.

옛사람은 그 안에 있는 기만의 욕심 때문에 점진적으로 썩어져간다고 바울은 말하고 있다. 그러나 새사람은 '의와 참된 거룩함으로' 지음을 받았다. 더 나은 번역은 "새사람은 하나님의 형상을 따라 의와 진리의 거룩함으로 창조되었다"가 될 것이다. 다시 말하면, 거룩함은 진리로부터 나오는 것이다. 우리는 자신에 관한 진리, 곧 우리 속에 있는 옛사람의 진정한 속성을 시인할 때 비로소 거룩함을 얻을 수 있다.

> ***
> "모든 인간의 삶에는 서로 대항하는 두 가지 세력, 곧 진리와 기만이 역사하고 있다."
> ***

모든 인간의 삶에는 서로 대항하는 두 가지 세력, 곧 진리와 기만이 역사하고 있다. 옛사람은 사탄의 기만의 산물이다. 아담과 하와는 "너는 결코 죽지 않고, 하나님처럼 되리라"라는 사탄의 거짓말을 믿었다. 아담과 하와가 사탄의 속임수에 마음을 열었을 때, 그들 안에는 타락의 열매가 맺혔다. 그러므로 옛사람을 묘사하는 핵심 단어는 '타락'이다.

새사람은 이와 대조적으로, 하나님에 의하여 그리스도 안에서 새로운 피조물로 새로이 창조되었다. 새사람은 의로움과 거룩함을 만들어내는 하나님 말씀의 진리의 산물이다. 그러므로 타락에 대한 하나님의 처방은 기만의 산물인 옛사람을 십자가에 못 박고, 우리 안에 진리의 산물인 새사람을 창조하는 것이다.

사탄의 기만과 하나님의 진리 사이의 차이점에 주목하라. 하나님의 진리는 새로운 창조를 통해, 우리 안에 거룩함과 의로움을 산출한다. 반면에, 사탄의 기만의 산물인 옛사람은 도덕적·육체적·정서적으로 완전히 타락한 존재인 것이다.

오래전에 하나님은 나에게 타락은 되돌릴 수 없다는 사실을 알려주셨다. 타락은 일단 시작되면 그 진행 속도를 줄일 수는 있으나, 되돌릴 방법은 없다. 예를 들어, 예쁜 복숭아 한 개를 생각해보자. 겉으로 보기에는 아름다우나 그 속에는 부패가 진행되고 있다. 그 상태로 한 일주일간 부엌에 놓아두면 노랗게 변색하며 시들어 흉해질 것이다. 왜 그런가? 그 안이 썩기 시작했기 때문이다. 요즘에는 과일이 무르익으면 냉장고에 보관하지만 냉장고라도 부패를 되돌릴 수는 없고, 단지 썩는 과정을 지연시킬 수 있을 뿐이다.

많은 교회가 마치 냉장고와 같다. 교회가 타락을 되돌리지는 못하고, 그저 썩는 과정을 지연시키고 있을 따름이다. 그러므로 사람을 변화시키는 유일한 길은 그 사람을 새로운 피조물이 되게 하는 방법밖에 없다.

하나님은 옛사람을 수선하거나 교정하지 않으신다. 하나님은 옛사람을 개량하거나 교육시키지도 않으신다. 하나님은 옛사람을 처형해버리신다. 그런 다음 옛사람 대신에 하나님의 진리의 산물인 새로운 피조물로 대체하신다. "그런즉 누구든지 그리스도 안에 있으면 새로운 피조물이라"(고후 5:17).

새로운 피조물의 본성

옛사람이 새사람과 교환되는 것에 관한 분석을 마치면서 새로운 피조물의 속성을 잠시 살펴보자. 베드로는 거듭난 기독교인들에게 다음과 같은 편지를 쓰고 있다.

> 너희가 거듭난 것은 썩어질 씨로 된 것이 아니요 썩지 아니할 씨로 된 것이니 살아 있고 항상 있는 하나님의 말씀으로 되었느니라(벧전 1:23)

씨앗의 속성이 그 씨로부터 자라나는 생명체의 속성을 결정짓는다. 오렌지 씨를 심었는데, 사과를 거두는 법은 없다. 사과 씨를 심었는데, 오렌지를 거두는 법도 없다. 썩어질 씨를 갖고 태어난 사람은 썩어질 삶, 곧 부패의 과정을 겪을 수밖에 없는 삶을 살게 된다. 그러나 당신이 썩지 않을 씨로 거듭나면, 썩지 않는 삶을 누리게 될 것이다. 썩지 않을 씨가 썩어질 삶을 낳기는 불가능하기 때문이다. 새로운 피조물의 본성을 묘사하는 핵심 단어는 '썩지 않는' 이다.

새사람을 낳는 씨는 무엇이며, 무엇이 그것을 썩지 않게 하는가? 그것은 하나님 말씀의 씨앗이며, 그 말씀의 씨앗이 썩지 않는 생명을 낳는다. 야고보서 1장 18절을 살펴보자. "자기의 뜻을 따라 진리의 말씀으로 우리를 낳으셨느니라." 새사람은 진리의 산물임에 주목하라. 하나님의 말씀의 진리가 우리 안에 썩지 않을 본성을 낳는다.

그렇다면 이것은 죄를 짓는 우리의 성향과 관련하여 어떤 의미를 갖는가? 요한일서 3장 9절은 이렇게 말씀한다. "하나님께로부터 난 자마다 죄를 짓지 아니하나니 이는 하나님의 씨가 그의 속에 거함이요 그도 범죄하지 못하는 것은 하나님께로부터 났음이라."

나 데릭 프린스는 이 책을 쓰고 있는 지금으로부터 약 오십구 년 전에 하나님의 사람으로 거듭났다. 그렇다면 데릭 프린스는 구원받은 후로 현재까지 죄를 전혀 범하지 않았다는 말인가? 분명히 말하건대 그렇지 않다! 그렇지만 요한일서의 성경 구절은 범죄하지 못한다고 한다. 나의 결론은, 사도 요한이 말하는 바는 개인이 아니라 개인 안에 들어 있는 새사람이 범죄하지 못한다는 뜻이다. 새사람은 썩지 않을 씨로 태어났기에, 죄를 지을 수 없는 것이다.

나는 요한일서 5장 4절을 좋아한다. "무릇 하나님께로부터 난 자마다 세상을 이기느니라." 누구든지 그리고 무엇이든지 하나님께로부터 난 자는 세상을 이긴다는 말이다. 사도 요한은 제임스, 빌, 마리, 제인이 세상을 이긴다고 하지 않고, 하나님의 말씀으로 우리 안에 난 새사람이 세상을 이긴다고 말하고 있는 것이다. 다시 말하건대, 썩지 않는 씨앗은 썩지 않는 본성을 낳는다. 그렇다면 거듭난 사람은 절대로 죄를 범하지 않는다는 뜻인가? 그런 뜻이 아니다. 죄를 짓고 안 짓고는 어느 본성이 우리를 지배하도록 허락하느냐에 달려 있다. 옛사람은 죄를 짓지 않을 수 없다. 새사람은 죄를 지을 수 없다. 그러므로 누가 당신을 조종하느냐에 따라 당신의 행위가 결정된다.

거듭나지 않은 사람은 죄짓는 것을 피할 수 없다. 그 사람의 본성이 죄를 짓게 하기 때문이다. 그러나 거듭난 사람은 선택할 수 있다. 새사람으로 하여금 나를 통제하도록 하면, 죄를 짓지 않게 된다. 그러나 옛사람이 다시 자기 권리를 주장하도록 허용하면, 죄를 짓게 되는 것이다.

교환을 고백하기

무엇을 하든, 옛사람을 종교적인 방식으로 처신하게 만들려고 애쓰지 마라. 그렇게 해서는 성공할 수 없다. 다음과 같은 하나님의 해결책을 입술로 시인하기 바란다.

반항하는 자요 타락한 자인 나의 옛사람이 예수님 안에서 십자가에 못 박혀 죽음으로써 나는 사악하고 타락한 본성으로부터 해방되었고, 하나님의 말씀을 통해 새로운 본성이 내 안에 들어와 나의 삶을 통제하게 되었다.

다음 제3부에서는 십자가가 우리 안에서 어떤 일을 하도록 고안되었는지 살펴볼 것이다. 우리가 죄를 짓느냐 안 짓느냐, 승리하느냐 패배하느냐는 우리가 십자가로 하여금 우리 안에서 얼마만큼 역사하게 하느냐에 달려 있다.

학습을 돕는 질문

1. 우리의 옛사람이란 무엇인가?
2. 옛사람에 대한 하나님의 처방은 무엇인가?
3. 옛사람을 십자가에 처형한 것이 우리의 삶에 효력을 발생하게 하려면 어떻게 해야 하는가?
4. "우리 자신을 죄에 대해서는 죽은 자로 여긴다"라는 말은 무슨 뜻인가?
5. 에베소서 4장 22-24절에 따르면, 새사람과 옛사람의 차이점은 무엇인가?
6. 새사람의 본성을 설명해보라.
7. 스스로의 입술로 이 단원의 마지막에 요약된 거룩한 교환을 고백해보자.

제3부
해방의 다섯 가지 측면

12장 | 현 세대로부터 해방

앞의 단원에서는 십자가에서 예수 그리스도의 희생이 우리를 위하여 성취한 것을 발견하는 여행을 하였다. 우리가 발견한 것을 아래의 아홉 가지 거룩한 교환으로 요약할 수 있다.

1. 예수님이 징계를 받음으로써 우리는 용서를 받게 되었다.
2. 예수님이 상처를 입음으로써 우리는 치유를 받게 되었다.
3. 예수님이 우리의 죄를 지고 죄가 됨으로써 우리는 예수님의 의로움으로 의롭게 되었다.
4. 예수님이 우리의 죽음을 죽음으로써 우리는 예수님의 생명을 누리게 되었다.
5. 예수님이 저주가 됨으로써 우리는 축복을 받게 되었다.
6. 예수님이 우리의 가난을 견딤으로써 우리는 예수님의 부요를 누리게 되었다.

7. 예수님이 우리의 수치를 견딤으로써 우리는 예수님의 영광을 누리게 되었다.
8. 예수님이 우리의 거절을 견딤으로써 우리는 예수님의 포용을 누리게 되었다.
9. 나의 옛사람이 예수님 안에서 십자가에 못 박힘으로써 새사람이 내 안에 살게 되었다.

이제부터는 하나님께서 십자가가 우리 안에서 어떻게 역사하기를 원하시는지 새로운 영역을 탐구해보도록 하자. 이것은 예수님이 십자가에서 우리를 위하여 하신 일과는 구별되는 것이다. 우리가 십자가로 하여금 우리 안에서 하나님이 계획하신 일을 역사하도록 허용하지 않는다면, 우리는 결코 예수님께서 십자가에서 우리를 위하여 이룩하신 일의 영구적인 혜택을 누리지 못할 것이다. 교회를 에워싸고 있는 거의 모든 문제는, 십자가로 하여금 우리 안에서 역사하게 하는 데 실패한 것에 기인한다.

갈라디아 교회의 문제점을 다시 한 번 짚어보자. 육욕이 율법주의로 그 모습을 드러낸 것이 갈라디아 교회의 문제였다. 바울은 부도덕한 고린도 교회의 문제보다 율법적인 갈라디아 교회의 문제를 더 걱정했다. 부도덕한 고린도 교회의 죄는 율법주의로 그리스도교의 진리를 가려버린 갈라디아 교회의 문제보다 더 다루기가 쉬웠기 때문이다.

바울이 갈라디아 교회에 보낸 편지는 신학적인 논문으로 작성된 것이 아니라, 실제 상황을 다루어야 하는 긴박함에서 쓴 것이었다. 본서의 제7장에서 바울의 경고를 주목한 적이 있다.

> 어리석도다 갈라디아 사람들아 예수 그리스도께서 십자가에 못 박히신
> 것이 너희 눈앞에 밝히 보이거늘 누가 너희를 꾀더냐(갈 3:1)

성령 충만한 갈라디아의 그리스도인들이 사술에 홀려버렸다. 사술이 한 일은 무엇인가? 하나님께서 우리를 위해 공급해주시는 모든 것의 유일한 기초인, 십자가에 못 박힌 예수 그리스도의 모습을 갈라디아 사람들로부터 가려버린 것이다. 일단 십자가가 가려지면 우리는 더 이상 하나님의 공급을 누리지 못하게 된다.

***
"일단 십자가가 가려지면 우리는 더 이상 하나님의 공급을 누리지 못하게 된다."
***

사탄은 또 갈라디아 성도들의 눈을 가려 십자가에 못 박힌 그리스도가 사탄을 완전히 패배시켰음을 알지 못하게 했다. 십자가에서 예수님은 사탄과 그의 왕국에게 완전하고도 영구적이며, 돌이킬 수 없는 패배를 안겨주었다. 사탄은 그 패배에 대하여 더 이상 어떻게 할 방법이 없으므로 단지 교회의 눈을 가려 그 영광스러운 진리를 보지 못하게 애쓰는 것이다(사탄은 진리를 가리는 일에만 골몰한다!).

내가 감사하게 생각하는 것은, 사도 바울이 갈라디아 성도들에게 보낸 편지가 문제만 지적하는 것이 아니라 십자가의 비전을 상실한 교회에 해결책도 제시한다는 점이다.

갈라디아서는 우리가 십자가로 하여금 우리 안에서 역사하도록 허락할 때에 일어나는 다섯 가지 연속적인 해방을 펼쳐 보여준다. 다시 말하지만, 나는 예수님이 십자가에서 우리를 위하여 행하신 일에 관하여 말하려는 게 아니다. 물론 그것은 참으로 하나님께 감사할 일이긴 하나 거기서

멈추어서는 안 된다. 모든 믿는 자 안에는 십자가를 통하여 해야 할 일이 있는 바, 그것은 우리의 근본 문제를 다루기 위함이다. 십자가가 가능하게 만든 다섯 가지 해방은 다음과 같다.

1. 악한 현 세대로부터 해방
2. 율법으로부터 해방
3. 자아로부터 해방
4. 육체로부터 해방
5. 세상으로부터 해방

이번 단원에서는 첫 번째 해방을 살펴볼 것이며 나머지도 모두 이 제3부에서 다루고자 한다.

현 세대에 관해 우리가 아는 바는 무엇인가?

어떤 자매가 "급진적인 기독교인이 되자"(Be a radical Christian)라는 흰 글씨가 새겨진 검정 티셔츠를 내게 선물한 적이 있다. 여러분도 십자가가 이룬 다섯 가지 해방을 공부하면서 그러한 태도를 취하라고 격려하는 바다.

첫 번째 해방은 갈라디아 1장 3-4절에서 일어나는데, 그것은 급진적이다.

우리 하나님 아버지와 주 예수 그리스도로부터 은혜와 평강이 있기를 원

> 하노라 그리스도께서 하나님 곧 우리 아버지의 뜻을 따라 이 악한 세대(this present evil age)에서 우리를 건지시려고 우리 죄를 대속하기 위하여 자기 몸을 주셨으니

십자가를 통해서 우리를 이 악한 세대로부터 해방시키는 것이 하나님의 목적이라는 것을 아는가?

어떤 번역은 '시대'(age)와 '세상'(world)을 혼동해서 사용한다. 시대를 의미하는 헬라어 중에 하나는 코스모스(cosmos, 질서를 갖춘 체계로서의 우주)다. 이 단어에서 cosmonaut(우주비행사)와 cosmological(우주론의)이라는 영어 단어가 유래되었다. 신약에서 코스모스는 어떤 특정한 범주의 사람들을 지칭하는 사회학적 용어다. 제15장에서 코스모스, 곧 현재의 이 세상 체계로부터 해방을 논의할 것이다.

그러나 바울이 갈라디아서 1장에서 '이 악한 세대'에서의 해방을 이야기할 때는, 시대(age)를 뜻하는 다른 헬라어 아이온(aeon)을 사용한다. 이것은 확정되지 않은 기간, 길게 연장된 기간을 뜻한다. 성경에서 시간의 척도는 시대(ages)와 세대(generations)다. 모든 시대 안에는 어떤 숫자의 세대를 포함한다. 성경에 있는 가장 아름다운 표현 가운데 하나인 'forever and ever'(영원 무궁히)는 사실은 'to the ages of the ages'(세세에 영원히)로 번역해야 한다. 현세에도 시대가 있지만, 영원도 시대로 구성된 시대의 연속인 것이다.

이제부터는 왜 우리들이 현 세대로부터 해방되어야 하는지 이해할 수 있도록 이 세대에 관한 몇 가지 사실을 설명하고자 한다.

우리는 현 세대에 속하지 않는다

그리스도인들은 이 세대에 속하지 않는다. 우리는 다른 세대에 속한 사람들이다. 오늘날 뉴 에이지(New Age) 운동에 관해 많은 이야기가 돌고 있지만, 사실은 그리스도인들이 바로 새로운 세대에 속한 사람들이다. 그리스도인들은 현 세대에 살고 있으나 미래의 세대에 속한 사람들이다. 여러분이나 나 이 세대에 영원히 소속된 것처럼 살아간다면, 그것은 하나님의 목적에서 크게 벗어난 삶이 되고 만다.

이 세대는 종말이 다가오고 있다

현 세대는 영속하는 것이 아니고 종말을 향해 다가가고 있다. 성경의 많은 구절이 이것을 가르쳐준다.

예를 들면, 마태복음 13장 39절에서 예수님은 밭의 곡식 사이에 덧뿌려진 가라지에 관해 이렇게 말씀하셨다. "가라지를 뿌린 원수는 마귀요 추수 때는 세상 끝이요 추수꾼은 천사들이니." 그리고 이어서 40절에서는 "그런즉 가라지를 거두어 불에 사르는 것 같이 세상 끝에도 그러하리라" 하셨으며, 49절에서도 "세상 끝에도 이러하리라"라고 말씀하셨다.

다른 많은 성경 구절도 이 세대가 종말에 이르고 있다고 밝힌다. 여러분이 내가 이 세대에 관해 느끼는 것과 같이 느끼고 있다면, 여러분도 나처럼 "하나님, 감사합니다!"라고 외치게 될 것이다. 현 세대가 그 모든 고난, 질병, 암흑, 무지, 잔인함, 전쟁과 더불어 영원히 지속된다는 전망보다 더 끔찍한 것을 나는 상상할 수 없다. 현 세대가 영원히 지속되지 않는다는 것을 하나님께 감사드리지 않을 수 없다.

이 세대는 악한 신을 가지고 있다

고린도후서 4장 3-4절에서 바울은 복음을 보지 못하는 사람들을 말하고 있다. "만일 우리의 복음이 가리었으면 망하는 자들에게 가리어진 것이라 그중에 이 세상의 신(god of this age)이 믿지 아니하는 자들의 마음을 혼미하게 하여…" 이 세상의 신이란 누구인가? 사탄이다. 왜 이 세상은 악한가? 그 대답은 간단하다. 이 세대는 악한 신을 가지고 있기 때문이다.

하나님께서 사탄을 신의 자리에서 지금이라도 쫓아낼 수 있으시지만, 그것은 하나님의 계획이 아니다. 사탄은 이 세대가 지속되는 한 이 세상의 신으로 계속 군림할 것이다. 하나님의 계획은 이 세대를 종결시키는 것이다. 이 세대가 종결되면 사탄은 더 이상 신으로 군림할 수 없다. 이 사실을 잘 알기에, 사탄은 그의 모든 능력을 동원하여 이 세대가 끝이 나지 않도록 막고 있는 것이다.

사탄이 교회에 대하여 적의를 갖는 이유 중 한 가지는 교회가 하나님께서 이 세대에 종말을 가져오는 도구이기 때문인 것을 아는가? 이 세대에 종말을 가져오는 것은 교회의 주된 임무인데, 이 세대는 교회가 해야 할 일을 완수하기 전에는 끝이 날 수 없다. 그렇다면 교회가 해야 할 일은 무엇인가? 그리스도께서 교회에 내린 진격 명령을 수행하는 것이다. "이 천국 복음이 모든 민족에게 증언되기 위하여 온 세상에 전파되리니 그제야 끝이 오리라"(마 24:14).

사탄은 정치인이나 군사령관이나 학자들에게는 위협을 느끼지 않지만, 천국 복음을 전파하는 사람들은 두려워한다. 사탄은 천국 복음을 전하는 사람들에게 대항한다. 천국 복음이 온 세상에 전파된 뒤에는, 이 세대가 끝이 날 것이고, 사탄은 더 이상 이 세상의 신으로 군림할 수 없기 때문이다. 그러므로 성경을 믿는 그리스도인이 바로 사탄을 떨게 만드는 사람들인 것이다.

이 세대에 사로잡히면 열매를 맺지 못한다

히브리서 기자는 사람들이 영적인 체험을 한 후에 다시 세상으로 돌아감을 선택하여 그러한 영적 체험과 예수 그리스도를 부인하는 일을 언급한다. 그들이 경험했던 다섯 가지 영적 체험을 살펴보자.

> 한 번 빛을 받고(첫 번째 체험) 하늘의 은사를 맛보고(두 번째 체험) 성령에 참여한 바 되고(세 번째 체험) 하나님의 선한 말씀과(네 번째 체험) 내세의 능력을 맛보고도(다섯 번째 체험) 타락한 자들은 다시 새롭게 하여 회개하게 할 수 없나니…(히 6:4-6)

***
"하나님은 우리가 이 세상의 것과는 판이하게 다르면서 또한 월등한 어떤 것을 맛봄으로써 이 세대의 능력들에게 다시는 마음을 빼앗기지 않기를 바라신다."
***

오늘날 나를 포함하여 많은 사람이 이런 영적인 체험을 누렸다. 우리는 빛을 받아 하늘의 은사와 하나님의 선한 말씀을 맛보았고, 성령에 참여한 바 되어 장차 올 세대의 권능을 맛보았다. 하나님께서 우리가 이런 것을 맛보도록 허락하신 이유는 이 세대의 능력에 대한 입맛이 떨어지게 하기 위해서다. 하나님은 우리가 이 세상의 것과는 판이하게 다르면서 또한 월등한 어떤 것을 맛봄으로써 이 세대의 능력들에게 다시는 마음을 빼앗기지 않기를 바라신다. 그렇지만 불행히도 많은 그리스도인이 영적인 체험을 하고서도 세상으로 도로 돌아가 버린다.

마태복음 13장의 씨 뿌리는 자와 씨의 비유에서 예수님은 여러 다른 종류의 토양과 그 땅에 뿌려진 씨앗들이 내는 결실을 설명하셨다. 가시덤불에 뿌려진 씨앗의 운명에 대한 예수님의 설명을 들어보자.

> 가시떨기에 뿌려졌다는 것은 말씀을 들으나 세상의 염려와 재물의 유혹
> 에 말씀이 막혀 결실하지 못하는 자요(마 13:22)

여기서 '세상'이라고 번역된 단어의 헬라어는 코스모스(cosmos)가 아니고 아이온(aeon)이므로, '세상의 염려'라는 구절은 이 세대의 근심이라고 번역하는 것이 더 낫다. '재물의 유혹'이란, 사람들이 생각하기를 재물이 자기를 행복하게 해줄 것이라고 믿는 것을 뜻한다. 재물은 사람들을 절대로 행복하게 해주지 못한다. 세상에서 가장 부유한 사람들이 세상에서 가장 불행한 사람들인 경우가 흔하다. 재물은 또 사람들로 하여금 마치 그것이 영원히 존속될 것처럼 생각하도록 현혹한다. 그러나 우리가 이 세상을 떠날 때는 모든 재물을 남겨두고 가야 한다.

만일 당신이 이 세대의 일에 마음을 빼앗기고 있다면, 당신은 열매 맺지 못하는 그리스도인이 될 것이며 하나님의 말씀이 당신 안에서 역사하

지 않을 것이다. 어쩌면 당신은 이렇게 자문해왔을지도 모른다. "왜 더 많은 결실을 거두지 못하고 있을까? 왜 기도 응답을 더 많이 받지 못할까? 왜 사람들을 주님께 인도하는 데 성공을 거두지 못할까?" 어쩌면 당신은 이 세상의 염려, 곧 재정적 성공, 높은 지위, 학문적 영예, 또는 우아한 생활양식 등에 마음을 빼앗기고 있는지도 모른다. 이런 일에 마음을 빼앗기면 열매를 맺지 못한다.

당신은 이 세대가 영원히 지속되리라는 생각으로 살아가는가? 이 세대는 결코 영원히 지속되지 않는다. 세상의 고난과 치욕, 범죄와 굶주림은 예수님이 재림하실 때 끝이 날 것이다. 예수님 외에는 아무도 이런 문제를 해결해주지 못한다. 교회는 이천 년이라는 세월이 주어졌어도 이런 문제를 해결하는 데 별 진전을 이루지 못했다. 사실상, 오늘날의 세계는 이전의 어떤 시기보다 더 많은 고난과 전쟁, 질병과 가난과 무지로 고통당하고 있다. 그러나 주님께서 다시 오신다! 하나님, 감사합니다.

이 세대를 본받을 것인가, 변화를 받을 것인가?

과거에 전문적인 논리학자이며 철학자였던 나의 견해로는, 로마서는 인간이 저술한 문서 중에 가장 논리적인 글이라고 생각한다. 그러므로 성경을 믿는 것에 대하여 결코 지적인 열등감을 느낄 필요가 없다! 이 세상의 어떤 저작도 그 지적인 정확성과 명석함에 있어서 로마서와 견줄 수 없다.

대부분의 주석가는 로마서 1장-11장이 복음의 교리적인 핵심이라는 것에 동의한다. 바울은 로마서 1장부터 11장까지 그리스도의 희생적 죽음에 대한 모든 신학적인 의미를 해설한 후에, 그 교리를 삶에 어떻게 적용해야 하는지 밝히고 있다(사실 신약성경 그 어디에도 신학과 삶이 분리된 곳은 없다). 바울은 로마서 1장-11장의 교리를 우리의 삶에 실제적으로 적용해야 한다는 말씀을 12장 1절에서 시작한다.

> 그러므로 형제들아 내가 하나님의 모든 자비하심으로 너희를 권하노니…

바울은 놀라운 복음의 교리를 논리정연하게 전개한 후에 우리에게 무엇을 권하고 있는가? 아주 영적인 사람이 되기를 권하는가, 공부를 더 많이 하기를 권하는가, 아니면 신학교에 들어가기를 권하는가?

> …너희 몸을 하나님이 기뻐하시는 거룩한 산 제물로 드리라…너희는 이 세대를 본받지 말고 오직 마음을 새롭게 함으로 변화를 받아(롬 12:1-2)

성경은 참으로 실제적인 책이다. 우리가 지나치게 영적인 사람이 되려고 하는 순간, 하나님께서는 이렇게 말씀하시는 것이다. "네 몸을 온전히 제단에 바쳐라. 네 몸을 바치면 내가 네 마음을 새롭게 하리라."

하나님은 당신을 밖에서부터 안으로 변화시키지 않고, 안에서부터 밖으로 변화시키신다. 종교는 당신의 외관을 청소하고, 새 옷을 입힌 다음, 이것은 먹지 말고, 저것은 마시지 말라고 명한다. 그러나 하나님은 당신을 내부로부터 변화시키신다. 당신이 사고를 바꾸면, 삶의 방식도 달라질 것이다. 하나님은 내적인 본성을 변화시키지 않는 외적인 변화에는 관심이 없으시다. 당신이 마음을 새롭게 하기 원한다면, 반드시 당신의 몸을 제물로 바쳐야 한다. 하나님께서 당신의 마음을 변화시키는 다른 원칙은 없다.

"이 세대의 사람들과 같이 되지 말라"고 바울은 말한다. "그들이 생각하는 방식대로 생각하지 마라. 그들이 행동하는 방식대로 따라하지 마라. 너희는 그들과는 다른 우선순위를 가지고, 일시적인 것에 초점을 두지 말고 영원한 것에 시선을 고정하라."

이것은 비실제적인 일이 아니다. 왜냐하면 하나님의 말씀에 비추어서 영원한 것에 초점을 맞추고 사는 사람들은 지상에서 가장 실제적인 사람들이다. 그들이야말로 열매를 맺는 사람들이기 때문이다.

바울의 사역 말년의 속사정을 여실히 보여주는 성경 구절이 있다. 친구들로부터도 버림을 받고, 부당한 재판과 처형을 기다리며, 차가운 감방에 앉아 있는 사도 바울을 이 세상의 기준으로 보아 성공이라고 할 수 있을까? 심지어 교회의 기준으로 보아도 성공적인 것이었다고 할 수 없다! 나는 바울이 디모데에게, 오랫동안 자기와 동역한 데마가 "이 세상을 사랑하여 나를 버리고"(딤후 4:10) 떠난 것을 편지로 알리면서 눈물을 흘렸을 것이라고 생각한다. 바울은 데마를 신뢰했는데, 데마는 바울을 버린 것이다. 왜 그랬을까? 데마는 이 세대를 사랑했기 때문이다.

이 세대를 사랑하면서 예수 그리스도에게 충성할 수는 없다. 감사하게도 하나님께서는 십자가를 통해 악한 현 세대로부터 해방될 길을 열어주셨다!

학습을 돕는 질문

1. 이전 단원들에서 토의한 아홉 가지 거룩한 교환의 목록을 열거해 보라.
2. 갈라디아서에서 바울이 보여주는, 십자가가 우리 안에서 역사하는 다섯 가지 해방의 영역은 무엇인가?
3. 악한 현 세대의 네 가지 특징은 무엇인가?
4. 로마서 12장 1-2절에 따르면, 악한 현 세대로부터 해방되기 위해 우리는 무엇을 해야 하는가?

13장 | 율법과 자아로부터 해방

지난 단원에서는 악한 현 세대로부터 해방을 살펴보았다. 이번 단원에서는 바울이 언급하는 다른 네 가지 해방 중 두 가지를 살펴보자. 갈라디아서 2장 19-20절에서 이 두 가지 해방을 읽을 수 있다.

> 내가 율법으로 말미암아 율법에 대하여 죽었나니 이는 하나님에 대하여 살려 함이라 내가 그리스도와 함께 십자가에 못 박혔나니 그런즉 이제는 내가 사는 것이 아니요 오직 내 안에 그리스도께서 사시는 것이라 이제 내가 육체 가운데 사는 것은 나를 사랑하사 나를 위하여 자기 자신을 버리신 하나님의 아들을 믿는 믿음 안에서 사는 것이라

여기서 말하는 첫 번째 해방은 율법으로부터 해방이요, 두 번째 해방은 자아로부터 해방이다. 이 두 가지는 서로 밀접하게 연관되어 있다.

율법으로부터 해방

지금까지 수많은 그리스도인이 율법으로부터 해방되어야 할 필요성을 전혀 이해하지 못했다. 그리스도인과 율법의 관계는 신약신학에서 가장 경시된 주제 중 하나다. 은혜 아래 산다고 하는 많은 그리스도인이 사실은 은혜와 율법의 중간 지대에 머물며, 양쪽 어느 편의 혜택도 누리지 못하며 살아가고 있다.

이런 말을 하는 것은 위험한 일이지만, 나는 교회의 이름에 은혜라는 말이 들어간 교회가 은혜에 대해 가장 모르는 사람들로 구성된 것을 보았다. 우리는 더 이상 모세의 율법 아래 있지 않다고 선언했으면서도, 실상은 우리 자신이 만든 어리석고 자질구레한 종교적 율법 아래 살아가는 경우가 많다. 바울은 모세의 율법이 하나님에 의해 주어진 것으로 거룩하고 선하다고 했다(롬 7:12 참조). 하나님에 의해 주어진 모세의 율법이 우리를 완전케 하지 못했다면 다른 어떤 율법도 우리를 완전케 못할 것이다. 다른 율법이 우리를 온전케 할 것으로 기대한다면 그것은 어리석은 짓이다.

> ***
> "은혜 아래 산다고 하는 많은 그리스도인이 사실은 은혜와 율법의 중간 지대에 머물며, 양쪽 어느 편의 혜택도 누리지 못하며 살아가고 있다."
> ***

율법 아래에 있다는 표현은, '어떤 율법 체계를 지킴으로써 하나님의 의에 이르려고 노력하는' 것을 뜻한다. 우리가 율법 아래에 있지 않다고 하는 것은 어떤 율법도 지킬 필요가 없다는 뜻이 아니고, 하나님 앞에 우리의 의는 율법 체계를 지킴으로써 이를 수 있는 것이 아니라는 뜻이다.

먼저 첫 번째 해방을 살펴보자. 바울은 이렇게 말했다. "내가 율법으로 말미암아 율법에 대하여 죽었나니."

율법이 당신에게 할 수 있는 마지막 일은 당신을 처형하는 것이다. 일단 처형되면 율법은 더 이상 당신에게 아무것도 요구할 수 없다. 그런데 영광스러운 사실은, 내가 그리스도 안에서 처형되었다는 것이다. 나의 옛 사람은 예수님과 함께 십자가에서 처형되었다. 그러므로 나는 더 이상 율법의 지배를 받지 않는다. 나는 율법이 작용하는 모든 영역에서 이미 벗어났다. 나는 이제 새로운 영역에 있는 것이다.

그래서 바울은 "내가 율법으로 말미암아 율법에 대하여 죽었나니 이는 하나님에 대하여 살려 함이라"라고 말한다. 하나님에 대하여 살려면, 율법으로부터 해방되어야 한다. 율법에 대하여 죽기 전까지는 하나님께 대하여 살 수 없다. 이것은 참으로 놀라운 진술이며, 신약성경이 가르치는 진리다. 로마서 6장 6-7절을 다시 보자.

> 우리가 알거니와 우리의 옛사람이 예수와 함께 십자가에 못 박힌 것은 죄의 몸이 죽어 다시는 우리가 죄에게 종노릇하지 아니하려 함이니 이는 죽은 자가 죄에서 벗어나 의롭다 하심을 얻었음이라

죄의 노예 상태에서 탈출하는 길은(우리가 앞에서 살펴본 바와 같이) 아담에게 물려받은 육적인 우리의 옛 본성으로부터 벗어나는 길 이외에는 없다. '죽은 자가 죄에서 벗어나 의롭다 하심을 얻었느니라'는 마지막 구절을 다른 말로 풀이하면, 내가 죽음으로 죗값을 치르고 나면, 율법은 내게 더 이상 요구할 것이 없다는 뜻이다. 나는 의롭다 함을 얻고, 무죄를 선고받

고, 율법이 나를 지배하는 영역에서 벗어나게 된다.

갈라디아서 3장 10-12절을 살펴보자. 이 말씀은 하나님의 은혜를 체험하고, 구원받고, 성령으로 세례를 받고, 기적을 목격한 사람들에게 보낸 편지다. 이 모든 것을 경험한 후에도, 갈라디아 사람들은 온전하게 되려면 율법을 지키기 시작해야 한다고 결정했다. 바울은 그들을 어리석은 자들이라고 불렀다. 그리고는 다음과 같은 사실을 지적하였다.

> 무릇 율법 행위에 속한 자들은 저주 아래에 있나니 기록된 바 누구든지 율법 책에 기록된 대로 모든 일을 항상 행하지 아니하는 자는 저주 아래에 있는 자라 하였음이라(갈 3:10)

의로움을 얻는 수단으로 율법을 지키기로 결심하면, 율법 전체를 항상 지켜야 한다. 어떤 순간에 율법의 어느 한 부분이라도 어기면, 당신은 저주 아래에 놓이게 된다. 그것이 바로 신명기 27장 26절에 기록된 율법이 뜻하는 것이다. "이 율법의 말씀을 실행하지 아니하는 자는 저주를 받을 것이라 할 것이요."

바울은 계속해서 다음과 같이 적고 있다.

> 또 하나님 앞에서 아무도 율법으로 말미암아 의롭게 되지 못할 것이 분명하니 이는 의인은 믿음으로 살리라 하였음이라 율법은 믿음에서 난 것이 아니니 율법을 행하는 자는 그 가운데서 살리라 하였느니라(갈 3:11-12)

율법을 따라 사는 것의 단순한 대안이 하박국 2장 4절에 명시되어 있다. "의인은 그의 믿음으로 말미암아 살리라."

우리에게는 두 가지 선택권이 있다. 하나는 율법을 따라서 사는 길이다. 그러나 만약 율법을 범하면 저주 아래로 떨어지게 된다. 다른 선택은 율법으로 살지 않고 믿음으로 사는 길이다. 이 두 가지 길은 서로 배타적인 선택 사항이다. 양쪽 세계의 가장 좋은 점만 누리며 살 수는 없다. 그렇게 살려고 시도하면, 당신은 오히려 두 세계의 가장 나쁜 점만 경험하게 될 것이다.

율법으로 살 것인가, 믿음으로 살 것인가?

나는 하나님 앞에서 의롭게 되기 위하여 율법에 의존하고 있는가, 아니면 예수님께서 나를 대신하여 죽었다가 부활했음을 믿는 것에 의존하고 있는가?

우리는 잠시 로마서로 돌아갈 필요가 있다. 왜냐하면 로마서는 이론을 제공하고, 갈라디아서는 그 이론을 온전히 이해하지 못한 사람들을 위한 가르침이기 때문이다.

> 죄가 너희를 주장하지 못하리니 이는 너희가 법 아래에 있지 아니하고
> 은혜 아래에 있음이라(롬 6:14)

이것은 참으로 좋은 소식이면서 또 놀라운 말씀이다. 만일 당신이 율법 아래에 있으면, 죄가 당신을 주장할 것이다. 그런데 죄가 당신을 지배하

지 못하는 이유는 당신이 율법 아래에 있지 않고 은혜 아래에 있기 때문이다. 율법과 은혜는 서로 배타적인 선택이다. 율법 아래에 있거나 은혜 아래에 있을 따름이지, 양쪽 아래에 동시에 있을 수는 없다.

이렇게 상호 배타적인 선택은 로마서 7장 6절에도 기록되어 있다.

> 이제는 우리가 얽매였던 것에 대하여 죽었으므로 율법에서 벗어났으니 이러므로 우리가 영의 새로운 것으로 섬길 것이요 율법 조문의 묵은 것으로 아니할지니라

바울이 여기에서 우리가 죄나 사탄으로부터 벗어났다고 말하지 않고, 율법에서 벗어났다고 말하는 것에 유의하라. 우리는 어디에서 죽었는가? 십자가에서 죽었다. 예수님이 죽으셨을 때에, 그분은 우리를 대신하여 죽으셨다. 우리가 죽음으로 율법에서 해방되지 못했다면, 우리는 성령의 새로움 안에서 섬길 수가 없다.

이 점을 더 분명하게 설명하기 위해 한 가지 예를 들고자 한다. 미지의 세계로 떠나는 여행 계획을 세운다고 상상해보라. 그럴 때 두 가지 방법 중 한 가지를 선택할 수 있다. 지도를 갖고 혼자 떠날 수도 있고, 가이드와 동행할 수도 있다. 지도는 완벽하고도 정확하다. 반면에, 가이드는 길을 이미 알고 있어 지도를 볼 필요가 없다. 지도는 율법과 같다. 그런데 수많은 사람이 시도했지만, 그 율법이라는 지도를 따라 의로움이라는 목적지에 도달한 사람은 아무도 없다. 그러나 성령은 당신의 가이드가 되어 목적지까지 안전하게 인도해주신다.

성령은 이미 그 길을 알고 계시므로 지도가 필요 없다. 사실은 성령이

바로 그 지도를 만든 분인 것이다!

성령으로 인도를 받으려면

성령으로 인도를 받으려면 그분에게 민감해야 하며, 그분과의 친밀한 관계를 계발해야 한다. 두 성경 구절을 살펴보자.

> 무릇 하나님의 영으로 인도함을 받는 사람은 곧 하나님의 아들이라(As many as are led by the Spirit of God, these are sons of God)(롬 8:14)

'인도함을 받는'(are led)의 동사 시제는 현재진행형이므로, 이 구절은 "무릇 하나님의 영으로 항상 인도함을 받는 사람은 곧 하나님의 아들이라"(As many as are regularly led by the Spirit of God, these are sons of God)라고 번역하는 것이 더 낫다.

'하나님의 아들'이라는 말씀에서 아들의 헬라어는 어린 아들을 뜻하는 단어가 아니고 성숙한 아들을 뜻한다. 성령으로 거듭날 때 당신은 영적으로 유아다. 영적인 유아가 성숙한 하나님의 아들로 자라나는 길은 오직 한 가지, 성령으로 인도함을 받는 길밖에 없다. 성숙한 하나님의 자녀가 되려면 무엇을 해야 하는가? 성령으로 인도함을 받아야 한다. 로마서 8장 14절의 '무릇'(as many as)이라는 말씀은 다른 길이 없다는 것을 가르쳐준다.

두 번째 성경 구절은 갈라디아서 5장 18절이다.

너희가 만일 성령의 인도하시는(항상 인도하시는) 바가 되면 율법 아래에 있지 아니하니라

이해가 되는가? 영적 성숙으로 나아가는 길은 오직 성령의 인도함을 받는 길뿐이고, 이제 항상 성령의 인도하심을 받아 성숙한 하나님의 자녀가 되면 율법 아래에 있지 아니한다는 것도 알게 되었을 것이다. 율법과 성령은 섞을 수 없다. 그러므로 당신은 두려운 결단을 내려야 한다. "나는 더 이상 의롭게 되기 위하여 율법에 의존하지 않을 것이다. 나는 오직 성령께서 나를 인도해주실 것으로 믿고 맡길 것이다."

그런데 불안한 생각이 들 것이다. 율법을 지키는 것을 중단하면, 그 다음에는 무슨 일이 발생할까? 그릇된 짓을 하게 되지 않을까? 성령은 절대로 당신을 그릇된 길로 인도하실 분이 아님을 장담한다. 당신은 성령을 신뢰할 수 있는가? 이는 당신의 안전이 달린 문제다.

예수님께 맡기기

> ***
> "그것은 투쟁이 아니고 순종이요, 노력이 아니고 합일이다."
> ***

이제 두 번째 해방을 다루기 전에, 의로움에 도달하는 길은 오직 두 가지밖에 없다는 점을 거듭 강조하고 싶다. 행위로 도달하는 길과 은혜로 도달하는 길. 행위는 율법이요, 은혜는 믿음이다. 행위는 율법을 지키는 길이고, 은혜는 성령의 인도하심을 따르는 길이다.

정통파 유대교에는 육백십삼 개의 계율이 있다는 사실을 아는가? 대부

분의 정통파 유대인은 그중에 서른두 개만 지킨다고(공적으로는 그런 사실을 시인하지 않아도 사적으로) 시인할 것이다. 그러나 의로움에 도달하는 하나님의 길은 애써 율법을 지키려고 노력하는 것이 아니라 순종하는 것이다. 나는 누구에게 순종해야 하는가? 성령을 통해 내 안에 계신 예수님께 순종해야 한다. 예수님은 나의 의로움이요, 나의 지혜요, 나의 거룩함이요, 나의 구원이시다.

경건한 삶을 살아감으로써 크게 존경받던 한 여인의 이야기를 나는 기억한다. 어떤 사람이 어느 날 그분에게 "자매님은 유혹을 받을 때에 어떻게 대처합니까?"라는 질문을 했다.

"악마가 문을 두들기면, 나는 예수님으로 하여금 누구냐고 묻게 합니다"라고 그 여인은 대답했다.

승리하는 길은 당신의 힘으로 마귀를 대적하는 것이 아니고, 예수님께서 물리치도록 그분에게 맡기는 것이다. 그것은 투쟁이 아니고 순종이요, 노력이 아니고 합일이다. 예수님은 이렇게 말씀하셨다. "나는 포도나무요 너희는 가지라"(요 15:5). 가지가 규칙을 지켜서 열매를 맺는가? 포도나무 가지 앞에 열매를 맺는 모든 법칙을 걸어놓는다고 할지라도, 포도나무 가지는 그러한 법칙을 쳐다보지도 않을 것이다. 포도나무 가지는 포도나무의 생명이 가지 안으로 흘러들어 가기 때문에 열매를 맺는 것이다.

여기서 포도나무 줄기는 예수님을 상징하고, 줄기로부터 가지로 흘러들어 가는 수액은 성령이라고 할 수 있다.

만일 예수님으로부터 단절되면 우리는 곤경에 빠지게 되나, 그분 안에 거하는 한 우리는 아무 탈이 없다.

자아에 대하여 죽기

두 번째 해방도 역시 갈라디아서 2장 20절에 있다.

> 내가 그리스도와 함께 십자가에 못 박혔나니 그런즉 이제는 내가 사는 것이 아니요 오직 내 안에 그리스도께서 사시는 것이라

여기서 해방은 네 단어로 축약하여 표현할 수 있다. "Not I but Christ" (내가 아니라 오직 그리스도). 우리는 자아로부터 해방되어야 한다.

자아는 끊임없이 요구할 것이다. "나는 중요하다. 나를 보아라. 나를 도우라. 나를 위해 기도하라. 나를 치유하라. 나는 지금 도움이 필요하다." 자기중심적인 사람은 자기 문제의 노예가 된다. 그런 사람들은 자신과 자기 문제에 초점을 맞출수록 더 자기중심적이 되고, 더 자아에 사로잡히게 된다.

대안은 그리스도다. "Not I but Christ"(내가 아니라 오직 그리스도). 이것은 당신이 내려야만 하는 결단이다. "내가 나의 주인임을 포기합니다. 예수님께서 내 자리에 오셔서 나를 맡아주십시오." 많은 사람이 주님을 따르려고 하면서도, 결코 이러한 첫걸음을 내딛지 않는다.

마태복음 16장 24절을 보자.

> 이에 예수께서 제자들에게 이르시되 누구든지 나를 따라오려거든 자기를 부인하고 자기 십자가를 지고 나를 따를 것이니라

자기를 부인하고 자기 십자가를 지지 않는 한 누구도 예수님을 따라갈 수 없다.

'자기를 부인하고'라는 말이 뜻하는 바는 무엇일까? '부인'이라는 단어의 뜻은 "아니오!"라고 거부하는 것을 의미한다. 자기를 부인한다는 것은 자신에게 "안 돼!"라고 말하는 것을 뜻한다. 자아가 "나는 원한다"라고 요구할 때에 "안 돼!"라고 거절하는 것이다. 자아가 "나는 느낀다"라고 할 때에, "네가 느끼는 것은 중요하지 않다. 오직 하나님께서 말씀하시는 것이 중요할 뿐"이라고 하는 것이다. 당신 안에 있는 자아에게 등을 돌려야 한다.

그 다음에 당신은 자기 십자가를 져야 한다. 나는 십자가에 대한 두 가지 훌륭한 정의를 들은 적이 있다. 첫째로 십자가는 우리의 뜻과 하나님의 뜻이 교차하는 곳이다. 둘째로 십자가는 우리가 죽는 곳이다. 하나님은 당신에게 십자가를 지우지 않으신다. 당신은 자신의 자유의지로 십자가를 져야 하는 것이다.

예수님은 십자가를 지러 가시기 전에 이렇게 말씀하셨다. "이를(내 목숨을) 빼앗는 자가 있는 것이 아니라 내가 스스로 버리노라"(요 10:18). 이 말씀은 당신이 예수님을 따를 때에도 적용되는 진리다. 아무도 당신으로부터 당신의 목숨을 빼앗지 못한다. 설교자도 그렇게 하지 못하고, 교회도 못한다. 오직 당신만이 십자가를 지고 십자가에서 죽기로 결심할 수 있다. 그리스도가 죽었을 때, 당신도 죽었다. "나는 그리스도와 함께 십자가에 못 박혔습니다." 그것이 당신의 자아의 종말이다. 당신의 자아가 처형된 후에야 당신은 예수님을 따를 수 있는 것이다.

자기를 낮추신 예수님

빌립보서 2장 5-8절을 읽어보자.

> 너희 안에 이 마음을 품으라 곧 그리스도 예수의 마음이니 그는 근본 하나님의 본체시나 하나님과 동등됨을 취할 것으로 여기지 아니하시고 오히려 자기를 비워 종의 형체를 가지사 사람들과 같이 되셨고 사람의 모양으로 나타나사 자기를 낮추시고 죽기까지 복종하셨으니 곧 십자가에 죽으심이라

바울은 여기서 예수님이 십자가에서 죽음에 이르기까지 일곱 단계에 걸쳐 자신을 낮추신 것을 묘사하고 있다.

1단계: "자기의 명성을 버렸다"(He made Himself of no reputation). 헬라어는 "자기를 비웠다"(He emptied Himself)라고 표현하고 있으며, 찰스 웨슬리는 "사랑만 남기고 자기를 비웠다"(He emptied Himself of all but love)라고 진술했다.

2단계: "예수님은 종의 형체를 가지셨다"(He took the form of a bond-servant). 예수님은 천사의 형체를 가질 수도 있었지만, 종의 형체를 취하셨다.

3단계: "예수님은 사람들과 같이 되셨다"(He came in the likeness of men). 예수님은 인간의 모습으로 오셨다.

4단계: "예수님은 사람의 모양으로 나타나셨다"(He was found in appearance as a man). 예수님께서 나사렛 거리에 나타나셨을 때 그 모습은 주

변의 다른 남자나 여자와 별로 다른 것이 없었다는 뜻으로 나는 이 구절을 이해한다.

5단계: "예수님은 자기를 낮추셨다"(He humbled himself). 예수님은 단순히 사람의 모습으로 오신 것이 아니라, 신분이 낮은 사람으로 오셨다. 사제나 통치자로 오시지 않고 목수로 오신 것이다.

6단계: "예수님은 죽기까지 복종하셨다"(He became obedient to the point of death). 예수님은 사람으로 살았을 뿐만 아니라 사람으로 죽으셨다.

7단계: 예수님은 궁극적인 죽음을 죽으셨다-"십자가에서 죽으심"(the death of the cross).

하나님께서 예수님을 높이 들어 올리시다

빌립보서 2장의 그 다음 세 구절은 예수님이 높아지는 일곱 단계를 묘사하고 있다.

> 이러므로 하나님이 그를 지극히 높여 모든 이름 위에 뛰어난 이름을 주사 하늘에 있는 자들과 땅에 있는 자들과 땅 아래에 있는 자들로 모든 무릎을 예수의 이름에 꿇게 하시고 모든 입으로 예수 그리스도를 주라 시인하여 하나님 아버지께 영광을 돌리게 하셨느니라(빌 2:9-11)

첫 머리의 '이러므로'라는 말에 주목하라. 왜 하나님께서 예수님을 높이 들어 올리셨을까? 예수님이 자기를 낮추었기 때문이다. 예수님은 다음과 같이 말씀하셨다. "누구든지 자기를 높이는 자는 낮아지고 누구든지 자기를 낮추는 자는 높아지리라"(마 23:12). 자기를 낮추는 자는 높아지는 것이 보장되어 있다. 하나님께서 결과를 책임지셨다. 당신이 자기를 낮출수록 더 높이 들어 올려질 것이다. 당신이 할 일은 자기를 낮추는 것이고, 하나님께서 하실 일은 당신을 들어 올리시는 것이다.

예수님께서 들어 올려지는 일곱 단계는 다음과 같다.

1단계: "하나님께서 그를 지극히 높이셨다"(God highly exalted Him).

2단계: "하나님께서 모든 이름 위에 뛰어난 이름을 그에게 주셨다"(God gave Him the name which is above every name).

3단계: "모든 무릎을 예수의 이름에 꿇게 하시고"(At the name of Jesus every name will bow).

4단계: "하늘에 있는 모든 자로 무릎을 꿇게 하시고"(Everything in heaven will bow).

5단계: "땅에 있는 모든 자로 무릎을 꿇게 하시고"(Everything on earth will bow).

6단계: "땅 아래에 있는 모든 자로 무릎을 꿇게 하시고"(Everything under the earth will bow).

7단계: "모든 입으로 예수 그리스도를 주라 시인하여 하나님 아버지께 영광을 돌리게 하셨느니라"(Everything will confess that Jesus Christ is Lord, to the glory of God the Father).

이 성경 구절의 완벽한 병렬 구조를 주목하기 바란다. 사도 바울이 감방에 앉아 이런 정교한 문장을 구상해내었겠는가? 아니다. 바울은 성령의 감동을 받아 이 구절을 기록한 것이다.

높아지는 길은 낮아지는 것

그리스도는 "하나님과 동등됨을 취할 것으로 여기지 아니하셨으나"(빌 2:6), 루시퍼는 하나님과 동등됨을 취할 것으로 여기고 위로 올라가려다가 미끄러져 떨어지고 말았다. 예수님은 자기를 낮춤으로써 높이 들어 올려졌다.

미국 순회 설교자 D. L. 무디(D. L. Moody)는 이렇게 말한 적이 있다. "젊었을 때 나는 하나님께서 선물을 선반 위에 놓아두신다고 생각했다. 가장 좋은 선물은 제일 높은 선반 위에 있을 것이므로 발돋움하여 취해야 된다고 생각했다. 그런데 나이가 들어보니 가장 좋은 선물은 제일 낮은 선반 위에 있다는 것을 알게 되었고, 그것을 취하려고 나는 허리를 굽혀야 했다."

높아지는 길은 낮아지는 것이라는 교훈을 얻을 수 있다. 생명을 얻는 길은 죽는 것이다. 위로 올라가고 싶으면 아래로 내려가라. 내가 아니고 오직 그리스도라고 결단하라. 하나님께서 그런 결단을 내리는 것이 가능하도록 만들어놓았으나 결단은 당신이 스스로 내려야 한다.

이러한 개념을 삶에 실제적으로 적용하려면 어떻게 해야 하는지, 앞에서 인용한 성경 구절에 선행하는 말씀을 살펴보자.

> 아무 일에든지 다툼이나 허영으로 하지 말고 오직 겸손한 마음으로 각각 자기보다 남을 낮게 여기고 각각 자기 일을 돌볼뿐더러 또한 각각 다른

사람들의 일을 돌보아 나의 기쁨을 충만하게 하라(빌 2:3-4)

이전 단원에서 이미 말했듯이 교회를 괴롭히는 거의 모든 문제는 우리 안에서 십자가가 역사하도록 허용하지 않기 때문에 일어난다. 나는 특히 사도 바울이 말하고 있는 사역자들의 다툼과 허영은 한 가지 근원에서 발생한다고 믿는다. 반역이 많은 개인적 문제의 뿌리이긴 하나, 뿌리의 뿌리가 있으니 그것은 교만이다. 교만이 다른 모든 문제를 일으키는 뿌리인 것이다.

우주에서 발생한 죄의 역사를 거슬러 올라가 보면, 죄는 땅이 아니고 하늘에서 시작되었다. 최초의 죄는 루시퍼의 교만이었고, 교만이 루시퍼로 하여금 하나님께 반역하게 만들었다. 누구든지 교만한 자는 결국 반역자가 되고 만다. 그것이 자기중심적인 사람의 종착역이다.

나는 자신의 문제를 피해 도망치는 사람들을 많이 만났다. 그 사람들은 자신의 문제를 회피하기 위해 때로는 지구 끝까지 도망간다. 그렇지만 당신이 어디로 가든지, 당신의 가장 큰 문제인 당신 자신을 짊어지고 가기 때문에 문제를 피할 길이 없다. 문제의 유일한 해결책은 십자가다. 이 모든 것을 요약하는 아름다운 성경 구절이 있다.

> 하나님이 그들로 하여금 이 비밀의 영광이 이방인 가운데 얼마나 풍성한지를 알게 하려 하심이라 이 비밀은 너희 안에 계신 그리스도시니 곧 영광의 소망이니라(골 1:27)

여기 그 비밀이 있다. "너희 안에 계신 그리스도." 이것이 당신의 삶에서 언제 생생한 현실이 되는가? 당신이 자아로부터 해방될 때, 곧 당신이 "내가 아니고 그리스도"라는 고백을 할 때다.

학습을 돕는 질문

1. 하나님께 대하여 살기 위해서는 무슨 일이 일어나야 하는가?
2. 하박국 2장 4절에 따르면, 우리는 무엇으로 사는가?
3. 로마서 6장 14절은 우리가 무엇 아래에 있다고 하는가?
4. 우리는 어떻게 해야 영적으로 성숙해질 수 있는가?
5. 자아로부터 해방되는 것을 묘사하는 영어의 네 단어는 무엇인가?
6. 예수님을 따르기 위해 해야 하는 두 가지 일은 무엇인가?
7. 자기를 부인한다는 말이 뜻하는 것은 무엇인가?
8. 자기 십자가를 진다는 말의 뜻은 무엇인가?
9. 빌립보서 2장 5-8절에서 예수님에게서 배울 수 있는 교훈은 무엇인가?

14장 | 육체로부터 해방

우리는 지금 갈라디아서에 기록된 다섯 가지 해방에 관해 살펴보는 중이다. 그것은 하나님께서 우리 안에서 역사하는 십자가를 통해 주시는 해방인 바, 현재까지 검토한 세 가지의 개요는 다음과 같다.

첫째로, 갈라디아서 1장 4절은 하나님께서 우리를 현 세대에서 해방시켜주셨다고 한다. 다음으로 갈라디아서 2장 19절은 하나님께서 율법으로부터 우리를 해방시켜주셨다고 한다. 마지막으로 갈라디아서 2장 20절은 우리가 자아로부터 해방될 수 있다고 말씀한다.

이제 갈라디아서 5장 24절에 나오는 네 번째 해방에 대해 알아보자.

> 그리스도 예수의 사람들은 육체와 함께 그 정욕과 탐심을 십자가에 못 박았느니라

육체로부터 해방된다는 것이 무엇을 의미하는지 잠시 생각해보라. 이것은 우리가 육신으로부터 벗어난다는 뜻이 아니다. 육체란 옛사람이 우리 안에서, 우리를 통해 자신을 표현하는 방식이라고 해석할 수 있다. 우리는 이미 옛사람, 즉 아담의 후예로서 우리 각자가 물려받은 그 반항적인 천성에 관해 살펴보았다. 육체와 옛사람은 밀접하게 서로 묶여 있는 것이다.

이 성경 구절은 "그리스도 예수의 사람들은(those who are Christ's) 육체를 십자가에 못 박았느니라"고 말하고 있으므로, 그리스도에 속한 사람들이 다른 사람과 구별되는 특징이 무엇인지 알 수 있다. 고린도전서 15장 23절에서 죽은 자들이 부활하게 되는 순서를 말하면서, 바울은 동일한 문구를 사용한다.

> 그러나 각각 자기 차례대로 되리니 먼저는 첫 열매인 그리스도요 다음에는 그가 강림하실 때에 **그리스도에게 속한 자요**(those who are Christ's)(굵은 글씨는 저자 강조)

그리스도는 우리가 예기치 않은 순간에 강림하실 것이라는 점에서 도둑처럼 오신다. 그런데 그리스도는 자기에게 속한 사람들만 데려가신다는 것이 도둑과 다른 점이다.

갈라디아서 5장 24절로 돌아가 보면, 예수님이 재림하시어 데려가는 사람은 어떤 사람인지 알 수 있다. 그들은 "육체와 함께 그 정욕과 탐심을 십자가에 못 박은" 사람들인 것이다.

그리스도에게 속한다는 것은 교파의 문제가 아니다. 예수님은 개신교

신자, 가톨릭 신자, 침례교인, 오순절 교인만을 위해 오시지 않고, 어떤 조건을 충족시키는 사람들, 곧 육체와 함께 그 정욕과 탐심을 십자가에 못 박은 사람들을 위하여 재림하시는 것이다.

육체의 일 네 가지

갈라디아서 5장에서 바울은 육체의 일의 목록, 곧 육체의 본성이 우리의 삶에 드러나는 모습을 보여준다. 바울은 "육체의 일은 분명하니"라고 말한다. 육체의 일을 저지르는 당사자에게는 늘 분명하지는 않겠지만, 다른 모든 이에게는 매우 명백한 것이 사실이다. 육체의 일들은 다음과 같다.

> * * *
> "육체를 따라 살면서 하나님의 왕국을 유업으로 받을 수는 없다."
> * * *

> 음행과 더러운 것과 호색과 우상 숭배와 주술과 원수 맺는 것과 분쟁과 시기와 분냄과 당 짓는 것과 분열함과 이단과 투기와 술 취함과 방탕함과 또한 그와 같은 것들이라 전에 너희에게 경계한 것같이 경계하노니 이런 일을 하는 자들은 하나님의 나라를 유업으로 받지 못할 것이요(갈 5:19-21)

위의 목록에서 무언가 선한 것을 찾아내려고 하는 것은 헛된 일이다. 육체로부터는 선한 것이 아무것도 나오지 않는다. 육체는 선한 것을 창출해낼 능력이 없다. 그러므로 육체를 따라 살면서 하나님 나라를 유업으로 받을 가능성은 없다. 육체와 하나님 나라는 상호 배타적이다.

옛 본성을 묘사하는 핵심 단어는 타락이라는 것을 상기해보라. 육체는 타락한 것만 만들어낼 뿐이지 선한 것을 아무것도 만들지 못한다.

육체의 일은 다음과 같이 네 가지 범주로 분류된다.

성적인 부정(Sexual Impurity)

성적인 부정은 사통(fornication)과 음란과 음탕을 뜻한다. 사통은 모든 종류의 성적인 부도덕함, 즉 혼전 성교, 간통, 동성애, 그리고 성도착행위를 포함한다.

어떤 교회나 교파가 성적으로 부도덕한 사람을 성직자로 임명하는 일이 있는데, 그렇다고 해서 성경 말씀이 변하는 것은 아니다. 성적으로 부도덕한 사람은 하나님의 왕국에 들어갈 수 없다.

사교(The Occult)

육체의 일의 두 번째 범주는 사교다. 사교는 우상 숭배(idolatry)와 주술(sorcery)을 포함한다. 주술은 무술(witchcraft)로 번역할 수도 있다. 주술은 사탄을 숭배하는 행위로 원래 육체의 일이다. 주술의 목적은 조종하고 지배하는 것이다. 일단 육체가 움직이기 시작하면 사탄의 세력이 들어와 육체를 장악한다.

아담과 이브를 죄짓게 만든 최초의 소욕은 알고자 하는 것이었음을 상기하라. 알고자 하는 것은 육체의 소욕이다. 헤아릴 수 없는 수많은 사람이 하나님께서 허락하지 않은 일을 알아내려는 소욕 때문에 사교에 현혹

된다. 점쟁이를 찾아가는 것도 알고자 하는 육체의 소욕이 동기가 되는 바, 그것은 곧 육체의 일이다. 운세를 보는 것도 같은 이유 때문이다.

어떤 사람은, "점치는 것이 나쁜 일인 줄 몰랐어요"라고 말하면서 무지를 이유로 내세운다. 그러나 무지는 변명이 안 된다. 디모데전서 1장 13-15절에서 바울은 자신이 "믿지 아니할 때에 알지 못하고" 행한 일로 인해 죄인 중에 괴수라고 시인한다.

'주술'이라고 번역된 말은 약물을 뜻하는 헬라어와 직접 관련되어 있다. 영어의 pharmacy(제약학)도 같은 단어에서 유래된 것이다. 약물 숭배가 무술과 연결된다. 무술에 관여하는 자들은 하나님의 왕국에 들어갈 수 없다.

분열

사도 바울이 열거하는 것 중에서 세 번째이면서 가장 긴 목록은 사람들이 별로 유의하지 않는 것으로 모두 분열과 관련이 있다. 원수 맺는 것과 분쟁과 시기와 분냄과 당 짓는 것과 분열함과 이단과 투기가 그것이다. 인간관계를 깨뜨리는 모든 것, 가정을 분열시키는 모든 것, 그리스도의 몸 된 교회를 분열시키는 모든 것은 육체의 산물이다.

방종

네 번째이면서 마지막 범주는 "술 취함과 방탕함과 또 그와 같은 것들이라." 나는 이것을 육체의 욕망에, 특히 음식과 술에 무절제하게 탐닉하는 것을 뜻하는 바로 이해한다. 고린도전서 9장 27절에서 바울은 이 영역에서 자신에게 스스로 부과한 규율을 다음과 같이 전한다.

> 내가 내 몸을 쳐 복종하게 함은 내가 남에게 전파한 후에 자신이 도리어 버림을 당할까 두려워함이로다

우리도 바울의 본보기를 따르기로 결심하면, 바울이 "능력과 사랑과 절제하는 영"(딤후 1:7)이라고 묘사한 성령의 도움을 청할 수 있다. 그러나 우리가 계속해서 무절제하고 방종하게 살아간다면 성령은 우리가 선택한 삶의 방식과 반대되는 규율을 우리에게 강요하지 않으신다.

내부의 적

신학자들 중에는, 고린도전서 3장 3절에서 바울이 고린도 교회의 성도들을 육신에 속한 사람이라고 부른 이유는 그들이 지나치게 방언을 많이 했기 때문이라고 해석하는 사람도 있다. 그러나 고린도 교회의 문제는 방언을 많이 함에 있지 않았고, 그들의 육적인 모습을 드러낸 그릇된 태도와 인간관계에 있었다. 육적인 사람들의 표징은 무엇인가?

> * * *
> "신학은 교회를 분열시키지 않는다. 사람들이 신학을 육적인 방식으로 이용할 수도 있다. 그렇지만 문제의 뿌리는 신학이 아니고 육적인 사람들이다."
> * * *

너희는 아직도 육신에 속한 자로다 너희 가운데 시기와 분쟁이 있으니

> 어찌 육신에 속하여 사람을 따라 행함이 아니리요 어떤 이는 말하되 나는 바울에게라 하고 다른 이는 나는 아볼로에게라 하니 너희가 육의 사람이 아니리요(고전 3:3-4)

신학은 교회를 분열시키지 않는다. 사람들이 신학을 육적인 방식으로 이용할 수도 있다. 그렇지만 문제의 뿌리는 신학이 아니고 육적인 사람들이다. 육적인 사람들은 인간 지도자를 따라 분열을 일으킨다. 어떤 사람은 "나는 루터를 신봉한다"라고 하고, 다른 이는 "나는 칼빈을 따른다"라고 한다. 또 다른 사람은 "나는 웨슬리 파다"라고 한다. 물론 그분들의 가르침을 받아들이면서 하나님께 감사할 수 있다. 그러나 어떤 인물의 추종자가 되는 것은 육신에 속한 사람임을 보여주는 표징이다.

이 문제를 비롯하여 모든 육적인 문제에 대한 해결책은 오직 십자가뿐이다. 사람들이 자신의 삶을 십자가 앞에 내려놓지 않으면 반드시 분열, 다툼, 시기, 질투, 교만이 움튼다.

"나는 그런 사람이 못 돼. 그런 수준에 이르지 못했어"라는 생각을 품지 않도록 당부하는 바다. 긴장을 풀기 바란다. 하나님께서는 당신이 그런 경지에 도달한 것을 기대하시지 않고, 그런 방향으로 나아갈 것을 바라신다. 우리 모두는 우리 안에 하나님의 적을 품고 있다는 것을 인식할 필요가 있다. 그리스도인으로서 우리가 겪는 대부분의 어려움은 이 내부의 적으로 인한 것이다.

제2차 세계대전을 겪은 사람이라면 제5열이라는 말을 들어보았을 것이다. 이 말은 1930년대의 스페인 내전에서 유래되었다. 당시 스페인 사람들은 스페인 영토 안에서 자국인들끼리 싸우고 있었다. 전해오는 이야기에 따르면, 1936년에 스페인의 한 장군이 마드리드를 포위하고 있을 때, 다른 장군이 와서 "이 도시를 점령할 계획은 무엇입니까?"라고 질문했다.

"마드리드를 향하여 진군하도록 네 개의 열을 배치했습니다. 첫 열은 북쪽에서, 둘째 열은 동쪽에서, 셋째 열은 남쪽에서, 넷째 열은 서쪽에서 진격할 것입니다"라고 대답한 장군은 잠시 말을 멈추더니 이렇게 덧붙였다. "그런데 마드리드를 장악할 부대는 제5열입니다."

"제5열은 어디에 있나요?" 다른 장군이 물었다.

그러자 "마드리드 안에 있습니다"라는 대답이 돌아왔다.

바로 이것이 교회의 문제다. 교회는 외부의 적 때문에 무너진 적이 없다. 내부의 적인 제5열을 제외하고는 교회를 무너뜨릴 세력이 없다.

우리의 육체를 죽은 것으로 여기기

우리는 모두 이와 비슷한 적을 내부에 가지고 있다. 그것은 육체다. 그러므로 당신이 내적인 갈등을 겪고 있다면 죄책감을 갖지 말기 바란다. 아무런 갈등을 겪지 않는 그리스도인들에 비하면 당신은 깨어 있다는 뜻이기 때문이다. 갈등이 없는 그리스도인 안에서는 적이 아무런 저항을 받지 않는다. 바울이 로마서 7장 18절에서 말하는 것을 보라.

> 내 속 곧 내 육신에 선한 것이 거하지 아니하는 줄을 아노니 원함은 내게 있으나 선을 행하는 것은 없노라

사도 바울과 우리의 차이점은, 바울은 우리가 모르는 것을 알고 있었다는 점이다. 바울은 이렇게 말하고 있다. "내 육신의 속성에 선한 것은 아무것도 없음을 나는 알고 있습니다. 그러므로 나는 내 육신으로부터 선한 무엇이 나올 것을 기대할 수 없습니다. 선한 일을 행하려고 내가 아무리 애를 쓰더라도, 선한 일을 하고 싶어 하지 않는 내 속의 그 무엇과 끊임없는 갈등을 겪게 됩니다."

갈등 그 자체는, 어떤 면에서는 좋은 신호다. 그것은 당신이 살아 있다는 신호이기 때문이다. 사도 바울이 로마서 7장을 썼을 당시 그는 미숙한 그리스도인이 아니었다. 바울은 로마서 8장의 문턱에 있었다. 그러나 육체를 다루는 법을 배우기 전에는 로마서 8장으로 들어갈 수가 없다.

그렇다면 이제 로마서 8장 6-7절로 들어가 보자.

> 육신의 생각은 사망이요 영의 생각은 생명과 평안이니라 육신의 생각은 하나님과 원수가 되나니 이는 하나님의 법에 굴복하지 않을 뿐만 아니라 할 수도 없음이라

육신의 본성이 당신의 생각을 지배하게 하면 사망을 낳지만, 성령이 당신의 생각을 지배하게 하면 생명과 평안을 낳는다. 육신의 본성을 하나님께 순종시킬 방법은 없다. 그것은 절대로 하나님께 순종하지 않을 것이라는 사실을 받아들여야 한다. 육신을 하나님의 뜻에 순종하게 만들려고 노력하지 마라. 그것을 종교적으로 만들려고 하지도 마라. 육신을 교회로 데려와 몇 시간 동안 집회에 앉혀놓거나 종교적인 의식에 참여시킴으로써 하나님께 순종하도록 강요하지도 마라. 육신은 절대로 하나님께 순종

하지 않을 뿐만 아니라, 순종할 수도 없다. 그것은 돌이킬 수 없을 만큼 타락한, 뿌리 깊은 반역자인 것이다.

해결책은 무엇인가? 하나님의 해결 방안은 육신을 처형하는 것이다. 기쁜 소식은 이천 년 전에 그 처형이 일어났다는 사실이다. 예수님께서 십자가에서 처형당하셨을 때, 육신의 본성을 지닌 우리의 옛사람도 예수님 안에서 함께 처형당했다. 우리가 해야 할 일은 예수님이 십자가에서 우리를 위하여 성취하신 것을 우리에게 적용하는 작업뿐이다.

> 우리가 알거니와 우리의 옛사람이 예수와 함께 십자가에 못 박힌 것은 죄의 몸이 죽어 다시는 우리가 죄에게 종노릇하지 아니하려 함이니(롬 6:6)

이것은 역사적인 사실이다. 우리가 알든지 모르든지, 우리가 믿든지 않든지 상관없이 말이다. 그런데 우리가 이 사실을 알고 그것을 믿으면 그것이 우리 안에서 역사한다. 오늘날 대다수 교회의 문제점 중 하나는, 많은 그리스도인이 자신이 그리스도와 함께 십자가에 못 박혔다는 것을 모른다는 점이다.

사실은 옛사람이 죽었다고 말하는 것은 기만이다. 이 세상에 사는 동안 우리는 결코 우리의 육적인 본성에서 벗어나지 못한다. 자신이 육신으로부터 완전히 해방되었다고 믿는 사람들을 만났지만, 나는 그 증거를 볼 수 없었다. 그들은 용어만 바꾸었을 뿐이었다. 그 사람들은 화를 내었다고 하지 않고, 의분에 사로잡혔다고 말한다. 육신이 하고자 하는 바를 하지 못하게 복종시킬 수는 있어도 이 세대에서는 육신을 제거할 수가 없다. 이것이 우리가 다른 세대를 고대하는 또 다른 이유다.

세 가지 단순한 낱말

로마서 6장 11절에서 바울은 이렇게 말한다.

> 이와 같이 너희도 너희 자신을 죄에 대하여는 죽은 자요 그리스도 예수 안에서 하나님께 대하여는 살아 있는 자로 여길지어다

여기서 진행 과정에 주목하기 바란다. 로마서 6장 6절에서는 죄의 몸이 죽은 것으로 '안다'(know)라고 했는데, 11절에서는 우리가 죄에 대하여 죽은 자로 '여긴다'(reckon)라고 표현했다. 여긴다는 것은 우리의 삶에 적용한다는 뜻이다. "나의 육적인 본성이 십자가에 처형되었다"라고 말할 때 나는 내가 죄에 대하여 죽었다는 사실을 내 삶에 적용하게 되는 것이다.

세 개의 단순한 낱말이 말씀을 우리의 삶에 적용하는 과정을 도와줄 것이다. 사실(fact), 믿음(faith), 감정(feeling). 이 세 단어의 순서에 유념해야 한다. 먼저 감정으로부터 시작해서는 안 된다. 성경에 기록된 진리인 사실로부터 출발해야 한다. 성경은 진리, 곧 사실을 기록하고 있으며, 당신의 믿음은 그 진리의 토대 위에 세워져야 한다. 그 다음에 당신의 감정이 믿음을 따라 정렬하게 된다. 절대로 감정이 당신을 조종하도록 허용하면 안 된다.

내가 이 단원들에서 제시하는 것은 사실이다. 어쩌면 당신에게는 너무나 객관적이고 동떨어진 것처럼 보일지 모르지만, 진리는 객관적인 사실

에서 출발해야 한다. 감정에서 시작하면, 닻이 없으므로 바람과 조류에 밀려다니게 된다. 그래서 우리는 성경의 사실에서 출발하여 사실의 토대 위에 믿음을 세운 다음, 우리의 감정이 믿음을 따라 정렬하게끔 해야 하는 것이다.

비참한 실패자가 된 것처럼 느낄 때가, 참으로 인생이 잘 풀리고 있다고 느낄 때보다 때로는 하나님을 더욱 기쁘게 해드린다. 하나님은 상한 심령을 가진 이들에게 가까이 계시기 때문이다. "하나님께서 구하시는 제사는 상한 심령이라"(시 51:17). 하나님을 멀리하는 한 가지 기질은 자만심이다.

나는 혼자서도 일을 감당할 수 있다고 자신만만하게 말했다가 나중에 후회한 경험이 있다! 오래전에 나의 첫째 아내인 리디아와 나는 캐나다에서 미국으로 가는 첫 여행길에 올랐다. 그런데 미국에 관한 이야기 중에 나를 불안하게 만드는 것이 하나 있었다. 시속 사십 마일 이하로 달리지 못하도록 속도 제한을 해놓은 고속도로가 있다는 이야기를 듣고 나는 겁을 먹었다. 그래서 우리는 캐나다 온타리오 주 오샤와 남쪽에서부터 미국 뉴욕 주 리마에 이르기까지 고속도로를 피해 가기로 계획을 세웠다.

뉴욕 여행을 무사히 마치고 다시 캐나다로 돌아가려 할 때 리디아가 "기도해야 할 것 같아요!"라고 말했다.

"뭐, 기도할 필요까지 있을까?"라고 나는 대꾸했다.

우리는 뉴욕을 관통하는 고속도로로 진입하여 자신 있게 출발했다. 그러나 미국 도로의 출구 램프를 알리는 표지판이 캐나다와 달랐기에, 출구를 놓치고 말았다. 다음 출구까지는 오십칠 마일을 더 가야만 했다. 그래서 다시 제자리로 돌아오기까지 왕복 백십사 마일을 운전해야 했는데, 맞는 출구로 빠져나왔을 때는 자동차가 고장 나 멈춰버렸다.

그 다음에 일어난 일은 이야기하지 않겠다. 다만, 기도할 필요가 없다는 말을 나는 다시는 하지 않게 되었다.

어떻게 육체를 못 박을 수 있을까?

육체로부터의 해방을 추구하는 우리에게 베드로전서 4장 1-2절은 중요한 경고 말씀이다.

> ***
> "육체로부터 해방은 고난 없이 오지 않는다."
> ***

> 그리스도께서 이미 육체의 고난을 받으셨으니 너희도 같은 마음으로 갑옷을 삼으라 이는 육체의 고난을 받은 자는 죄를 그쳤음이니 그 후로는 다시 사람의 정욕을 따르지 않고 하나님의 뜻을 따라 육체의 남은 때를 살게 하려 함이라

육체로부터 해방은 고난 없이 오지 않는다고 베드로는 경고한다. 우리는 이 고난에 대한 기대로 자신을 무장해야 하며, 육적인 본성의 지배에서 벗어나기 위해서는 어떤 대가라도 치를 각오를 해야 한다. 이러한 종류의 정신적 갑옷은 승리를 위해 반드시 갖추어야 하는 것인데도 많은 그리스도인이 준비 없이 시련을 맞이한다. 그들은 자신들의 앞에 놓인 시련에 대처할 정신적 준비가 되어 있지 않다. 그리하여 그리스도인들이 육적인 본성을 이기지 못하고 넘어지는 일이 너무나 흔한 것이다.

수년 동안 나는 "육체의 고난을 받은 자는 죄를 그쳤음이니"라는 구절이 이해가 되지 않았다. '예수님께서 십자가에서 돌아가셨을 때 모든 고

난을 받지 않았는가, 예수님께서 이미 당하신 고난에 내가 무엇을 더할 수 있는가' 라고 나는 독백했다.

그러다 마침내 고난은 우리의 육체를 못 박는 데 있다는 것을 알게 되었다. 이 단원의 첫 머리에서 인용한 성경 구절을 기억하는가? "그리스도 예수의 사람들은 육체와 함께 그 정욕과 탐심을 십자가에 못 박았느니라." 우리의 육체를 십자가에 못 박는 행위에는 고통이 따른다. 그것은 어떤 의미에서 못을 자신의 손과 발에 박고 십자가에 매달리는 것을 뜻한다.

육체를 못 박는 한 가지 예를 들어보겠다. 이십대 초반의 한 젊은 여성이 있다. 주님을 섬기려는 열망으로 가득 찬, 헌신적인 그리스도인인 그 여성은 어떤 청년을 만났다. 그 청년은 자기도 그리스도인이라고 하며 교회에 나가지만, 그것은 그 여성과 함께 있고 싶어 꾸며낸 말일 뿐이다. 청년이 그 여성에게 청혼을 했다. 청년을 좋아하는 여성은 어찌할 바를 몰랐다.

그 여성이 다니는 교회의 목사가 그 청년이 어떤 사람인지 알고 나서 여성에게 조언했다. "그 청년은 진정한 그리스도인이 아닙니다. 당신과 결혼하기 위해 그리스도인인 양 행세할 뿐입니다. 그 청년과 결혼하면 안 됩니다."

그 여성의 앞에는 두 갈래 길이 놓여 있다. 자신의 육체를 만족시킬 것인가, 아니면 그것을 십자가에 못 박을 것인가?

그 여성의 육체는 이렇게 속삭인다. "나는 그 남자를 사랑해." 그렇지만 그 여성은 이렇게 선언한다. "그래도 나는 예수님을 더 사랑해." 그 여성은 첫 번째 못을 자기 오른손에 박는다.

다시 그 여성의 육체가 속삭인다. "나도 가정을 갖고 아기들을 낳고 싶어." 하지만 그 여성은 육체의 속삭임을 무시하고 두 번째 못을 자기 왼손에 박는다.

같은 목소리가 또 속삭인다. "평생을 혼자 외롭게 사는 것이 두려워." 그 여성은 마지막 못을 자기 발에 박는다.

손과 발을 모두 못질해야 하는 이유가 이해가 되는가? 그것은 고통스러운 일이지만 그 고통은 오래 지속되지 않는다. 얼마 지나면 그 여성은 자유로워지고 행복을 되찾는다. 그리고 때가 되면 좋은 남자가 나타난다.

그러나 그 여성이 자기 육체를 못 박는 것을 거부했다고 가정해보자. 그 여성은 청년과 결혼하고 얼마 지나지 않아 자기 남편이 주님을 진정으로 사랑하는 사람도 아니고, 자기 가정의 영적인 지도자가 되거나 동역자가 될 인물이 아니라는 것을 깨달았다. 그 후 십오 년에 걸친 가정불화 끝에 그 남자는 그 여성에게 아이 셋을 남기고 떠나버렸다.

어느 쪽이 더 고통스러울까? 육체를 못 박는 것이 더 고통스러울까, 아니면 잘못 선택한 남자와 십오 년을 살다가 결국은 아이들과 함께 버려지는 것일까? 물론 양쪽 다 고통스럽다. 그렇지만 우리가 겪는 고통의 원인은 우리의 육적인 본성이다. 그러므로 문제는 우리가 육적인 본성을 못 박는 하나님의 해결책을 받아들인 것인지, 아니면 다른 길을 택할 것인지 하는 것이다. 하나님의 해결책은 고통스럽긴 하지만 일시적인 고통일 따름이다. 그 여성의 아픔은 일이 년이 지나면 아물게 되고, 다시 자유로운 몸으로 여생을 하나님을 위해 살 수 있게 된다.

대다수 그리스도인의 삶에는 위기가 찾아온다. 특히 어떤 특별한 사역에 부름 받은 그리스도인들에게 위기가 닥치는 일이 많다. 이러한 위기

상황에서 그들은 육체가 원하는 바를 따름으로써 하나님을 놓치든지, 아니면 육체를 십자가에 못 박음으로써 고난을 당하든지 양자택일하게 된다. 고난을 통과하면서 더 이상 죄의 노예가 되지 않는 인격과 하나님께 헌신하는 삶이 형성된다.

나의 삶을 돌이켜보면, 나도 옳은 결정과 그른 결정 사이에서 양자택일해야 했던 때가 있었다. 나는 육체의 길을 택함으로써 자신을 만족시키며 쉬운 삶을 살 수도 있었고, 아니면 십자가를 내 삶에 적용할 수도 있었다. 나는 내가 무엇을 하고 있는지 이해하지도 못하면서 서투른 손길로 내 육체에 못을 박았다. 그로부터 오십 년 이상이 지난 지금 나는 그때 내가 육체에 못 박은 것을 정말 잘한 결정이라고 생각한다.

베드로 사도가 베드로전서 4장 1-2절에서 말하는 것을 주의 깊게 한 번 더 읽어보라. "그리스도께서 이미 육체의 고난을 받으셨으니 너희도 같은 마음으로 갑옷을 삼으라 이는 육체의 고난을 받은 자는 죄를 그쳤음이니 그 후로는 다시 사람의 정욕을 따르지 않고 하나님의 뜻을 따라 육체의 남은 때를 살게 하려 함이라."

놀라운 말씀이 아닌가? 당신은 죄가 더 이상 당신을 지배하지 못하는 경지에 이를 수 있다! 바로 이것이 십자가를 통해 제공되는 네 번째의 영광스러운 해방이다.

학습을 돕는 질문

1. 육체라는 단어가 뜻하는 바는 무엇인가?
2. 어떤 종류의 사람들이 예수님께 속한 사람들인가?
3. 육체의 일의 네 가지 범주를 열거해보라.
4. 자신을 죽은 자로 간주하도록 돕는 세 단어는 무엇인가?
5. 우리는 어떻게 육체를 십자가에 못 박을 수 있는가?

15장 | 세상으로부터 해방

이제 마지막 해방이 남아 있다. 그것은 갈라디아서 6장 14절에 명료하게 표현되어 있는 바, 여기서 사도 바울은 어떤 종교적 성취를 자랑하려고 하는 사람들에 관해 쓰고 있다.

> 그러나 내게는 우리 주 예수 그리스도의 십자가 외에 결코 자랑할 것이 없으니 그리스도로 말미암아 세상이 나를 대하여 십자가에 못 박히고 내가 또한 세상을 대하여 그러하니라

진정한 그리스도인과 세상 사이에 십자가가 있다. 그리스도인 쪽을 바라보는 세상의 눈에는 십자가에 못 박힌 시체가 들어온다. 그것은 결코 매력적인 풍경이 아니다. 세상 쪽을 바라보는 그리스도인의 눈에도 유사한 장면이 보인다. 거기에는 그리스도인의 마음을 끄는 것이 아무것도 없다. 세상과 그리스도인 사이에는 십자가가 명확하게 분할선을 긋고 있다.

이제 '세상'(world)이라는 단어의 의미를 다시 한 번 살펴보자. 제12장에서 세대(age)를 뜻하는 혼동되는 두 단어, aeon과 cosmos를 공부한 바 있다. Aeon은 시간을 측정하는 단어이고, cosmos(또는 world)는 사람과 관련된 사회적 측면을 표현하는 단어다. 갈라디아서 6장 14절에서 세상을 표현하는 헬라어는 cosmos이다. 우리는 예수님을 통해 역사하시는 하나님의 의로운 통치를 거부하는 사람들로 구성된 현재의 세상 체계로부터 해방된 것이다.

누가복음 19장에 뜻 깊은 비유가 등장한다. 예수님은 다음과 같이 말씀하셨다.

> 이르시되 어떤 귀인이 왕위를 받아가지고 오려고 먼 나라로 갈 때에 그 종 열을 불러 은화 열 므나를 주며 이르되 내가 돌아올 때까지 장사하라 하니라 그런데 그 백성이 그를 미워하여 사자를 뒤로 보내어 이르되 우리는 이 사람이 우리의 왕 됨을 원하지 아니하나이다 하였더라(12-14)

이 말씀은 예수님이 지상을 떠나 하늘에 계신 아버지께로 갔다가, 지상에 세워질 하나님의 왕국을 통치하기 위해 다시 돌아올 준비를 하는 것을 비유하고 있다. 또 사람들이 다음과 같이 말하는 세상 체계를 비유하기도 한다. "우리는 이 예수라는 사람이 우리를 통치하는 것을 원치도 않고, 그 사람을 왕으로 섬기지도 않을 것이다."

구분하는 선은 무엇인가?

세상은 온갖 종류의 사람을 담고 있다. 무신론자도 있고, 다양한 종교를 믿는 사람들도 있고, 존경스럽고 선량한 사람들도 있다. 후자의 범주에 속하는 사람들에 관해 누가 다음과 같이 말할지도 모른다. "그런 선량한 사람들은 이 세상에 속한 사람들이라고 할 수 없지요. 그 사람들은 교회에 나가니까." 그러나 세상에 속한 사람인지 아닌지 분별하는 방법은 그 사람이 예수 그리스도에게 아낌없이 헌신하는지 물어보는 것이다. 그러면 그 사람들 안에서 존경스럽지 못한 무엇이 고개를 들고 일어날지도 모른다. 종교적인 겉치장을 제거하고 나면 그 속에 있는 반항아가 모습을 드러낸다. 종교적인 반항아, 선량한 반항아, 또는 존경스러운 반항아. 사실 그들은 공산주의자나 무신론자나 회교도와 다를 바 없는 반항아인 것이다.

***
"왕이신 예수님을 거부하고 하나님의 왕국에 속할 수 있는 사람은 아무도 없다."
***

그렇다면 그리스도인과 세상을 구별하는 분할선은 무엇인가? 그리스도인은 예수님을 주님으로 섬긴다. 예수님께 순종하는 자는 세상에 속하지 않는다. 그들은 세상에서 빠져나와 하나님의 왕국으로 들어간 것이다. 왕이신 예수님과 올바른 관계를 맺지 않고서는 하나님의 왕국에 속할 수가 없다. 많은 사람이 하나님의 왕국에 속하기를 원하면서도 왕이신 예수님을 원하지 않는다. 예수님의 시대에 이스라엘이 그러했다. 이스라엘 백성은 하나님의 왕국을 원하면서도 왕이신 예수님을 거부했다. 예수님을 거부함으로써 그들은 하나님의 왕국을 상실했다.

왕이신 예수님을 거부하고 하나님의 왕국에 속할 수 있는 사람은 아무도 없다. 우리가 하나님의 왕국에 속해 있는지 여부를 결정하는 것은 우리가 입는 옷의 종류도 아니고 우리가 즐기는 여흥의 종류도 아니다. 우리와 예수님의 관계가 그것을 결정한다. 우리는 정직하고도 진실한 자세로 예수님께 순종하고 있는가? 예수님께 순종한다고 해서 우리가 완벽한 사람이라는 뜻은 아니다. 실제로는 우리가 예수님께 순종할 때, 우리의 삶에는 예수님께서 바로잡아야 할 일이 많다. 예수님께 순종한다는 것은 우리가 지속적으로, 때로는 내키지 않는 마음으로, 예수님이 우리를 바로잡도록 맡기는 것을 뜻한다. 예수님께서 우리를 바로잡는 것이 항상 즐거운 일은 아닐지라도 문제를 내버려두는 것보다는 낫다!

예수님이 나를 처음으로 만나주셨을 적에 나는 세상에 속해 있었다. 그 당시 나는 철학자로서 종교에는 관심이 없었다. 그러나 어느 날 밤 하나님께서 나를 세상으로부터 확 끄집어내어 하나님의 왕국에 떨어뜨리셨다. 나는 기독교 교리에 대한 아무런 지식이 없는 상태에서 예수님을 만나 그분에게 내 삶을 맡겼다.

그 이후로 나는 많은 어려움을 겪었지만, 세상으로 돌아가고 싶은 적은 정말로 한 번도 없었다. 세상에는 무엇이 있는가? 세상에 있는 그 무엇도 내 마음을 끌지 못한다.

하나님의 왕국에 속해 있는 것이 늘 쉬운 일은 아니다. 그렇지만 세상에 머무는 것과 비교할 수 없을 정도로 낫다! 나는 마치 이스라엘이 애굽에서 탈출했듯이 하룻밤 사이에 세상에서 빠져나왔다. 그리고 단 한 순간도 돌아가고 싶었던 적이 없었다. 그런데 나를 변화시킨 것은 교리가 아니고 예수님이었다. 나의 충성과 순종을 요구하신 그분을 만난 것이었다.

세상 시스템

베드로후서 3장 5-6절에서 베드로는 세상 시스템에 대한 하나님의 심판을 말하고 있다.

> 이는 하늘이 옛적부터 있는 것과 땅이 물에서 나와 물로 성립된 것도 하나님의 말씀으로 된 것을 그들이 일부러 잊으려 함이로다 이로 말미암아 그때에 세상은 물이 넘침으로 멸망하였으되

베드로가 '그때에 세상은 멸망하였으되'(the world that then existed perished)라고 한 것은 노아 때에 존재했던 물질세계가 멸망했다는 뜻이 아니다. 지구 자체는 사라지지 않았다. 태양계도 없어지지 않았다. 멸망한 것은 깊은 차원에서 볼 때 어떤 사회적인 질서, 즉 홍수 이전에 살던 인간들의 질서였다. 그들의 문제는 무엇이었는가? 그들은 하나님의 의로운 통치에 복종하지 않았다. 하나님은 그들을 단 한 번의 광범위한 심판으로 멸망시켜버렸다.

그 이후 세상에는 새로운 질서가 생겼다. 이 새로운 질서는 홍수 이전의 세계와 여러 가지 측면에서 다르지만 한 가지 공통점이 있다. 하나님의 의로운 통치에 복종하지 않는 질서라는 점이다. 그런데 하나님은 의로운 통치의 다른 대안을 제시하지 않는다. 예수님 아니면 멸망이다.

이제 신약성경이 세상 시스템에 관해 말하고 있는 것을 살펴보자. 이 진리는 심각한 것인데도, 대다수 현대 교회가 주의를 기울이지 않고 있다.

세 가지 기본적인 유혹

요한일서 2장 15-16절은 현대인의 사고방식과 정반대되는 말씀이다. 하지만 이 말씀은 명백한 진리다.

> 이 세상이나 세상에 있는 것들을 사랑하지 말라 누구든지 세상을 사랑하면 아버지의 사랑이 그 안에 있지 아니하니 이는 세상에 있는 모든 것이 육신의 정욕과 안목의 정욕과 이생의 자랑이니 다 아버지께로부터 온 것이 아니요 세상으로부터 온 것이라

정말 이해하기 쉬운 말씀이 아닌가? 이 말씀을 이해하는 데 신학적인 어려움은 없다. 이 세상의 어떤 동기나 태도, 야망과 욕망, 기준이나 우선순위도 하나님으로부터 오는 것은 없다. 그렇지만 이 진리를 이해하는 데 있어서 조심해야 할 것이 하나 있다. 그리스도인은 죄인들의 적이 아니라는 점이다. 하나님은 이 세상을 사랑하시어 당신의 독생자를 주셨다. 우리는 세상의 시스템이나 세상이 사는 방식을 사랑해서는 안 된다. 우리가 세상의 친구가 되면서 동시에 하나님과 친구가 될 수는 없기 때문이다. 그러나 예수님처럼 우리는 죄인들의 친구가 될 수 있다.

이 성경 구절은 세 가지 근본적인 유혹을 보여준다. 육신의 정욕(신체의 욕망)과 안목의 정욕(남의 것에 대한 탐심)과 이생의 자랑(내게 지시할 사람은 아무도 없다는 교만)이다. 이러한 유혹은 에덴동산에도 있었다. 선악과는 먹음직했고(육신의 정욕), 보암직했고(안목의 정욕), 하나님 없이도 아담과 이브를 지혜롭게 할 수 있었다(이생의 자랑).

예수님도 광야에서 이와 동일한 세 가지의 유혹을 당했다. 처음에 사탄은 "이 돌들로 떡덩이가 되게 하라"(마 4:3)라고 말했다. 그것은 육신의 정욕을 상징한다. 그 다음에는 예수님을 성전 꼭대기에 세우고, "뛰어내리라"(마 4:6)라고 했다. 이것은 다른 말로 하면, "네가 하나님 없이도 위대한 존재임을 입증해보여라"라는 뜻이다. 즉 이생의 자랑을 상징한다. 마지막으로 사탄은 예수님께 천하만국과 그 영광을 보여주며 이르되, "만일 내게 엎드려 경배하면 이 모든 것을 네게 주리라"(마 4:9)라고 유혹했다. 이는 안목의 정욕을 상징한다.

그렇지만 아담이 완벽한 환경에서 패배한 것과는 대조적으로, 예수님은 사막에서 사십 일간 금식한 상황에서 완전한 승리를 거두셨으니 하나님께 감사드린다.

예수님이 극복하신 유혹은 이 세상의 모든 유혹을 포함한다. 세상의 모든 유혹은 이 세 가지 항목 아래 들어간다. 육신의 정욕과 안목의 정욕, 그리고 가장 위험한 이생의 자랑.

세상은 영원히 지속되지 않는다

> 이 세상도 그 정욕도 지나가되 오직 하나님의 뜻을 행하는 자는 영원히 거하느니라(요일 2:17)

참으로 놀라운 말씀이다! 이 세상의 모든 것은 덧없다. 영원히 지속되는 것은 하나도 없다. 그러나 "나는 하나님의 뜻을 행하기 위해 여기 있습니다"라고 고백하며 당신의 뜻을 하나님의 뜻과 합일시킨다면, 당신은 하나님의 뜻처럼 확고부동한 존재가 된다. 궁극적으로 하나님의 뜻이 꺾이지 않듯이 당신도 결코 패배하지 않는다. 비결은 당신의 뜻을 하나님의 뜻에 맞추어 정렬시키는 것이다.

마귀는 당신이 포기해야 하는 것이 너무 많다고 당신을 설득하려 할 것이다. 그렇지만 거짓말쟁이 마귀의 말에 속아 넘어가지 마라. 당신의 뜻을 하나님의 뜻과 일치시키는 것은 축복이다! 그것은 "나 자신 외에 아무도 의지할 사람이 없다"는 중압감에서 당신을 벗어나게 해준다. 그 중압감을 하나님 아버지께 맡겨드리라. 그러면 하나님께서 당신을 책임져주실 것이다.

우리는 세상과 친구가 되어서는 안 된다

야고보 사도는 다음과 같이 매우 솔직하게 고백하였다.

> 간음한 여인들아 세상과 벗된 것이 하나님과 원수 됨을 알지 못하느냐 그런즉 누구든지 세상과 벗이 되고자 하는 자는 스스로 하나님과 원수 되는 것이니라(야 4:4)

왜 '간음한 여인들아'라고 말하는가? 하나님께 헌신한 후에 세상으로 다시 돌아가는 사람은 영적인 간음을 하는 것이기 때문이다. 이는 예수님과 맺은 약혼 서약을 파기하는 행위다. 이것을 야고보 사도의 말씀보다 더 분명하게 표현할 방법은 없다. 세상 시스템과 친구가 되는 것은 하나님과 반목하는 것이다. 당신은 둘 중 하나를 선택해야 한다!

세상이 우리를 미워하게 될 것이다

신약의 많은 기자 중에서 사도 요한이 세상에 대해 가장 많이 다룬다. 세상은 사도 요한이 남긴 글의 주요 주제다. 요한복음 15장 18-19절에서 요한은 예수님이 제자들을 떠나시기 직전에 하신 말씀을 기록하고 있다.

> 세상이 너희를 미워하면 너희보다 먼저 나를 미워한 줄을 알라 너희가 세상에 속하였으면 세상이 자기의 것을 사랑할 것이나 너희는 세상에 속한 자가 아니요 도리어 내가 너희를 택하였기 때문에 세상이 너희를 미워하느니라

19절 한 절에 '세상'이라는 단어가 다섯 번 쓰였다는 것은 주목할 만한 일이다. 하나님께서 무엇인가 말씀하고 계신 것이 분명하다. 한 번 더 자세히 읽어보자.

> 너희가 세상에 속하였으면 세상이 자기의 것을 사랑할 것이나 너희는 세상에 속한 자가 아니요 도리어 내가 너희를 택하였기 때문에 세상이 너희를 미워하느니라

예수님이 말씀하신 뜻은 의심할 여지가 없다. 세상이 우리를 미워하더라도 놀라지 말아야 한다. 현대 교회의 문제는 세상이 교회를 미워하지 않는다는 것이다.

이에 앞서 예수님은 당신을 믿지 않는 형제들에게 다음과 같이 말씀하

셨다. "세상이 너희를 미워하지 아니하되 나를 미워하나니 이는 내가 세상의 일들을 악하다고 증언함이라"(요 7:7). 예수님의 형제들은 이 세상의 일부였다. 당시 그들은 형제인 예수님을 통해 역사하시는 하나님의 의로운 통치를 거부했기 때문이다.

당신도 이 세상에 속해 있으면, 세상은 당신을 미워하지 않을 것이다. 그러나 당신이 이 세상으로부터 분리되어 의로움의 진리를 증언하면 세상은 반드시 당신을 미워할 것이다. 오늘날 세상은 왜 교회를 미워하는 일이 드문가? 교회가 세상을 난처하게 만들지 않기 때문이다. 세상은 교회에 대하여 편안함을 느끼고 있다.

누군가가 미국에 오천만 명의 거듭난 그리스도인이 있다고 추정했다. 만일 그것이 사실이라면 세상은 그리스도인이 미치는 영향력을 느낄 것이다. 그러나 진실을 말하자면, 우리 그리스도인들은 세상에 별로 영향을 미치지 못하고 있다. 그리스도인들은 그냥 어깨를 으쓱하며 상관할 필요가 있느냐는 태도를 취할 뿐이다. 오늘날 대다수 유럽 국가에서 그리스도교는 시대에 뒤처진 과거의 유물로 간주되고 있다. 교회는 여기저기에 대성당을 갖고 있으나 현대인의 삶과 관련하여 별로 할 말이 없다. 그리하여 세상은 교회를 대적하지 않고, 그저 제 갈 길을 갈 뿐이다.

이 세상은 사탄의 손아귀에 들어 있다

다음 성경 구절을 읽고 나에게 화내지 말기를 부탁한다. 만일 화를 내고 싶으면 이 구절을 기록한 사도 요한에게 하기 바란다.

> 또 아는 것은 우리는 하나님께 속하고 온 세상은 악한 자 안에 처한 것이
> 며(요일 5:19)

'악한 자'는 누구인가? 사탄이다. 문자 그대로 번역하면 "온 세상이 악한 자의 손아귀에 들어 있다"가 된다. 다른 말로 하자면, 사탄이 온 세상을 지배하고 있다는 뜻이다.

사도 요한이 기록한 또 다른 성경 구절인 요한계시록 12장 9절에는 사탄의 네 가지 주요 이름이 모두 등장한다.

> 큰 용이 내쫓기니 옛 뱀 곧 마귀라고도 하고 사탄이라고도 하며 온 천하
> 를 꾀는 자라…

우리의 대적의 첫 번째 이름은 '마귀'(devil)다. 이는 헬라어로 디아볼로스(diabolos)인데, 직역하면 참소자다. 두 번째 이름은 '사탄'으로 원수, 방해자, 적대자라는 뜻이다. 세 번째 이름은 '용', 즉 무서운 괴물이다. 네 번째 이름은 '뱀', 즉 교활한 동물이다. 사탄은 정문으로 침입하지 못하면 하수구를 통해 뱀처럼 슬그머니 들어온다!

사탄은 이 네 가지 이름을 가지고 온 천하를 꾀는 일을 한다.

세상 체계로부터 탈출하는 길

만일 세상에 관한 이 모든 진술을 당신이 받아들인다면, 우리는 헌신된 그리스도인으로서 이 세상에 거할 곳이 없다는 사실을 인정해야 한다. 우

> * * *
> "세상이 현대 문화에 영향을 미치는 경로 중에서 가장 큰 것은 텔레비전이다."
> * * *

리는 단순하게 말해서 이 세상에 속해 있지 않다. 앞에서 내가 언급한, 세상이 우리를 꾈 때 취하는 형체들의 목록은 일부에 지나지 않는다. 우리는 세상의 의견, 가치관, 평가, 압력과 유혹으로부터도 해방되어야 한다. 이런 것들이 우리의 사고방식을 지배하도록 허용해서는 안 된다.

세상이 현대 문화에 영향을 미치는 경로 중에서 가장 큰 것은 텔레비전이다. 모든 텔레비전 프로그램이 나쁘다는 뜻은 아니다. 그러나 텔레비전 수상기는 세상을 당신의 가정으로 불러들인다. 텔레비전은 사람을 꾀고 조종한다. 텔레비전 프로그램을 통하여 주술, 또는 영적 조종이 광대한 규모로 퍼져 나가고 있다. 또 대다수 텔레비전 광고의 목표는 당신이 필요로 하지 않는 것을 원하게 만들고 당신이 살 형편이 안 되는 것을 구매하게 만드는 것이다. 실제로 텔레비전 광고는 효과가 있다. 광고주들이 수십억 불을 광고비로 사용하는 이유는 광고비의 몇 배를 수익으로 거두기 때문이다.

내가 당신의 삶의 스타일을 결정할 수는 없지만, 적어도 나 자신의 삶은 텔레비전의 지배를 받지 않기로 결정했다. 텔레비전을 시청하지 않는 것은 내게 있어서 희생이 아니다. 나를 괴롭히고 싶다면 텔레비전 앞에 앉혀놓고 매일 몇 시간씩 시청하게 하면 된다.

물론 모든 사람이 나처럼 되어야 한다고 주장하는 것은 아니다. 그렇지만 당신 스스로 자문해볼 필요가 있다. 내 가치관과 내 삶의 기준, 나의 견해와 우선순위는 어디서 오는가?

이제 자신들의 삶에 십자가를 적용하지 않는 그리스도인들의 모습을 슬퍼하는 사도 바울의 진술을 빌립보서 3장 18-19절에서 읽어보자.

> 내가 여러 번 너희에게 말하였거니와 이제도 눈물을 흘리며 말하노니 여러 사람들이 그리스도의 십자가의 원수로 행하느니라 그들의 마침은 멸망이요 그들의 신은 배요 그 영광은 그들의 부끄러움에 있고 땅의 일을 생각하는 자라

무엇이 그들의 근본 문제인가? 그들은 그리스도의 원수는 아니지만, 예수님의 십자가의 원수다. 그들은 예수님으로부터 얻을 수 있는 것은 모두 다 얻기를 원하지만 한 가지 원치 않는 것이 있다. 예수님의 십자가가 자신들의 삶에 역사하는 것을 그들은 원치 않는 것이다. '그들의 신은 배요'라는 말씀을 주목하라. 이 말씀이 우리 그리스도인들에게 적용되지 않는가? 사도 바울은 또 '그 영광은 그들의 부끄러움에 있고'라고 한다. 어떤 그리스도인들은 부끄러워해야 할 일을 즐겨 한다. 이런 상황은 한 구절로 요약되어 있다. "그들은 땅의 일을 생각하는 자라."

그 결과는 무엇인가? 그들은 멸망을 향해 나아간다. 멸망이란 현세와 영원에 함께 적용되는 무서운 말이다. 하나님, 우리를 도우사 이 세상 체계로부터 해방시켜주소서.

회개

세상에서 탈출하는 길은 오직 한 가지밖에 없다. 그것은 우리가 사용하는 종교적 어휘에서 사라져버린, 시대에 뒤떨어진 단어로 간주되는 '회

개' 다. 예수님의 길을 예비하기 위해 온 선지자 세례 요한의 외침을 들어보라.

> 회개하라 천국이 가까이 왔느니라(마 3:2)

복음에 담긴 하나님의 목적이 무엇인지 기억하라. 그것은 하나님의 왕국을 알리는 것이다. 하나님의 왕국으로 들어가기 위한 첫 번째 필요조건은 회개다!

예수님께서 공생애를 시작하셨을 때에, 예수님은 세례 요한에게 최고의 칭찬을 하셨다. 그리고 세례 요한이 남긴 사역을 그대로 이어서 하기 시작하셨다.

> 이때부터 예수께서 비로소 전파하여 이르시되 회개하라 천국이 가까이 왔느니라 하시더라(마 4:17)

회개한다는 것은 나의 반역을 내려놓는 것을 의미한다. 나의 기준을 정하지 않으며, 내가 하고 싶은 일을 하지 않으며, 내 방식대로 생각하지 않는 것을 뜻한다. 회개란 이 모든 것으로부터 등을 돌리고, 하나님의 의로운 통치자이신 예수님께 아무 조건 없이 순종함을 뜻하는 것이다.

믿으라

회개하고 나면 믿음이 온다. 많은 사람이 믿음을 갖기 위해 노력하면서도 믿지 못하는 이유는 회개한 적이 없기 때문이다. 회개하지 않고 구원을 얻는, 진정한 성경적 믿음에 도달하는 길은 없다.

그러므로 반역에 등을 돌리고, 하나님의 왕국으로 들어와 왕이신 예수님께 순종하라. 그것이 진정한 회개다. 그리고 회개하고 나면 세상 체계로부터 해방되는 길이 열린다.

학습을 돕는 질문

1. 세상이라는 용어가 뜻하는 바는 무엇인가?
2. 하나님의 왕국에 속한 사람들과 세상에 속한 사람들을 가르는 분할선은 무엇인가?
3. 모든 유혹은 세 가지 기본적인 유혹 아래 속하는데, 그 세 가지 유혹은 무엇인가?
4. 우리가 알 필요가 있는 세상의 속성들은 무엇인가?
5. 세상 체계로부터 벗어나는 길은 무엇인가?

제4부
하나님이 공급하신 것을 내 것으로

16장 | 법적인 것에서 경험적인 것으로

이제 마지막 세 단원에서는 예수님의 속죄를 통해 하나님께서 공급하신 그 모든 것을 내 것으로 취하는 실제적인 지침을 제공하고자 한다. 그에 앞서 우선 지금까지 다룬 두 가지의 주요 주제를 요약하겠다.

첫째로, 예수님께서 십자가에서 돌아가셨을 때 발생한 교환의 아홉 가지 측면을 나는 다음과 같이 분석했다.

1. 예수님이 징계를 받음으로써 나는 용서를 받게 되었다.
2. 예수님이 상처를 입음으로써 나는 치유를 받게 되었다.
3. 예수님이 나의 죄를 지고 죄가 됨으로써 나는 예수님의 의로움으로 의롭게 되었다.
4. 예수님이 나의 죽음을 죽음으로써 나는 예수님의 생명을 누리게 되었다.

5. 예수님이 저주가 됨으로써 나는 축복을 받게 되었다.
6. 예수님이 나의 가난을 견딤으로써 나는 예수님의 부요를 누리게 되었다.
7. 예수님이 나의 수치를 견딤으로써 나는 예수님의 영광을 누리게 되었다.
8. 예수님이 나의 거절을 견딤으로써 나는 예수님의 포용을 누리게 되었다.
9. 나의 옛사람이 예수님 안에서 십자가에 못 박힘으로써 새사람이 내 안에서 살게 되었다.

위의 아홉 가지 교환을 모두 암기할 때까지 반복하여 읽기를 권한다. 십자가에서 일어난 이 중요한 교환이 당신 자신의 삶의 의미와 진로를 결정한다.

그 다음에는 십자가를 우리의 삶에 적용할 때 발생하는 해방의 다섯 가지 측면을 살펴보았다. 이것은 모두 갈라디아서에 기록되어 있는데, 십자가를 통해 우리는 다음과 같이 해방된다.

1. 악한 현 세대로부터 해방
2. 율법으로부터 해방
3. 자아로부터 해방
4. 육체로부터 해방
5. 세상으로부터 해방

이는 모두 하나님께서 하신 일이다. 그렇지만 이것을 내 것으로 취하는 방법을 모르면 아무 소용이 없다. 이 책의 남은 부분에서 다룰 주제도 이 부분이다.

하나님께서 공급하신 것을 당신이 놓치는 일이 있다면 그것은 적용이 너무 어렵기 때문이 아니라, 오히려 너무도 단순하기 때문일 것이다! 하나님의 구원을 내 것으로 취하게 하는 하나님의 계획에 복잡한 것은 아무것도 없다.

여호수아의 패턴

여호수아서에는 우리가 따라야 하는 훌륭한 패턴이 담겨 있다. 여호수아는 흉내 내기 어려울 만큼 뛰어난 인물이었던 모세가 죽은 후에 이스라엘 백성을 가나안 땅으로 데려가야 하는 막중한 책임을 맡게 되었다. 하나님은 여호수아에게 다음과 같이 말씀하셨다.

> 내 종 모세가 죽었으니 이제 너는 이 모든 백성과 더불어 일어나 이 요단을 건너 내가 그들 곧 이스라엘 자손에게 주는 그 땅으로 가라 내가 모세에게 말한 바와 같이 너희 발바닥으로 밟는 곳은 모두 내가 너희에게 주었노니(수 1:2-3)

하나님의 약속은 두 가지 다른 시제를 사용한다. 2절에서 하나님은 '내가 주는'(I am giving)이라고 말씀하시며 현재진행형을, 3절에서는 '내가 주었노니'(I have given)라고 말씀하시며 현재완료형을 사용하셨다.

하나님은 하늘과 땅에 있는 모든 것을 임의로 사용할 수 있는 분이시다. "땅과 거기에 충만한 것과 세계와 그 가운데에 사는 자들은 다 여호와의 것이로다"(시 24:1). 여호와 하나님께서 무엇을 주시면 그것으로 확정되며 더 이상 논쟁할 여지가 없다. 하나님은 여호수아에게 말씀하기를, "네 앞에 네가 보는 이 땅을 내가 네게 주노라"(I am giving you this territory that you see in front you)라고 하셨다. 그런 다음 하나님은 "내가 네게 주었노라"(I have given it to you)라고 말씀하셨다. 그 순간부터 법적으로 가나안 땅 전부는 이스라엘 백성의 소유가 된 것이다. 그렇지만 경험적으로는 이스라엘 백성은 하나님이 말씀하시기 이전에 가졌던 것 이상으로 차지한 땅이 아직 없었다.

> * * *
> "하나님께서 무엇을 주시면 그것으로 확정되며 더 이상 논쟁할 여지가 없다."
> * * *

그때 이스라엘 백성은 두 가지 그릇된 반응을 보였을 수도 있다. 첫째는 낙담하여 불평하는 것이다. "하나님은 우리에게 이 땅을 모두 주셨다고 했지만, 우리는 이전에 가졌던 것보다 더 가진 땅이 없다."

둘째는 낙담과 정반대로 자신만만한 반응을 보이는 것이다. 이스라엘 백성은 요단 강 동쪽 언덕에 늘어서서 팔짱을 끼고 서쪽을 바라보며 다음과 같이 말할 수도 있었다. "저 땅은 모두 우리 것이야." 그래도 이스라엘 백성은 그런 말을 하기 전보다 더 가진 땅이 없었다.

아니면 이스라엘 백성은 조금 더 대담했을지도 모른다. 요단 강을 건너 서쪽 언덕에 늘어서서 팔짱을 끼고 서쪽을 바라보며 다음과 같이 말했을 수도 있다. "저 땅은 모두 우리 것이야." 법적으로는 이스라엘 백성의 말이 맞았지만, 경험적으로는 틀린 것이었다. 누가 그 땅을 아직 소유하고 있는지 가나안 사람들은 알고 있었다.

교회를 위한 적용

때로는 교회도 이와 같을 수가 있다. 교회가 요단 강의 어느 쪽에 있든지, 약속의 땅을 바라보며 "저 땅은 모두 우리 것이야"라고 말하는 경우가 있다. 법적으로는 옳은 말이지만, 경험적으로는 틀린 것이다. "구원받았을 때 나는 그 모든 것을 얻게 되었다"라고 말하는 사람을 보았다. 그럴 때 나는 이렇게 반응한다. "당신이 그 모든 것을 갖고 있다면, 어디 있는지 보여주시오."

그런데 사실 그것은 완벽하게 맞는 말이다. 우리가 거듭나는 순간 우리는 법적으로 하나님의 상속자가 되어 예수 그리스도와 함께 공동 상속인이 된다. 예수 그리스도에게 속한 모든 것은 우리 것이 된다. 그러나 법적인 것과 경험적인 것 사이에 차이가 있기 때문에 우리는 아직 그것을 소유하지 못하고 있을 뿐이다.

예수님께서 십자가에서 이루신 모든 것은 법적으로 이미 우리 것이다. 그것은 우리에게 주어졌다. 그러나 경험적으로는 예수님께서 공급하신 모든 것 안으로 우리는 아직 들어가지 못했다. 나는 예수님께서 십자가에서 죽음으로써 공급하신 그 모든 것을 경험적으로 모두 취한 사람이 있는지 의문스럽다.

제1장에서 살펴본 성경 구절 하나를 기억하기 바란다. "그가 거룩하게 된 자들을 한 번의 제사로 영원히 온전하게 하셨느니라"(히 10:14).

십자가가 한 번의 제사다. 하나님은 "내가 십자가를 주었노라"라고 현재완료형으로 말씀하고 계신다. 그러나 거룩하게 된다는 것은 요단 강을 건너는 것과 같다. 가나안 땅으로 진군하여 그 땅을 우리 것으로 취해야 온전한 거룩함에 도달하는 것이다.

하나님의 약속을 내 것으로 취하기 위한 전투

하나님은 이스라엘 백성을 약속의 땅으로 데리고 가기 위해 두 가지 놀라운 기적을 행하셨다. 하나는 이스라엘 백성이 건널 때에 요단 강의 물을 갈라주신 것이고, 다른 하나는 여리고 성을 무너뜨린 것이다. 그렇지만 그 후로 이스라엘 백성은 무엇이든 싸움을 통해 쟁취해야 했다. 이것은 그리스도인의 삶에도 적용되는 진리다. 하나님은 당신을 하나님의 백성으로 만들기 위해 어떤 기적을 행하신다. 그런데 하나님의 백성이 된 다음부터는 투쟁해야만 그 무엇을 얻게 되고, 투쟁하지 않으면 아무것도 얻지 못한다.

역사적으로 이스라엘 백성은 당시의 가나안 땅 전부를 차지하지 못하고 이방인들과 공존했는데, 그것이 재앙이 되었다. 이는 또 교회의 모습이기도 하다. 마귀의 영토로 진군해 들어가서는 그 땅에 있는 악한 세력을 몰아내지 못하고 공존하고 있는 것이다.

하나님이 약속하신 기업을 차지하기 위해 가나안 땅으로 들어가는 여호수아와 이스라엘 백성은 당신과 내게 본보기가 된다. 팔짱을 낀 채로 "저 땅은 모두 우리 것이다"라고 말하지 마라. 그러면 반드시 실망하게 된다. 그리고 엄청나게 힘겨운 투쟁을 겪게 되더라도 낙심해서는 안 된다. 그것은 하나님의 기업을 차지하는 과정의 한 부분이다.

우리의 기업을 되찾기

예언서 중 가장 짧은 오바댜의 한 구절이 우리의 기업을 되찾는 일에 관한 강력한 메시지를 전하고 있다. 17절은 이 시대의 종말에 일어날 이스라엘의 회복을 그리고 있다. 아직 갈 길이 멀긴 하지만, 이스라엘의 회복은 현재 진행되고 있는 중이다.

> 오직 시온 산에서 피할 자가 있으리니 그 산이 거룩할 것이요 야곱 족속은 자기 기업을 누릴 것이며(On Mount Zion there shall be deliverance, and there shall be holiness; the house of Jacob shall possess their possessions)(옵 1:17)

세 가지 중요한 개념인 '피함 또는 해방'(deliverance), '거룩함'(holiness), 그리고 하나님의 백성이 '자기 기업을 누리는 것'(God's people possessing their possessions. 우리가 기업을 갖되 누리지 못하는 일이 가능하다)에 주목하기 바란다. 이는 하나님의 백성이 자기의 기업을 되찾는 단계를 약술한 것이다.

나는 유대인은 아니지만, 이스라엘 및 중동과 밀접한 관계가 있는 삶을 살아왔다. 유대인들은 불순종으로 말미암아 하나님이 주신 기업을 누리지 못하고 약 십구 세기 동안 유배되었다는 것이 나의 역사적 견해다. 지금은 유대인들이 자기들의 기업으로 되돌아가는 일이 일어나고 있다.

이스라엘뿐만 아니라, 하나님의 또 다른 백성인 교회에도 적용되는 사실이다. 거의 같은 기간 교회는 그리스도 안에서 하나님이 주신 기업으로부터 유배되었다. 사도행전에 묘사된 교회와 지난 십구 세기 동안 이어져 온 교회의 모습을 비교해보면 둘 사이에 닮은 점이 별로 없다는 견해에 동의할 것이다. 이스라엘이 자신의 지리적인 기업으로 되돌아가는 것은 그리스도 안에서 자신의 영적인 기업으로 되돌아가는 교회에 패턴과 도전이 된다. 되돌아가는 단계는 똑같다. 해방, 거룩함, 우리의 기업을 누리는 것.

제3부와 이 단원의 서두에서 갈라디아서에 기록된 해방의 다섯 가지 측면을 살펴보았다. 이 다섯 가지 해방은 하나님의 백성이 자신의 기업을 되찾는 데 필수적으로 거쳐야 할 단계다.

우리는 거룩함이 없어도 우리의 기업을 되찾지 못한다. 히브리서 10장 14절을 기억하기 바란다.

> 그가 거룩하게 된 자들을 한 번의 제사로 영원히 온전하게 하셨느니라

달리 말하면, 우리가 거룩함으로 나아가는 것은 우리의 기업으로 되돌아가는 발걸음이 된다.

믿음은 어디에서 오는가?

이제는 실질적인 면을 다룰 때가 되었다. 십자가를 통해 우리에게 공급된 것을 어떻게 해야 우리 것으로 취할 수 있을까?

제일 먼저 강조해야 할 것은 믿음이다.

> 믿음이 없이는 하나님을 기쁘시게 하지 못하나니 하나님께 나아가는 자는 반드시 그가 계신 것과 또한 그가 자기를 (부지런히) 찾는 자들에게 상 주시는 이심을 믿어야 할지니라(Without faith it is impossible to please Him, for he who comes to God must believe that He is and that He is a rewarder of those who diligently seek Him)(히 11:6)

믿음이 없이 하나님을 기쁘시게 하려고 노력하는 것은 아무 소용이 없다. 그것은 불가능하다. 그렇다면 우리는 무엇을 믿어야 하는가? 히브리서 11장 6절에 따르면 하나님에 관하여 두 가지를 믿어야 한다. "하나님께서 계시다는 것과, 하나님은 자기를 부지런히 찾는 사람들에게 상을 주시는 분이라는 것이다."

> * * *
> "믿음도 불가결하나 부지런함도 중요하다."
> * * *

많은 사람이 하나님의 존재를 믿는다. 그러나 그것만으로는 부족하다. 하나님을 부지런히 찾으면 하나님이 당신에게 상을 주신다는 것을 믿어야 한다. 믿음도 불가결하나 부지런함도 중요하다.

성경을 주의 깊게 읽으면서 게으름을 칭찬하는 구절이 있는지 찾아보라. 성경에는 게으름에 대해 좋게 말하는 구절이 하나도 없다! 성경은 술 취함도 책망하지만, 게으름은 훨씬 더 심하게 나무라고 있다. 그리스도인들이 술 취한 사람은 비난하면서도 게으른 사람은 너그럽게 봐주고 있으니 교회의 가치관이 비뚤어져 있다고 할 수 있다.

믿음도 불가결하나 부지런함도 중요하다. 하나님은 게으른 사람에게 상을 주지 않으시므로 우리 삶의 우선순위를 재조정하는 것이 필요하다. 우리는 하나님을 부지런히 찾으면 상을 받게 된다는 믿음을 가져야 한다.

당신이 하나님을 부지런히 찾고 있다고 믿는데도 아무런 상을 받지 못하는 것 같을 때가 있을 것이다(나는 이런 일이 내게만 일어났다고는 생각하지 않는다). 이때가 바로 믿음을 붙들고 견뎌내야 하는 때다. 히브리서는 하나님을 부지런히 찾는 사람에게 하나님은 상 주시는 분이라고 말하고 있다. 눈에 보이든지 않든지, 느낄 수 있든지 없든지 상관없이 당신의 상은 확실하게 보장되어 있다. 그 상은 당신이 기대할 때 오지 않을 수도 있고, 당신이 기대하는 방식으로 오지 않을 수도 있다. 그렇지만 그 상은 확실하게 주어진다는 것을 믿어야 한다. 하나님은 "자기를 부지런히 찾는 사람에게 상 주시는 분"이시다.

우리는 어떻게 그런 믿음을 얻을 수 있을까?

이 책의 초반부에서 나는 일 년간 병원에 누워 있으며 간절하게 믿음을 구한 적이 있다고 기술했다. 그때 로마서 10장 17절에 기록된 놀라운 말씀을 주신 하나님께 참으로 감사드린다. 그것은 나의 어둠에 비친 한 줄기 광명이었다.

> 그러므로 믿음은 들음에서 나며 들음은 그리스도의 말씀으로 말미암았느니라

이 성경 구절은 나를 병원에서 구해낸 생명선으로 지금도 내게 생생하게 다가오는 말씀이다.

그러나 이 구절을 지나치게 단순화하지 말자. 어떤 사람들은 하나님의 말씀을 들으면 믿음이 생긴다고 말하지만, 그것은 사도 바울이 의도한 뜻이 아니다. 사도 바울은 하나님의 말씀으로부터 나는 것은 들음이며, 들음에서 나는 것이 믿음이라고 말하고 있는 것이다. 이것은 두 단계다. 하나님의 말씀을 열린 마음으로 대하면 처음에 나는 것은 들음이다. 그것은 하나님이 말씀하는 것을 들을 줄 아는 능력을 뜻한다. 이 능력이 생기면 하나님의 말씀이 우리에게 생생한 현실로 다가오게 된다. 그런 다음 들음에서 믿음이 나는 것이다.

하나님께 시간을 드리라

문제는 많은 사람이 믿음이 생기는 들음을 갖기 위해 충분한 시간을 갖지 않는다는 사실이다. 우리는 시간에 제약을 두지 않고 하나님의 말씀을 접해야 한다. 내가 하나님과 동행하는 삶에서 깨달은 것은 하나님에게 시간 제약을 해서는 안 된다는 점이다. 우리에게 삼십 분밖에 시간이 없다는 것을 알고 기도하기 시작하면 우리는 삼십 분 안에 얻을 수 있는 것만 받게 된다. 이와 반면에, 시간 제약을 두지 않고 하나님으로부터 듣기 원하는 자세를 갖고 기도하면 그 결과는 달라진다.

하나님은 인스턴트 믿음을 주시지 않는다. 우리는 인스턴트 상품에 익숙해져 있어서 하나님도 그렇게 행할 것이라고 단정한다. 많은 그리스도인이 하나님을 하늘의 자동판매기라고 생각한다. 자동판매기는 알맞은 동전을 찾아 제 구멍에 넣기만 하면 원하는 소프트드링크를 준다. 하나님은 그런 분이 아니다. 하나님은 기계가 아니고 인격이시다. 그러므로 하나님과 인격적인 관계를 맺어야 원하는 결과를 얻을 수 있다.

그래서 나는 당신에게 현재 대다수 그리스도인이 하나님께서 성경을 통해 말씀하는 것을 듣는 데 쓰는 시간보다 더 많은 시간을 하나님께 드릴 것을 충고한다. 하나님의 말씀을 듣는 시간을 갖지 않으면, 당신이 하는 모든 것은 성경을 읽어 내려가는 행위에 불과하다. 믿음은 성경을 읽음으로 생기지는 않는다. 믿음은 성경을 통하여 하나님께서 말씀하시는 것을 들음으로 나는 것이다. 들음이 먼저이고, 그 다음에 믿음이 따라온다.

하나님께서 당신에게 말씀하게 하라

로마서 10장 17절에서 그리스도의 '말씀'에 해당하는 헬라어는 레마(rhema)다. 이는 하늘에서 영원히 확정된 하나님의 말씀을 가리키는 것이 아니고, 어떤 순간에 하나님께서 당신을 향해 말씀하시는 것을 가리킨다. 마태복음 4장 4절에서 예수님께서 "사람이 떡으로만 살 것이 아니요 하나님의 입으로부터 나오는 모든 말씀으로 살 것이라"라고 하셨을 때 '말씀'의 헬라어도 레마(rhema)다.

우리는 성경이라 불리는 인쇄된 책으로 살지 않는다. 우리는 어떤 순간에 성령을 통해 개인적으로 전해지는 하나님의 말씀으로 산다. 성경은 하얀 종이 위에 쓰인 검은 글자로 구성되어 있다. 그 검은 글자는 우리에게 아무런 유익을 주지 못한다. 그 검은 글자를 믿음이 나게 하는 무엇으로 변화시키는 것은 성령인 바, 성령이 하나님의 말씀을 살아 있는 말씀으로 만드는 것이다. 그럴 때 하나님의 말씀은 레마가 된다.

내가 영국군에 입대하여 첫 몇 달간 철학자로서 성경을 연구하고 있었을 때, 성경에 기록된 내용을 아는 것이 나의 의무라고 생각했다. 성경에 나의 흥미를 유발하는 것은 아무것도 없었지만, 성경의 내용을 모르면서 성경에 대하여 권위를 가지고 이야기할 수는 없다고 생각했다. 성경을 읽는 것은 지겨운 일이었으나 오직 의무감 때문에 계속 읽어나갔다.

'나를 이길 책은 없어. 처음부터 시작하여 끝까지 읽어내고 말거야' 라고 나는 마음속으로 다짐했다.

그러다가 성경을 읽기 시작한 지 구 개월 만에 한밤중에 예수님을 초자연적으로 만났다. 그것은 지적인 결정이 아니고 체험이었다. 그 다음날 내가 성경을 읽었을 때 성경은 완전히 다른 책이었다. 온 우주에 하나님과 나, 단 두 사람만 있는 것 같았다. 성경은 이제 나에게 개인적으로 말씀하시는 하나님의 음성이었다. 참으로 극적인 변화였다!

이것이 우리 모두가 도달해야 할 지점이다. 어떤 일이 있더라도 하나님의 말씀이 당신에게 개인적으로 말씀하시는 관계에 이르지 못하고 멈추어서는 안 된다. 먼저 듣는 능력을 계발해야 한다. 그 다음에 들음으로부터 믿음이 나는 것이다.

성경을 읽는 방법

성경에 접근하는 두 가지 길을 다음과 같이 제안하고자 한다.

하나님의 말씀으로

바울은 데살로니가의 그리스도인들이 주변의 다른 그리스도인들에게 모범이 되어 자랑스럽다고 했다. 바울은 그들이 성공한 이유 중 한 가지를 데살로니가전서 2장 13절에 기록했다.

> …너희가 우리에게 들은 바 하나님의 말씀을 받을 때에 사람의 말로 받지 아니하고 하나님의 말씀으로 받음이니 진실로 그러하도다 이 말씀이 또한 너희 믿는 자 가운데에서 역사하느니라

성경 말씀을 인간의 말로, 즉 인간의 지혜가 담긴 인간의 저술로 받아들이지 않고 하나님이 내게 하시는 말씀으로 받아들일 때 그 말씀은 내 안에서 역사한다. 내가 믿음으로 하나님의 말씀에 마음을 열면, 하나님의 말씀은 하나님이 약속하신 대로 내 안에서 역사할 것이다. "이 말씀이 또한 너희 믿는 자 가운데에서 역사하느니라."

온유함으로

두 번째 길은 야고보서에 기록되어 있다.

> 그러므로 모든 더러운 것과 넘치는 악을 내버리고 너희 영혼을 능히 구원할 바 마음에 심어진 말씀을 온유함으로 받으라(야 1:21)

하나님의 말씀을 온유함을 받아들인다는 것은 무슨 의미일까? 그것은 하나님이 선생님이고 우리들은 배우는 학생이라는 점을 인정한다는 뜻이다. 우리는 하나님께 우주를 어떻게 운행하시라고 말씀드리지 아니하며, 우리의 삶도 어떻게 경영하시라고 말씀드리지 않는다. 그저 겸손한 자세로 하나님의 가르침을 받아들여야 하는 것이다.

최근에 나는 믿음에 관해 아주 단순하고도 새로운 정의를 내리게 되었다. 믿음이란 하나님을 심각하게 받아들이는 것이다. 믿음으로 성경을 읽는다는 것은 하나님이 말씀하시는 모든 것을 심각하게 받아들인다는 뜻이다. 하나님이 "이것을 하라"라고 하시면, 그 말씀대로 행하는 것이 믿음이다.

한 가지 예를 들고자 한다. 이 예를 이해하면 당신의 삶이 바뀔 것이다.

데살로니가전서 5장 18절은 이렇게 말씀하고 있다. "범사에 감사하라." 얼마나 많은 일에 감사하라고 하는가? 모든 일에 감사하라고 한다. 이 말씀을 믿는가? 이 말씀을 심각하게 받아들이는가? 이 말씀대로 행하는가?

옷을 입을 때에 옷을 주신 하나님께 감사하라. 이 세상에는 헐벗은 사람도 많다는 것을 생각하라. 신발을 신을 때에 무슨 생각을 하는가? 이 세상에는 신발이 없는 사람도 많다. 자가용을 탈 때에도 하나님께 감사하라. 고속도로를 달릴 때, 고속도로를 주신 하나님께 감사하라. 고속도로가 막힐 때에도 그 도로를 건설하는 데 많은 돈과 인력이 투입되었다는 사실을 기억하고, 그것을 하찮게 생각하지 마라.

> ***
> "생각이 떠오를 때만 산발적으로 하나님께 감사하지 말고, 매사에 감사하는 습관을 기르라. 감사하는 습관은 당신을 변화시킬 것이다!"
> ***

다른 말로 하자면, 생각이 떠오를 때만 산발적으로 하나님께 감사하지 말고 매사에 감사하는 습관을 길러라. 감사하는 습관은 당신을 변화시킬 것이다!

범사에 감사하는 것이 온유함으로 하나님의 말씀을 받아들이는 자세의 한 예다. 어떤 사람은 이렇게 항변하고 싶을지도 모른다. "그것은 이치에 맞지 않는 말이다. 내 돈으로 옷도 사고, 신발도 사고, 차도 샀는데." 그러나 그런 말을 하지 말고 하나님의 말씀을 온유함으로 받아들여 다음과 같이 고백하라. "좋습니다, 하나님. 당신의 말씀이 하나님께 감사드리라고 하므로 저는 모든 일에 감사드리겠습니다."

법적인 것에서 경험적인 것으로

하나님의 말씀을 우리의 삶에 적용함으로써 법적인 것에서 경험적인 것으로 넘어가는 방법을 요약하며 이 장을 매듭짓고자 한다. 예수님은 다음과 같이 말씀하셨다.

> 그런즉 너희는 먼저 그의 나라와 그의 의를 구하라 그리하면 이 모든 것을 너희에게 더하시리라(마 6:33)

당신의 삶에 있어서 다른 모든 것보다 하나님과 하나님의 말씀에 우선권을 부여하라. 하나님과 하나님의 말씀을 먼저 구하라. 믿음을 키우기 위하여 하나님의 말씀을 듣는 시간을 충분히 갖도록 하라. 성경 말씀을 하나님이 당신에게 개인적으로 하시는 말씀으로 받아들이라. 그리고 하나님의 말씀을 온유함으로 받아들이고 마땅히 그 말씀에 순종하라. 이러한 것들이 당신의 삶에 있어 다른 모든 것보다 우선하게 하라. 당신의 우선순위를 조정하고, 하나님과 하나님의 말씀을 믿음으로 받아들일 자세를 취하면 하나님이 당신을 위해 공급하신 것을 취하는 길에 들어서게 된다. 그리하면 당신은 예수님이 십자가에서 죽으심을 통하여 공급하신 모든 것을 취할 수 있게 되는 것이다.

학습을 돕는 질문

1. 법적인 것과 경험적인 것의 차이점은 무엇인가?
2. 오바댜 17장에 따르면, 우리는 어떻게 우리의 기업으로 회복될 수 있는가?
3. 십자가에 의해 공급된 것들을 우리의 것으로 삼기 위해 우리들이 취할 수 있는 실제적인 조치는 무엇인가?
4. 법적인 것에서 경험적인 것으로 옮겨가려면 무엇을 행해야 하는가?

17장 | 성령은 구원으로 가는 길의 안내인

십자가에서의 예수님의 희생이 현세로부터 영원에 이르기까지 모든 믿는 사람에게 필요한 모든 것을 공급했다는 사실을 살펴보았다. 하나님의 공급은 이미 완료되었지만, 그것을 우리 것으로 취하는 과정은 점진적이다. 십자가에서 예수님의 희생을 통해 하나님이 공급하신 모든 것 안으로 우리는 어떻게 들어갈 수 있을까?

지난 단원에서 나는 첫 번째 불가결한 요건으로 믿음을 지적했다. 하나님 앞으로 나아가는 자는 믿어야만 한다. 믿음은 선택사항이 아니다. 히브리서 11장 6절에 따르면, 반드시 하나님이 계시다는 것과 하나님은 그분을 열심히 찾는 자들에게 상 주시는 이심을 믿어야 한다.

이번 단원에서는 다른 요건을 살펴보고자 한다. 그것은 성령과 관계를 맺는 것을 배워야 한다는 것이다. 성령은 그리스도의 속죄로 말미암아 공급된 모든 것을 우리가 취할 수 있도록 인도해주시는 분이다. 성령은 당신이 필요한 것을 얻을 수 있도록 개인적으로 이끌어주시는 분이다.

구원이란 단순히 당신의 죄를 용서받는 것이 아니다. 물론 죄 사함을 받는 것이 구원의 핵심이긴 하지만 말이다. 구원이란 예수님의 희생을 통해 하나님이 자기 백성의 필요를 온전하게 채워주는 것이다.

> ***
> "구원이란 예수님의 희생을 통해 하나님이 자기 백성에게 필요한 모든 것을 공급해주시는 것이다."
> ***

본서의 제4장에서 보통 "구원하다"로 번역되는 헬라어 소조(sozo)를 설명하였다. 소조라는 단어는 복음서에서 병자를 고치고, 악령으로부터 사람들을 해방시키고, 죽은 사람을 일으키고, 하나님의 백성을 온전하게 보호하는 것을 가리킬 때 사용된다고 지적하였다. 이 한 단어는 그 모든 유익을 다 가리킨다. 그러므로 구원에 관한 나의 정의는 십자가에서의 예수님의 희생으로 인해 현세부터 영원까지 우리에게 공급된 모든 것, 곧 영적·신체적·정서적·물질적 유익을 모두 포함하는 것이다.

거듭난다는 것(being born again)은 일회적인 체험이다. 그것은 한 번 일어나 당신을 구원으로 이끈다. 그렇지만 구원받는 것(being saved)은 점진적인 체험으로, 당신이 한걸음씩 나아가며 개척하고 점유해야 하는 것이다. 구원은 이스라엘 백성이 단계별로 점령해야 했던 가나안 땅과 같다.

시편 78편을 보면, 구원이란 하나님이 애굽에서 약속의 땅에 이르기까지 자기 백성을 위하여 행하신 모든 일을 포함한다는 것을 알 수 있다. 그것은 자비와 축복과 공급의 모든 행위를 포괄한다. 구원은 이스라엘 백성의 애굽으로부터 해방, 홍해 통과, 그들을 덮은 구름, 하늘에서 내린 만나, 바위에서 흘러나온 물, 그들의 신발과 옷이 해지지 않은 일, 하나님이 이스라엘 백성 앞에서 이방 족속들을 몰아내신 일을 모두 포함한다. 이 모든 것과 그 이상이 구원이라는 한 단어에 요약되는 것이다.

그러나 이스라엘 백성은 하나님을 믿지 않고 불순종했으며, "하나님을 대적하였다"(시 78:19).

> 그러므로 여호와께서 듣고 노하셨으며 야곱에게 불같이 노하셨고 또한 이스라엘에게 진노가 불타올랐으니 이는 하나님을 믿지 아니하며 **그의 구원을 의지하지 아니한 때문이로다**(시 78:21-22, 굵은 글씨는 저자 강조)

무엇이 이스라엘 백성의 근본 문제였는가? 그들은 하나님을 믿지 않았고, 하나님의 온전한 구원을 의지하지 않았다. 이 성경 구절에서 불신앙은 하나님을 노하게 한다는 사실을 분명하게 알 수 있다.

오늘날의 교회도 이스라엘 백성과 같은 문제를 갖고 있지는 않은가? 우리는 하나님이 믿기를 바라는 대로 믿지 않는다. 우리는 모든 필요를 채워주시는 하나님의 온전한 공급에 의지하지 않지만, 그래도 하나님은 우리가 모든 일에 하나님을 의지하기를 원하신다.

로마서 8장 32절에서 우리를 위한 하나님의 공급은 "모든 것"을 포함한다고 하나님이 선언하셨다. 이 구절은 백지수표와 같다. 하나님은 수표에 서명하시고, 당신의 이름을 거기에 적었지만, 액수는 쓰지 않았다. 당신이 필요한 액수를 쓰면 되는 것이다!

> 자기 아들을 아끼지 아니하시고 우리 모든 사람을 위하여 내주신 이가 어찌 그 아들과 함께 **모든 것**을 우리에게 주시지 아니하겠느냐(굵은 글씨는 저자 강조)

하나님이 우주에서 가장 고귀한 보물이며 하나님의 마음에 가장 가까운 존재인 예수님을 십자가에서 죽게 하셨다면, 하나님은 우리에게 내주시지 않을 것이 없다. 예수님이 없다면 우리는 하나님께 달라고 요구할 것이 심판밖에 없다는 것을 명심하라. 예수님 때문에 하나님은 우리에게 필요한 모든 것을 채워주실 것이다. 더 이상 행해야 할 일도 없고, 더 이상 치러야 할 대가도 없다. 하나님은 모든 것을 우리에게 공짜로 주신다.

이것이 바로 모든 것을 포괄하는 구원이다. 그것은 십자가에서 예수님의 희생이라는 선물을 통하여 온다. 그러나 우리는 성령의 역할을 인정하기 전까지는 이 온전한 구원으로 들어갈 수 없다.

성령은 무슨 역할을 하는가?

헬라어에는 남성, 여성, 중성 세 가지 성이 있다. 헬라어에서 성령을 가리키는 단어는 pneuma인데 바람, 숨 또는 영을 뜻하는 중성이다. 그러므로 성령을 가리키는 대명사는 '그것'(it)이 맞다. 그러나 예수님이 요한복음 16장 13절에서 성령을 말씀하실 때 '그것'(it)이라 하지 않고 '그분'(He)이라고 하셨다. "진리의 성령이 오시면"(When He, the Spirit of truth, has come…).

이 성경 구절에서 헬라어의 문법이 위반되었다. 예수님은 정상적인 문법 용례를 어기며 성령은 '그것'이 아니고 '그분'이라는 사실을 강조하고 계신다. 성령은 하나님 아버지와 그 아들 예수님과 똑같이 인격체인 것이다.

그리스도인의 삶을 성공으로 이끄는 열쇠 중에 하나는 바로 성령과 인격적으로 사귀는 법을 터득하는 것이다. 성령을 우리의 삶 가운데로 초대하고, 그분이 오실 수 있는 조건을 충족시키면 성령은 우리에게 인격체로 오실 것이다. 우리는 성령을 인격체로 대하는 법을 배워서 익혀야 한다. 성령을 친구로 사귀어라. 성령은 친하게 사귈 만한 좋은 분이시다!

그리스도의 속죄가 우리에게 공급해주는 모든 것을 우리가 취할 수 있도록 성령은 어떠한 도움을 주실까?

성령은 구원을 관리하신다

성령은 구원을 관리하시는 유일한 분이다. 성령은 하나님의 모든 공급을 보관하는 창고의 열쇠를 쥐고 계신다. 성령은 하늘의 보화 창고를 열어서 우리에게 필요한 것을 주시는 분이다. 그럼에도 불구하고 성령은 교회에서 가장 무시되어온 존재 중에 하나다! 심지어는 성령에 대하여 가장 말을 많이 하는 오순절 교인들과 은사주의 교인들도 이따금 성령을 무시한다.

하늘의 유업을 받고 하나님이 이미 공급하신 것을 당신의 것으로 취하고 싶으면 성령과 친분 관계를 맺어라! 요한복음 16장에 보면, 예수님이 제자들을 떠날 준비를 하시며 성령이 오실 것에 대비하라고 제자들에게 하는 말씀이 나온다.

> 그러나 내가 너희에게 실상을 말하노니 내가 떠나가는 것이 너희에게 유익이라 내가 떠나가지 아니하면 보혜사가 너희에게 오시지 아니할 것이요 가면 내가 그를 너희에게로 보내리니(7절)

사람이 교환되는 것을 예수님이 말씀하고 있음에 주목하라. "나는 이제 하늘로 돌아갈 사람이다. 내가 있던 자리에 다른 사람을 보내겠다"라고 예수님은 말씀하고 계신 것이다. 그 다음에 예수님은 놀라운 말씀을 하셨다. "내가 가는 것이 너희에게 유익이 된다. 내가 이 땅에 있고 성령이 하늘에 계신 것보다는, 내가 하늘에 머물고 성령이 땅으로 내려오시는 것이 너희들에게 더 나을 것이다."

대다수 그리스도인은 이것을 이해하지 못한다. 사람들은 '예수님이 제자들과 함께 지상에 계시던 그 시절에 살았더라면 얼마나 좋을까' 하고 생각한다. 물론 좋을 것이지만 예수님은 이렇게 말씀하고 계신 것이다. "그것은 과도기였다. 이제 내가 너희를 떠나고 성령이 지상에서 나를 대신하는 것이 너희에게 유익하다. 그러면 나는 한 육신에 제한되지 않고 하늘에서 성령을 통하여 지상의 모든 곳에서 동시에 사역을 할 수 있게 된다. 그러므로 내가 너희를 떠나는 것이 너희에게 유익이다."

성령님은 우리를 진리로 인도하시며 예수님을 바라보게 한다

예수님은 계속해서 이렇게 말씀하셨다.

> 그러나 진리의 성령이 오시면 그가 너희를 모든 진리 가운데로 인도하시리니 그가 스스로 말하지 않고 오직 들은 것을 말하며 장래 일을 너희에게 알리시리라(요 16:13)

성령은 온 우주에서 자신에게 가장 관심을 두지 않는 분이시다. 그런 이유로 인해 우리는 성령을 무시하는 경향이 있다. 예수님은 말씀하시기를, 성령이 오시면 스스로 말하지 않고 오직 하나님 아버지와 그 아들 예수님이 하시는 말씀을 듣고 전한다고 하셨다. 성령은 누구를 향해 주의를 이끄는가? 다음과 같이 말씀하신 예수님께로 주의를 이끄는 것이다. "그가 내 영광을 나타내리니"(요 16:14).

어떤 것이 성령으로부터 온 것인지 판단하는 방법은, 그것이 얼마나 요란한 소리를 내는지를 보지 말고 그것이 예수님을 영화롭게 하는지를 보면 된다. 그것이 어떤 인물을 높이거나 어떤 교리나 교파에 초점을 맞춘다면 그것은 성령의 역사가 아니다. 성령은 그런 것을 영화롭게 하지 않고, 예수님의 영광을 나타내는 분이다.

성령의 관심을 끄는 데 효과적인 활동이 한 가지 있다. 예수님을 찬양하고 그분의 이름을 높여드리는 일이다. 그러면 성령은 이런 말씀을 스스로에게 하실 것이다. '저것이 내가 듣기 원하는 소리야. 저 사람들에게 가서 함께 시간을 보내야겠다.'

성령이 좋아하시는 것이 무엇인지 터득하고 그분의 요구 조건을 충족시켜드리는 것은 참으로 가치가 있는 일이다.

성령은 진리를 분별하도록 도와주신다

성령은 우리를 모든 진리로 인도하시는 바, 사실 그분만이 유일하게 신뢰할 수 있는 안내인이다. 사도 요한은 초대교회의 성도들에게 이런 편지를 보냈다. "너희는 거룩하신 자에게서 기름 부음을 받고 모든 것을 아느니라"(요일 2:20). 요한은 여기서 성령을 언급한 것이다. 오늘날 하나님의 백성이 진리와 거짓을 분별하는 이 기름 부음을 받는다면 얼마나 좋을까? 때로는 "성령 충만"한 그리스도인들이 세상에서 가장 속이기 쉬운 사람들이다. 그들은 시끄럽고 육적이며 허세부리는 것과, 예수님의 영광을 나타내는 것 사이에서 진리를 분별하는 법을 터득하지 못했기 때문이다.

요한복음 16장 14-15절을 보라.

> 그가(성령이) 내 영광을 나타내리니 내 것을 가지고 너희에게 알리시겠음이라 무릇 아버지께 있는 것은 다 내 것이라 그러므로 내가 말하기를 그가 내 것을 가지고 너희에게 알리시리라 하였노라

예수님의 겸손함에 주목하라. 예수님은 자신이 어떤 것의 원래 소유주라는 인상을 남기고 싶어 하지 않으신다. 예수님은 이렇게 말씀하고 계신다. "그것은 아버지께서 내게 주셨기 때문에 내 것이다." 다른 사람에게 영광을 돌리는, 참으로 아름다운 본보기다. 성령은 예수님의 영광을 나타내시고, 예수님은 하나님 아버지의 영광을 나타내신다. 그런 다음 예수님은 우리의 시선을 성령께 돌리게 하신다. "성령이 오시면 그가 내 것을 가지고 너희에게 선포하고, 계시하고, 전하실 것이니라."

이제 우리는 성령이 하나님의 보화 창고의 열쇠를 쥐고 계신 분이라는 것을 알게 되었다. 하나님 아버지와 그 아들 예수님이 소유하고 계신 모든 것을 성령이 관리하신다. 많은 그리스도인이 교리를 공부하면서도 성령과 친분을 쌓지 못하는데, 성령과 친구가 되는 것은 정말 가치 있는 일이다.

성경적 그림 한 가지

교회에 속한 우리에게는 긴 인생 여정에 훌륭한 안내인이면서 보호자가 있는데, 그분은 성령이시다. 창세기 24장은 아브라함이 자기 아들 이삭의 신부를 찾는 이야기에서 성령의 역할을 아름답게 묘사하고 있다.

"나는 가나안 족속의 딸 중에서 내 아들의 신부를 취하지 않겠다. 이삭의 신부는 내 고향 사람이어야 한다"라고 아브라함은 말한다. 그것은 오늘날까지 중동 지방에 내려오는 전형적인 관습을 반영하는 말이다. 그런 다음 아브라함은 자기 종을 자기 족속에게로 보내어 아들의 신붓감을 찾아 데려오게 한다.

이 이야기에서 아브라함은 하나님 아버지의 전형이고, 독생자인 이삭은 예수 그리스도의 전형이다. 그리고 선택된 신부인 리브가는 교회의 전형이다. 무명으로 등장하는 또 다른 인물인 종은 성령의 전형이다. 창세기 24장은 성령의 자화상이지만 성령은 서명을 남기지 않는다.

그 이름도 없는 종은 낙타 열 마리에 주인이 준 온갖 선물을 가득 싣고 길을 떠난다(당신도 나처럼 중동 지방에서 살아본 경험이 있는 사람이라면 낙타 한 마리가 짐을 엄청나게 많이 실을 수 있다는 것을 알 것이다!). 마찬가지로 성령님도 우리에게 오실 때에 빈손으로 오시지 않고, 열 마리의 낙타에 선물을 가득 싣고 오신다(그러므로 성령과 친분을 맺지 않는 사람은 바보다).

그 종이 신붓감을 찾아 우물가에 이르렀을 때 이렇게 기도한다. "우리 주인 아브라함의 하나님, 이삭의 신붓감이 나뿐만 아니라 내 낙타에게도 물을 마시게 하소서." 어떤 처녀라도 사람에게는 물을 마시게 할 것임을 알고 드린 기도다.

낙타 한 마리는 약 백육십 리터의 물을 마실 수 있고, 종은 열 마리의 낙타를 끌고 갔으므로 이삭의 신부가 될 처녀는 약 천육백 리터의 물을 길어야 하는 셈이었다. 낙타 열 마리에게 물을 주기 위해 그만한 양의 물을 기를 수 있는 처녀라면 친절하고 예쁘기만 한 것이 아니고 몸도 튼튼해야 하므로 신붓감으로 더할 나위 없는 처녀가 아니겠는가!

이 이야기는 내가 아프리카에서 교사들을 양성하기 위해 오 년간 학생들을 가르쳤을 때 만난 한 청년과의 대화를 생각나게 한다. 나는 학생들과 함께 걸어가며 예고 없이 질문을 던지곤 했다. 그 청년에게 나는 이런 질문을 했다. "자네는 어떤 아가씨와 결혼하기를 원하는가?" 그 청년은 걸음을 늦추지 않고 즉시 대답했다. "갈색 피부에 근육이 발달한 아가씨라야 합니다." 리브가의 피부색이 정확히 무엇이었는지 모르겠지만 백인은 아니었을 터이고 근육이 발달한 처녀였음은 틀림없다.

그 종이 우물가에 서 있을 때, 젊은 여자가 물을 길으러 온다. 종이 "물을 좀 주시오"라고 하자 처녀는 이렇게 대답한다. "물을 마시십시오. 내가 당신의 낙타에게도 물을 주겠습니다."

이것이 진정한 교회의 모습이다. 앞자리에 앉아 찬송가를 부르는 가냘픈 여성이 아니라, 튼튼한 몸으로 기꺼이 섬기다가 생명까지 바칠 수 있는 여성이다.

종은 속으로 생각한다. '이 처녀가 바로 이삭의 신붓감이다.'

종이 리브가의 가족을 만나 아브라함이 아들의 배우자를 찾는다고 말하자, 리브가의 가족은 리브가에게 묻는다. "네가 이 사람과 함께 가겠느냐?"

리브가는 자신의 운명을 결정짓는 답을 한다. "가겠나이다."

이것이 믿음이다. 리브가는 아브라함의 종을 만난 지 이십사 시간도 안 되었지만, 그 종을 자신의 유일한 안내인이요 보호자로 생각하고 멀고도 험난한 여행길을 떠난다. 교회도 마찬가지로 우리의 신랑이신 예수님을 만나기까지 멀고도 험난한 여정을 가야 하지만, 우리에게는 훌륭한 안내인이며 보호자인 성령이 계시다.

더군다나 리브가는 자신이 결혼할 남자를 본 적이 없다. 이삭에 대하여 리브가가 아는 것은 모두 그 종에게서 들은 것이다. 우리가 예수님을 만나기 전에 예수님에 대해서는 모두 성령으로부터 배워서 알게 된다. 그러므로 성령과 깊고도 친밀한 관계를 맺지 않으면 많은 것을 놓치게 된다.

사역할 때 성령께 의지하라

앞에서 살펴본 적이 있는 로마서 8장 14절은 그리스도의 몸 안에서 사역하려고 준비하는 사람들에게 중요한 구절이다.

> 무릇 하나님의 영으로 인도함을 받는 사람은 곧 하나님의 아들이라

바울은 여기서 현재진행형 시제를 사용하고 있다. "하나님의 영으로 인도함을 받는"(as many as are regularly led by the Spirit of God). 누가 하나님의 아들인가? 성령으로 늘 인도함을 받는 사람이다. 다른 말로 하자면, 내가 하나님의 영으로 늘 인도함을 받을 때 나는 하나님의 아들로 살고 있는 것이다.

당신도 어떤 원리, 규칙, 기법, 절차 등으로 인도함을 받을 것이 아니

라, 하나님의 영으로 인도함을 받아야 한다. 규칙과 원리, 절차와 기법을 배우는 것이 옳지 않다는 뜻이 아니다. 순전히 그런 것들에만 의존하는 것이 잘못되었다는 뜻이다. 우리가 온전히 의지할 수 있는 분은 오직 한 분, 성령이시다. 우리가 성령을 의지하면, 그분은 우리를 적합한 규칙이나 원리, 또는 절차나 기법으로 인도하실 것이다. 그러나 우리가 규칙에만 의존하면 사람이 공급하는 자원만 얻게 된다.

그리스도인으로서 우리는 세상에 사람이 공급하는 자원 이상의 것을 제공할 수 있어야 한다. 예를 들자면, 전문적인 심리학자는 자기 나름대로의 원리를 적용하여 옳을 수도 있고 그를 수도 있는 진단을 내린다. 그러나 그리스도인들은 그 이상의 것을 하도록 부름 받았다. 우리에게는 성령이라는 훌륭한 친구가 있다. 그분은 거룩하고도 초자연적인 자원을 우리가 쓸 수 있도록 공급해주시는 분이다.

누가 당신에게 상담을 요청하면 정신과 의사라도 된 것처럼 증상을 파악하려 하지 말고 성령께 의지하라. 상담을 요청한 사람이 당신에게 증상을 제대로 알려준다고 해도 당신은 그 증상을 근거로 정확한 진단을 내리기 어렵다. 오직 성령의 지혜를 빌려야 올바른 진단을 내릴 수 있는 것이다.

> ***
> "성령은 그리스도의 속죄가 가져온 모든 약속을 당신이 취할 수 있도록 인도해주실 것이다."
> ***

어떤 사람들은 현재에서 어린 시절을 거쳐 유아기와 엄마의 자궁 안에 있을 때까지 과거로 데려가는 상담 기법을 사용하기도 한다. 그러나 예수님은 사마리아 여인을 우물가에서 만났을 때, 그 여인을 아동기나 유아기까지 과거로 데려가지 않으셨다. 예수님은 성령이 주시는 지식의 말씀으로 그 여인에게 말씀하셨다. "너에게 남편 다섯이 있었고 지금 있는 자도 네 남편이 아니니 네 말이 참되도다" (요 4:18). 예수님은 더 이상 다른 말씀을 하실 필요가 없었다. 성령의 통찰력으로 예수님은 그 여인의 온 마음과 삶을 즉시 파악할 수 있었기 때문이다.

지금은 주님 곁으로 간 나의 첫째 아내 리디아는 어떤 기준으로 보아도 특이한 여인이었다. 리디아는 덴마크 사람으로 진짜 바이킹의 후예였다!

언젠가 리디아와 내가 집을 구입할 생각을 하고 있는데, 부동산 중개인 두 사람이 찾아와 우리에게 어떤 집을 사라고 강권했다. 그 두 여성은 따뜻한 인간미가 전혀 없는 사람이었다.

그 두 여성이 소파에 앉았을 때, 리디아가 두 사람 중 한 사람을 바라보더니 불쑥 이렇게 말했다. "당신의 다리 길이가 서로 다른 것 같군요. 제 남편이 기도해드려도 될까요?"

그 여성은 리디아의 제안을 받아들였다. 내가 그 부동산 중개인 앞에 무릎을 꿇은 채로 보니 정말 다리 길이가 서로 다르기에 기도를 했다. 짧은 쪽 다리가 눈앞에서 자라나자 그 여성은 충격을 받은 표정이었다.

나는 다른 여성 앞으로 다가갔다.

"당신의 다리도 점검해볼까요?"

그 여성의 다리도 한쪽이 짧았고 기도하자 짧은 쪽이 자라났다.

"팔은 어떻습니까?" 내가 물었다.

"아이고. 이제 그만하세요." 그 여성이 고개를 저었다.

그 이후로 그 두 여성은 다른 사람으로 변했다. 냉정한 부동산 중개인이 자기네 문제를 리디아와 내게 털어놓는 사람으로 변한 것이었다. 나중에 그 두 여성은 우리에게 좋은 집을 팔았다.

누가 그런 변화를 일으켰는가? 성령이시다.

성령은 그리스도의 속죄가 가져온 모든 약속을 당신이 취할 수 있도록 인도해주시는 분이다. 그분은 하나님의 모든 보화 창고의 열쇠를 갖고 계시면서 당신을 개인적으로 안내해주시는 분인 것이다.

학습을 돕는 질문

1. 십자가에서 예수님의 희생으로 인하여 우리들이 누리는 모든 유익을 대변하는 한마디 단어는 무엇인가?
2. 로마서 8장 32절에 따르면, 하나님이 우리에게 주지 않고 아끼시는 것이 있는가?
3. 우리들이 온전한 구원으로 들어가는 일에 있어서 성령의 역할은 무엇인가?
4. 하나님의 보화 창고의 열쇠를 쥐고 있는 분은 누구이시며, 그분과 우리는 어떤 관계인가?

18장 | 구원을 내 것으로 소유하기

앞단원들에서 십자가에서 예수님의 희생을 통하여 하나님이 우리에게 온전하고도 완벽한 구원, 곧 "모든 점에서 완벽하고 모든 측면에서 완벽한" 구원을 제공한 것을 살펴보았다. 하나님은 또 우리의 기업으로 우리를 인도해줄 거룩한 안내인을 주셨다. 그 안내인이 바로 성령인 것이다.

또 여호수아와 이스라엘 자손의 경험을 통하여 하나님이 그분의 백성을 그들의 기업으로 인도하시는 패턴도 살펴보았다. 여호수아 1장 2절에서 하나님은 "내가 그들 곧 이스라엘 자손에게 주는 그 땅으로 가라"라고 말씀하셨다. 그리고 3절에서는 "너희 발바닥으로 밟는 곳은 모두 내가 너희에게 주었노니"라고 하셨다. 그때부터 그 땅은 비록 이스라엘 백성이 아직 점유하지는 못한 상태였지만 법적으로는 그들의 소유가 되었다. 법적으로 그들의 소유가 된 것이 경험적인 소유가 되어야 하는 절차가 남아 있었다.

> ***
> "우리들은 법적인 것으로부터 경험적인 것으로 옮겨가야 한다. 십자가는 우리에게 현실이 되어야 한다."
> ***

십자가에서 예수님의 희생과 관련하여 우리에게도 똑같은 패턴이 적용된다. 예수님은 모든 일을 이루셨다. 예수님은 온전하고도 완벽한, 그리고 모든 것을 포함하는 구원을 제공하셨다. 그러나 우리는 법적인 것에서 경험적인 것으로 옮겨가야 한다. 십자가가 우리의 삶에 현실이 되어야 한다. 우리는 예수님이 공급하시는 그 모든 것을 실제로 누려야 한다. 이것은 일회적 경험이 아니고, 일련의 점진적인 경험이다.

우리는 또 신약성경에서 구원이라는 단어가 여러 가지 의미로 사용된 것을 살펴보았다. 구원이라는 단어는 예수님이 우리의 삶에 역사하시는 다양한 방식을 포함한다. 예수님의 구원은 단지 죄를 용서하는 것만으로 범위가 제한되지 않는다. 구원은 질병의 치유, 귀신으로부터 해방, 심지어 죽은 자를 살리는 것도 포함한다. 이 모든 것과 그 이상이 구원이라는 한 단어에 포괄적으로 들어 있는 것이다.

그리고 이 모든 것을 우리가 취할 수 있는 길이 열려 있다. 법적으로 그것은 그리스도 안에서 믿음을 통하여 이미 우리의 것이다. 그러나 여호수아와 이스라엘 백성처럼 우리는 법적인 것에서 경험적인 것으로 옮겨가야 한다. 우리가 그렇게 옮겨가는 성경적 패턴은 사도행전 2장 38-39절에 기록된 것처럼 오순절 날에 수립되었다.

예수님의 삶과 죽음과 부활에 대한 사도 베드로의 설교를 듣고 마음이 찔린 무리들이 "형제들아 우리가 어찌할꼬"라고 물었다. 이에 베드로가 하나님과 교회의 대변인으로서 다음과 같은 세 가지 연속적인 필요조건을 제시하였다. 회개하고, 세례를 받고, 성령을 영접하라. 예수님께서 우리를 위하여 이루신 온전한 구원으로 들어가는 성경적 세 단계다. 그러면 이 세 단계에 각각 포함된 것이 무엇인지 간략하게 살펴보자.

1. 회개하라

회개의 의미를 완전히 파악하기 위해서는 신약의 헬라어와 구약의 히브리어에서 사용된 단어를 조사할 필요가 있다. 헬라어 metanoo는 "마음을 바꾸다"라는 뜻으로, 그것은 근본적으로 결단을 내리는 것이다. 히브리어의 shub는 "되돌아가다" 또는 "뒤로 돌아서다"라는 뜻으로, 그것은 행동에 옮기는 것이다.

이 두 단어를 결합하면 회개의 온전한 뜻을 알 수 있다. 그것은 행동이 따르는 결단을 의미한다. 먼저 결단을 내린 다음 그 후에 적절한 행동을 취하는 것이다.

회개의 생생한 예는 누가복음 15장 11-32절에 기록된 탕자의 비유에 나온다. 먼저 탕자는 결단을 내린다. "내가 일어나 아버지께 가서"(18절). 그런 다음 탕자는 결심을 행동으로 옮긴다. 뒤로 돌아 자기가 왔던 길을 따라 아버지가 있는 집으로 간 것이다.

요즘 사람들이 사용하는 말로 예를 들자면, 회개는 유턴을 하는 것이다. 자동차를 운전하고 가다가 길을 잘못 들었을 때, 우선 멈춘 다음 백팔십도 돌아서 오던 길과 반대 방향으로 가는 것이 회개다. 당신이 실제로 새로운 방향으로 차를 돌려 달려가기 전까지는 당신의 회개는 온전한 것이 되지 못한다.

회개하도록 요구하시는 하나님의 말씀은 예수님보다 앞서 온 세례 요한에 의해 마태복음 3장 2절에서 선포되었다. "회개하라 천국이 가까이 왔느니라." 이 말씀은 예수님이 마가복음 1장 15절에서 되풀이하셨다. "하나님의 나라가 가까이 왔으니 회개하고 복음을 믿으라."

불행히도 오늘날의 수많은 설교에서 우리들이 반드시 거쳐야 하는 이 첫 단계인 회개가 전혀 언급되지 않는 경우가 많다.

몇 해 전에 나는 동남아시아에서 열린 대형 집회를 돕고 있었다. 회중의 대다수는 중국인이었고, 성경 말씀을 접해본 사람이 별로 없었다. 설교자는 하나님의 말씀으로 치유받는 방법에 관하여 잘 가르쳤지만, 회개라는 단어는 사용하지 않았다. 그 설교자는 이렇게 설교를 매듭지었다. "치유를 원한다면 앞으로 나와서 기도하십시오."

나는 앞으로 몰려나온 수많은 사람을 위해 기도를 해주어야 했다. 그들은 조상숭배와 주술과 우상 숭배에 젖어 있는 사람들이었는데, 그 모든 것 위에 예수님을 올려놓기를 원했다. 그러나 예수님은 우리의 삶에서 다른 많은 것에 하나 더 첨가되는 존재가 되기를 원치 않으신다. 예수님은 그리스도 신앙의 유일한 기초이든가, 아니면 아무것도 아닌 것이다.

그 설교자는 다음과 같이 말했어야 했다. "악한 당신의 삶과 주술에 등을 돌리시오. 오랜 세대에 걸쳐 행하여 온 조상숭배와 우상 숭배를 포기하십시오. 과거를 깨끗이 씻고 예수님께로 오십시오." 불행하게도 회개는 그 설교자의 메시지에 포함되지 않았다. 그 집회는 사람들을 혼란스럽게 했을 뿐 효과적인 사역이 되지 못했다. 그 집회를 통해 구원받은 사람은 몇 명이나 될지 의문스러웠다. 그들은 구원의 첫째 요건인 회개를 하지 않았기 때문이다.

오늘날 많은 교회가 다음과 같은 메시지를 전하고 있다. "만일 당신이 온갖 문제로부터 벗어나기를 원한다면, 와서 예수님을 영접하십시오." 그렇지만 예수님을 영접하는 것이 당신의 모든 문제를 해결해주지 않는다. 오히려 처음에는 이전에 겪지 못했던 새로운 문제들을 만나게 될지도 모른다.

구원을 받기 위해 첫 번째로 충족해야 할 불변의 조건은 회개다. 신약성경은 회개 없이 구원을 믿는 것을 인정하지 않는다. 신약성경은 항상 믿음 전에 회개를 먼저 언급한다. 누가복음 24장 46-47절에는 부활하신 그리스도가 제자들에게 자신의 죽음의 필요성을 설명하신다.

> 또 이르시되 이같이 그리스도가 고난을 받고 제삼 일에 죽은 자 가운데서 살아날 것과 또 그의 이름으로 죄 사함을 받게 하는 회개가 예루살렘에서 시작하여 모든 족속에게 전파될 것이 기록되었으니

예수님께서 제자들에게 전파하라고 하신 복음의 내용은 무엇인가? 단지 죄 사함만 받으라는 것이 아니었고, 먼저 회개하고 죄 사함을 받으라는 메시지였다.

나중에 사도행전 20장 20-21절에서 사도 바울이 에베소에서 사역한 내용을 기술한 부분을 보면 바울도 같은 메시지를 전하고 있다.

> 유익한 것은 무엇이든지 공중 앞에서나 각 집에서나 거리낌이 없이 여러분에게 전하여 가르치고 유대인과 헬라인들에게 하나님께 대한 회개와 우리 주 예수 그리스도께 대한 믿음을 증언한 것이라

바울은 사적으로나 공적으로, 유대인이나 헬라인 모두에게 자신이 전한 메시지를 간단하게 요약하고 있다. "회개하고 하나님을 믿으라."

신약성경 마지막 부분인 요한계시록 2장과 3장에서 사도 요한은 아시아 지역 일곱 교회에 보내는 예수님의 메시지를 기록한다. 그중 다섯 교회에게 예수님이 첫 번째로 요구하신 것은 회개였다. 오늘날 회개해야 할 교회의 비율은 그 당시보다 적지 않을 것이다.

나는 오랜 세월에 걸쳐 여러 가지 문제를 지닌 그리스도인들을 상담해왔다. 그 사람들에게서 들은 모든 이야기를 돌이켜 생각해볼 때, 나는 대다수 사례에서 한 가지 근본 문제가 있다는 결론을 내리게 되었다. 바로 '회개하지 못한 것'이다. 회개하라는 메시지를 받아들이고 순종했더라면 더 이상 상담할 필요가 없는 사람이 대다수였던 것이다. 회개했더라면 그 사람들의 문제는 진작 사라졌을 것이다.

구원받지 못한 상태에서 우리 모두가 회개해야 할 주된 죄는 하나님에 대한 거역이다. 2차 세계대전 말에 연합국은 추축국에 무조건 항복이라는 강화 조건을 제시하였다. 다른 조건이 붙는 강화 조약은 거부하였다. 하나님도 같은 조건을 제시하신다. 하나님은 무조건 순종 외에 다른 조건이 붙는 화해는 거부하신다. 어떤 논쟁도, 요구도, 변명도, 단서도 통하지 않는다. 우리는 다음과 같이 무조건적인 반응을 해야 한다. "하나님, 제가 여기 있습니다. 순종하겠사오니 제가 해야 할 일을 말씀해주십시오."

죄로부터 등을 돌리고, 하나님께 순종하고, 주 예수님께 헌신하는 것이 진정한 회개다. 성경 전체를 통하여 회개는 구원의 협상 불가능한 필요조건이다.

2. 세례를 받으라

"세례를 주다"라는 동사는 물이나 다른 액체 표면 아래로 "담그다" 또는 "잠그다"라는 의미의 헬라어에서 파생된 말이다. 예수님 당시에 유대인들은 종교적인 의식으로 세례를 행하고 있었다. 세례는 또 세례 요한의 사역에도 중심 역할을 차지했다. 사람들이 그의 회개하라는 메시지에 반응을 보였을 때, 세례 요한은 그들에게 요단 강에서 세례받을 것을 요구했다. 그러므로 세례 요한의 세례는 어떤 사람이 자기 죄를 회개했다는 것을 공적으로 고백하는 행위였을 뿐이고, 그 이상의 의미는 없었다.

예수님도 사역을 시작하면서 세례 요한에게서 세례를 받았다. 그렇지만 예수님은 죄지은 적이 없으셨기에 그분의 세례는 죄를 공적으로 인정하거나 고백하는 행위는 아니었다. 마태복음 3장 15절에서 예수님은 자신이 세례받는 이유를 설명하셨다. "우리가 이와 같이 하여 모든 의를 이루는 것이 합당하니라." 예수님은 요한에게서 세례를 받음으로써 그분이 영원히 소유했던 내적 의로움을 외적인 행위로 성취하신 것이었다. 그것은 예수님이 자신의 공적 사역으로 들어가는 관문이었다.

세례 요한의 사역은 과도기적인 것이었다. 그것은 구약의 예언자들의 사역을 마감하고 예수님의 사역과 복음을 위해 길을 열었다. 예수님이 지상에서의 사역을 완수하고 우리의 죗값을 대신 치렀을 때, 세례 요한의 세례는 더 이상 필요하지 않게 되었다. 사도행전 19장 1-5절에는 바울이 에베소에서 세례 요한의 어떤 제자들을 만나 그들에게 예수님의 죽음과

> * * *
> "그리스도교 세례는 구원의 과정에 덧붙는 어떤 것이 아니라 그 과정의 완성이다."
> * * *

부활에 초점을 맞춘 복음을 전한 것이 기록되어 있다. 그 다음에 세례 요한의 제자들은 주 예수의 이름으로 그리스도교 세례를 받았다.

그리스도교 세례의 특징은 세례를 받는 사람이 공개적으로 자기를 예수님의 죽음과 장사됨과 부활과 동일시하는 행위라는 점이다. 사도 바울은 골로새인들에게 상기시키기를, "너희가 세례로 그리스도와 함께 장사되고 또 죽은 자들 가운데서 그를 일으키신 하나님의 역사를 믿음으로 말미암아 그 안에서 함께 일으키심을 받았느니라"(골 2:12)라고 했다. 복음을 통하여 하나님의 목적이 성취되는 과정에서, 예수님의 대속에 대한 믿음으로 말미암아 구원받은 모든 사람은 그것을 세례라는 행위로 공적으로 고백해야 했다. 세례는 구원받은 사람들이 이제 본인이 예수님의 제자로 헌신하기로 했음을 드러내 보이는 행위였다.

회교나 힌두교 지역에서 공개적으로 행하는 그리스도교 세례는, 세례받는 사람을 예수님의 제자로 드러나게 한다. 그리하여 불신자들이 세례받는 사람을 심하게 박해하는 일이 일어나기도 한다.

마가복음 16장 15-16절에서 예수님은 다음과 같은 말씀으로 제자들을 파송했다.

> 또 이르시되 너희는 온 천하에 다니며 만민에게 복음을 전파하라 믿고 세례를 받는 사람은 구원을 얻을 것이요 믿지 않는 사람은 정죄를 받으리라

그리스도교 세례는 구원의 과정에 덧붙는 어떤 것이 아니라 그 과정의 완성이다. 예수님은 세례를 받지 않고 믿는 사람에게 구원을 약속하지 않

았다. 그리고 신약성경에도 세례를 받지 않고 오직 그리스도에 대한 믿음만으로 구원을 얻은 사람에 대한 기록이 없다.

그리스도교 세례의 마지막 강조점은 죽음이나 장사됨에 있지 않고, 완전히 새로운 양식의 삶으로 들어가는 문을 열어주는 부활에 있다. 이것을 사도 바울이 골로새서 3장 1-4절에서 아름답게 요약하고 있다.

> 그러므로 너희가 그리스도와 함께 다시 살리심을 받았으면 위의 것을 찾으라 거기는 그리스도께서 하나님 우편에 앉아 계시느니라 위의 것을 생각하고 땅의 것을 생각하지 말라 이는 너희가 죽었고 너희 생명이 그리스도와 함께 하나님 안에 감추어졌음이라 우리 생명이신 그리스도께서 나타나실 그때에 너희도 그와 함께 영광 중에 나타나리라

3. 성령을 받으라

이것은 그리스도 안에서 우리의 유업으로 들어가는 세 번째 단계이면서 완성 단계다. 이와 관련된 내용을 적절하게 이해하려면 신약성경에 성령을 받는 두 가지 방법이 기록되어 있는 것을 알 필요가 있다.

요한복음 20장 21-22절에는 예수님이 부활하신 후에 제자들이 모여 있는 곳에 나타나셨다고 기록되어 있다.

> 예수께서 또 이르시되 너희에게 평강이 있을지어다 아버지께서 나를 보내신 것같이 나도 너희를 보내노라 이 말씀을 하시고 그들을 향하사 숨을 내쉬며 이르시되 성령을 받으라

22절을 글자 그대로 해석하면 다음과 같다. "예수님은 그들에게 숨을 불어넣고 말씀하셨다. 거룩한 숨을 받으라." 예수님의 행위는 그분의 말씀과 일치하는 것이었다. 그때 제자들은 예수님으로부터 성령을 거룩한 숨으로 받아들였다. 제자들은 사실상 성령으로 거듭난 자가 되었다. 제자들은 거룩한 부활 생명, 곧 사탄과 죄와 죽음과 무덤을 이긴 생명을 받은 것이었다.

이러한 관점에서 사도 요한은 요한일서 5장 4절에서 다음과 같이 말하고 있다. "무릇 하나님께로부터 난 자마다 세상을 이기느니라." 우주의 어떤 권세도 성령으로 거듭나 예수님을 믿는 모든 사람이 하나님으로부터 받는 거룩하고도 영원한 생명을 이길 수가 없다.

그렇지만 제자들은 성령에게서 받아야 할 것이 아직 더 있었다. 예수님은 부활하신 후 승천하실 때까지 사십 일 기간 중에 제자들에게 다음과 같이 말씀하셨다.

> 사도와 함께 모이사 그들에게 분부하여 이르시되 예루살렘을 떠나지 말고 내게서 들은 바 아버지께서 약속하신 것을 기다리라 요한은 물로 세례를 베풀었으나 너희는 몇 날이 못 되어 성령으로 세례를 받으리라 하셨느니라(행 1:4-5)

부활 주일에 예수님에게서 숨을 받는 경험을 했지만, 사도들에게 있어서 성령 세례는 더 기다려야 하는 어떤 것이었다.

예수님의 그 약속이 성취된 것은 사도행전 2장 1-4절에 기록되어 있다.

> 오순절 날이 이미 이르매 그들이 다 같이 한곳에 모였더니 홀연히 하늘부터 급하고 강한 바람 같은 소리가 있어 그들이 앉은 온 집에 가득하며 마치 불의 혀처럼 갈라지는 것들이 그들에게 보여 각 사람 위에 하나씩 임하여 있더니 그들이 다 성령의 충만함을 받고 성령이 말하게 하심을 따라 다른 언어들로 말하기 시작하니라

위에 기술된 체험에는 연속적인 세 단계가 있었다. 첫 단계는 완전히 잠기는 세례로, 그들은 모두 위로부터 임하는 성령에 잠기었다. 이것은 "나이아가라 폭포"와 같은 세례라고 할 수 있다.

두 번째 단계는 속이 가득하게 채워지는 것으로, 그들은 모두 성령의 충만함을 받았다.

세 번째 단계는 흘러넘치는 것으로, 그들을 가득 채운 성령은 초자연적인 언어로 흘러넘쳐 나왔다. 그들은 배운 적도 없고 이해하지도 못하는 언어로 하나님을 찬미했다. 제자들이 오순절 날 경험한 것은 예수님이 마태복음 12장 34절에서 말씀하신 원리를 실증하는 것이었다. "마음에 가득한 것을 입으로 말함이라." 달리 말하면, 마음에 가득 찬 것이 입을 통해 말로 흘러나오는 것이다.

이 성령 체험은 제자들이 예수님을 효과적으로 증언하기 위해 갖춰야 할 초자연적인 도구였다. 그들은 예수님의 부활과 승천이라는 초자연적인 사건의 증인이 되어야 했다. 그런 초자연적인 사건을 증언하려면 초자연적인 능력이 필요했던 바, 그것은 오순절 날 처음으로 드러난 후 사도행전의 기록에 지속적으로 나타난다.

이 초자연적인 능력은 교회에서 떠난 적이 없어서 오늘날에도 믿는 자

들에게 나타나고 있다. 고린도전서 1장 4-8절에서 사도 바울은 성령의 초자연적 은사와 발현은 세상의 마지막 날까지 교회 안에서 나타날 것이라고 분명하게 말하고 있다.

> 그리스도 예수 안에서 너희에게 주신 하나님의 은혜로 말미암아 내가 너희를 위하여 항상 하나님께 감사하노니 이는 너희가 그 안에서 모든 일 곧 모든 언변과 모든 지식에 풍부하므로 그리스도의 증거가 너희 중에 견고하게 되어 **너희가 모든 은사에 부족함이 없이 우리 주 예수 그리스도의 나타나심을 기다림이라 주께서 너희를 우리 주 예수 그리스도의 날에 책망할 것이 없는 자로 끝까지 견고하게 하시리라**(굵은 글씨는 저자 강조)

위에 기술된 성령의 움직임은 교회사에서 중요한 두 날을 비교하여 다음과 같이 요약할 수 있다.

부활 주일	오순절 주일
부활하신 그리스도	승천하신 그리스도
안으로 들이쉰 성령	밖으로 부어진 성령
결과: 부활 생명	결과: 증언할 능력

부활 주일의 체험을 한 사람으로서 오순절 주일의 체험을 원하는 사람들에게, 예수님은 요한복음 7장 37-39절에서 다음과 같은 약속을 주신다.

명절 끝 날 곧 큰 날에 예수께서 서서 외쳐 이르시되 누구든지 목마르거든 내게로 와서 마시라 나를 믿는 자는 성경에 이름과 같이 그 배에서 생수의 강이 흘러나오리라 하시니 이는 그를 믿는 자들이 받을 성령을 가리켜 말씀하신 것이라

이 말씀에는 세 가지 단순한 필요조건이 들어 있다. 목말라야 하고, 예수님께 와야 하고, 흘러넘칠 때까지 마셔야 한다.

구약성경의 패턴

이 모든 것은 사도 바울이 고린도전서 10장 1-2절에서 설명하듯이, 구약성경에 기록된 이스라엘 백성의 애굽 탈출기에 생생하게 예시되어 있다.

> 우리 조상들이 다 구름 아래에 있고 바다 가운데로 지나며…다 구름과 바다에서 세례를 받고…

처음에 이스라엘 백성은 애굽에 있는 동안 유월절 양의 피로 말미암아 하나님의 심판을 면했다. 성경 전체에 걸쳐 희생양은 하나님의 어린양인 예수님을 상징하는 바, 십자가에서 흘린 예수님의 피가 회개하는 죄인들을 하나님의 심판으로부터 구하는 것이다.

유월절 사건이 있고 난 다음에 이스라엘 백성은 애굽에서 무사히 탈출하는데, 그것은 사도 바울이 설명하는 이중 세례로 가능해졌다. 이스라엘

백성 위를 덮은 구름 세례는 성령 세례를 상징하고, 이스라엘 백성이 초자연적으로 갈라진 홍해 바닷물 사이를 통과한 것은 물에 잠기는 세례를 상징한다. 이러한 이중 세례는 이스라엘 백성을 타락한 이 세상의 한 전형인 애굽으로부터 최종적으로 갈라놓았다.

구름 세례는 출애굽기 14장 19-20절에 묘사되어 있다.

> 이스라엘 진 앞에 가던 하나님의 사자가 그들의 뒤로 옮겨가매 구름 기둥도 앞에서 그 뒤로 옮겨 애굽 진과 이스라엘 진 사이에 이르러 서니 저쪽에는(애굽 사람들) 구름과 흑암이 있고 이쪽에는(이스라엘 사람들) 밤이 밝으므로 밤새도록 저쪽이 이쪽에 가까이 못하였더라

이 초자연적인 구름 안에서 주님은 친히 자기 백성을 보호하기 위해 내려오셨다. 그로 인하여 두 가지 일이 발생했다. 애굽 사람들에게는 어두움과 두려움이 임하게 되었고, 이스라엘 사람들에게는 밤에 빛이 제공되었다. 이는 애굽인들이 이스라엘 백성에게 접근하지 못하도록 밤새도록 막아주었다.

구름 안에서 하나님의 천사가 자기 백성을 보호하려고 가까이 내려왔다. 예수님은 성령을 통해 자신이 지상으로 다시 돌아와 그의 제자들에게 영구히 머물 것을 암시하셨다. 이스라엘 백성을 보호한 구름은 예수님이 요한복음 14장 16-18절에서 제자들에게 주신 약속의 실현을 생생하게 예시한다.

> 내가 아버지께 구하겠으니 그가 또 다른 보혜사를 너희에게 주사 영원토

록 너희와 함께 있게 하리니 그는 진리의 영(성령)이라…내가 너희를 고아와 같이 버려두지 아니하고 너희에게로 오리라

이스라엘 백성의 애굽 탈출기는 하나님의 천사가 애굽 진과 이스라엘 진을 갈라놓은 구름 기둥 안에 있었음을 암시하고 있다. 이와 마찬가지로 예수님은 성령 안에서 자신을 믿는 백성에게 돌아와 그들과 함께 영구히 거하시며 곤궁에 처한 자기 백성을 보호하고 위로하신다.

> * * *
> "오늘날의 그리스도인들도 하나님의 말씀을 매일 규칙적으로 먹어야 영적인 힘과 건강을 얻을 수 있다."
> * * *

이 이중 세례를 통하여 하나님의 백성은 하나님께서 예비하신 기업으로 가는, 일생에 걸친 여정을 시작했다. 날마다 이스라엘 백성은 홍해 바닷가에서 하늘로부터 내려왔던 것과 동일한 구름 기둥의 인도함을 받았다. 그 구름은 낮에는 뜨거운 태양을 가려주었고 밤에는 어둠 가운데 빛을 제공해주었다. 그 구름은 우리를 인도하시고 위로하시는 성령의 놀라운 예표인 것이다!

이 여정에서 이스라엘 백성은 "다 같은 신령한 음식을 먹으며 다 같은 신령한 음료를 마셨다"(고전 10:3-4). 그들이 먹은 음식은 매일 아침 이슬과 함께 하늘에서 내리는 만나였다. 이와 마찬가지로, 예수님은 마태복음 4장 4절에서 믿는 자들은 하나님이 이 세대의 자기 백성을 위해 준비한 영적 음식을 섭취해야 한다고 말씀하셨다. "사람이 떡으로만 살 것이 아니요 하나님의 입으로부터 나오는 모든 말씀으로 살 것이라 하였느니라." 오늘날의 그리스도인들도 성경을 통해 우리에게 내리는 하나님의 말씀을 매일 규칙적으로 먹어야 영적인 힘과 건강을 얻을 수 있다.

예수님은 또 요한복음 7장 37-39절에서 다음과 같이 말씀하셨다.

> 누구든지 목마르거든 내게로 와서 마시라 나를 믿는 자는 성경에 이름과 같이 그 배에서 생수의 강이 흘러나오리라 하시니 이는 그를 믿는 자들이 받을 성령을 가리켜 말씀하신 것이라

성령이 내주하는 모든 거듭난 그리스도인은 그 안에 고갈되지 않는 생수의 샘이 있다.

삶의 여정에서 우리의 영적 건강과 행복은 하나님의 말씀인 성경을 매일 읽고, 우리 안에 있는 성령의 샘물을 매일 마시는 것에 달려 있다. 나는 그리스도인으로서 나 자신의 체험을 통해 영적 건강과 행복은 날마다 주님과 친밀한 교제를 나누고, 주님의 말씀을 먹고, 기도로 주님께 응답하고, 우리 마음속에 있는 성령의 인도함에 따라 경배드릴 때 얻는다는 것을 알게 되었다. 또 하나님이 광야에서 이스라엘 백성에게 공급하신 만나는 아침 일찍 거두어야 한다는 것을 깨달았다. 일찍 거두지 않을 경우 해가 뜨고 나면 그 열이 만나를 녹여버렸다. 우리도 세상의 염려와 책임의 열이 만나를 녹이기 전에 하나님의 말씀을 아침 일찍 먹는 것이 중요하다.

홍해를 건넌 이후로 이스라엘 백성의 광야를 통과하는 전 여정을 인도한 것은 구름이었다. 그 광경을 머릿속으로 그려보면 사도 바울이 로마서 8장 14절에 남긴 말씀의 뜻이 분명해진다.

> 무릇 하나님의 영으로 인도함을 받는 사람은 곧 하나님의 아들이라

내가 이 책을 쓴 목적은 여러분이 앞에 놓인 인생 여정을 끝까지 무사히 갈 수 있도록 채비를 갖추어주는 것이었다. 이제 우리가 잠시 헤어져야 할 시간이 다가왔다. 여러분이 인생 여정을 성공적으로 마치고 승리하여 언젠가는 우리의 기업인 천국에서 얼굴을 맞대고 만날 날이 있기를 기도한다.

학습을 돕는 질문

1. 완전한 구원으로 들어가기 위해 거쳐야 하는 세 단계는 무엇인가?
2. 진정한 회개는 어떤 두 단어로 정의할 수 있는가?
3. 물에 잠기는 세례는 어떻게 우리를 예수님과 하나가 되게 하는가?
4. 사도행전 2장 1-4절에 따르면, 성령 세례를 체험하는 세 가지 연속적인 단계는 무엇인가?
5. 우리에게는 왜 이러한 성령 체험이 필요한가?
6. 요한복음 7장 37-39절에 따르면, 성령 세례를 받는 세 가지 필요 조건은 무엇인가?
7. 인생 여정에서 우리의 영적 건강과 행복은 두 가지 무엇에 달려 있는가?

저자 소개
about the Author

데릭 프린스(1915-2003)는 영국인 부모 아래 인도에서 태어났다. 그는 영국의 이튼칼리지와 캠브리지대학교에서 헬라어와 라틴어 학자로 교육받은 후, 캠브리지대학교 킹스칼리지에서 고대철학 및 현대철학을 가르쳤다. 또한 캠브리지대학교와 예루살렘에 있는 히브리대학교에서 히브리어와 아람어를 포함한 여러 가지 현대 언어를 공부하였다.

2차 세계대전 중 영국군에 복무하면서 성경을 공부하다가 예수 그리스도를 만나는 초자연적인 체험을 하게 된 데릭 프린스는 이 체험을 통해 두 가지 결론을 내렸다. 첫째는 예수 그리스도가 살아 계시다는 것이고, 둘째는 성경은 진실이며 현대인의 삶과 밀접한 관계가 있는 책이라는 점이다. 삶의 대전환을 경험한 데릭 프린스는 그 후 일생을 성경을 연구하고 가르치는 사역에 헌신하였다.

성경을 분명하고도 쉽게 해석하고 가르치는 데릭 프린스의 은사는 모든 인종과 종교적 배경과 차이를 초월하여 수백만 명의 삶에 믿음의 기초를 쌓고, 영적 성장을 돕는 일에 사용되고 있다. 그가 남긴 50권이 넘는 저서와 600여 개의 설교 자료는 백여 개의 언어로 번역·출판되었다. 또한 라디오 설교 방송은 10여 개의 언어로 번역되어 지금도 전파를 통해 전 세계 사람들의 삶을 변화시키고 있다.

데릭 프린스 선교회는 현재 미국, 호주, 캐나다, 중국, 프랑스, 독일, 노르웨이, 러시아, 남아프리카 등지에 소재한 30개 이상의 지부를 중심으로 140개 이상의 나라에 '예수님이 재림하실 때까지' 복음을 전하는 일에 매진하고 있다. 더 자세한 정보를 원하는 분은 다음의 웹사이트를 방문하기 바란다.

www.derekprince.com

데릭 프린스 선교회 한국 지부

데릭 프린스 선교회 한국 지부는 한국과 북한, 그리고 열방에 데릭 프린스 목사의 성경에 대한 순전한 가르침으로 복음을 전하기 위해 설립되었습니다.

1940년대 초반 이스라엘 땅에서 "나는 너를 그리스도 예수 안에 있는 진리와 믿음과 사랑으로 수많은 사람들에게 성경을 가르치는 교사로 불렀노라"라는 하나님의 음성을 들은 데릭 프린스는 세계 최고 수준의 영어로 성경을 해설하였습니다. 그의 가르침은 첫째 오직 성경 중심이고, 둘째 극히 논리적이며, 셋째 하나님을 경외함이 담겨 있고, 넷째 항상 십자가에 초점을 맞추며, 다섯째 오직 주 예수 그리스도만 높입니다.

데릭 프린스 선교회 한국 지부의 사역은 하나님께서 성경 교사로 지명하여 부르신 데릭 프린스 목사의 순전한 가르침을 데릭 프린스 성경대학 (Derek Prince Bible College)을 통하여 남북한 성도들과 함께 나누고, 그가 남긴 저서를 한국어로 번역·출판하는 문서선교입니다. 또한 데릭 프린스 목사가 남긴 설교 동영상을 번역하여 선교회 카페에 올리고 있습니다.

현재까지 한국어로 출판된 데릭 프린스 목사의 저서로는 〈속죄〉, 〈거절의 상처를 치유하시는 하나님〉, 〈저주에서 축복으로〉, 〈내가 생명과 사망과 복과 저주를 네 앞에 두었은즉〉, 〈하나님의 약병〉, 〈저희가 내 이름으로 귀신을 쫓아내며〉, 〈역사를 움직이는 기도와 금식〉, 〈성령 충만한 그리스도인의 지침서〉, 〈남편과 아버지〉가 있으며, 아직도 많은 책들이 번역의 손길을 기다리고 있습니다.

저희의 사역에 기도와 번역과 재정 후원으로 동역할 분을 찾습니다.

조철환, 데릭 프린스 선교회 한국 지부 대표 010 7376 2038

후원 계좌: 국민은행 012501-04-225744 조철환 (데릭프린스선교회)

순전한 나드 도서안내   02-574-6702

No.	도서명	저자	정가
1	존 비비어의 승리〈개정판〉	존 비비어	12,000
2	교회를 뒤흔드는 악령을 대적하라	프랜시스 프랜지팬	5,000
3	교회를 어지럽히는 험담의 악령을 추방하라	프랜시스 프랜지팬	5,000
4	그리스도인의 삶의 비결〈개정판〉	진 에드워드	9,000
5	존 비비어의 친밀감〈개정판〉	존 비비어	14,000
6	내 백성을 자유케 하라	허 철	10,000
7	내게 신선한 기름을 부으셨나이다	허 철	9,000
8	내어드림〈개정판〉	페늘롱	7,000
9	더 넓게 더 깊게	메릴린 앤드레스	13,000
10	마켓플레이스 크리스천〈개정판〉	로버트 프레이저	9,000
11	존 비비어의 축복의 통로〈개정판〉	존 비비어	8,000
12	부서트리고 무너트리는 기름 부으심	바바라 J. 요더	8,000
13	사도적 사역	릭 조이너	12,000
14	사사기	잔느 귀용	7,000
15	상한 마음을 치유하는 기도	마크 & 패티 버클러	15,000
16	상한 영의 치유1	존 & 폴라 샌드포드	17,000
17	상한 영의 치유2	존 & 폴라 샌드포드	13,000
18	성령님을 아는 놀라운 지식	허 철	10,000
19	속사람의 변화 1	존 & 폴라 샌드포드	11,000
20	속사람의 변화 2	존 & 폴라 샌드포드	13,000
21	신부의 중보기도	게리 윈스	11,000
22	아가서	잔느 귀용	11,000
23	악의 속박으로부터의 자유	릭 조이너	9,000
24	어머니의 소명	리사 하텔	12,000
25	여정의 시작	릭 조이너	13,000
26	영광스러운 교회에 보내는 메시지 1	릭 조이너	10,000
27	영분별〈개정판〉	프랜시스 프랜지팬	4,000
28	영적 전투의 세 영역〈개정판〉	프랜시스 프랜지팬	11,000
29	예레미야	잔느 귀용	6,000
30	예수 그리스도와의 친밀함	잔느 귀용	7,000
31	예수님을 닮은 삶의 능력〈개정판〉	프랜시스 프랜지팬	12,000
32	예수님을 향한 열정〈개정판〉	마이크 비클	12,000
33	잔느 귀용의 요한계시록〈개정판〉	잔느 귀용	13,000
34	인간의 7가지 갈망하는 마음	마이크 비클 & 데보라 히버트	11,000
35	저주에서 축복으로	데릭 프린스	6,000
36	주님, 내 마음을 열어주소서	캐티 오츠 & 로버트 폴 램	9,000
37	지구상에서 가장 강력한 기도	피터 호로빈	7,500
38	축사사역과 내적치유의 이해 가이드	존 & 마크 샌드포드	20,000
39	출애굽기	잔느 귀용	10,000
40	하나님과 동행하는 사람들〈개정판〉	산 볼츠	9,000
41	하나님과 사람에게 더욱 사랑스러운 자	듀안 벤더 클럭	10,000
42	하나님과의 연합	잔느 귀용	7,000
43	하나님을 연인으로 사랑하는 즐거움	마이크 비클	13,000
44	하나님 마음에 합한 사람	마이크 비클	13,000
45	하나님의 아름다움을 바라보는 축복	허 철	10,000
46	하나님의 요새〈개정판〉	프랜시스 프랜지팬	9,000
47	하나님의 장군의 일기〈개정판〉	잔 G. 레이크	6,000
48	항상 배가하는 믿음〈개정판〉	스미스 위글스워스	13,000
49	항상 부족함이 없으리로다	롤랜드 & 하이디 베이커	8,000
50	혼돈으로부터의 자유	릭 조이너	5,000
51	혼의 묶임을 파쇄하라	빌 & 수 뱅크스	10,000
52	존 비비어의 회개〈개정판〉	존 비비어	11,000
53	횃불과 검	릭 조이너	8,000
54	금식이 주는 축복	마이크 비클 & 다나 캔들러	12,000
55	부활	벤 R. 피터스	8,000
56	거절의 상처를 치유하시는 하나님	데릭 프린스	6,000
57	존 비비어의 분별력〈개정판〉	존 비비어	13,000

PURE NARD BOOKS

No.	도서명	저자	정가
58	통제 불능의 상황에서도 난 즐겁기만 하다	리사 비비어	12,000
59	어린이와 십대를 위한 축사사역	빌 뱅크스	11,000
60	빛은 어둠 속에 있다	패트리샤 킹	10,000
61	목적으로 나아가는 길	드보라 조이너 존슨	8,000
62	컴 투 파파	게리 윈스	13,000
63	러쉬 아워	슈프레자 싯홀	9,000
64	지도자의 넘어짐과 회복	웨이드 굿데일	12,000
65	하나님의 일곱 영	키이스 밀러	13,000
66	너희 지체를 의의 병기로 하나님께 드리라	허 철	8,000
67	세계를 변화시키는 능력	릭 조이너	12,000
68	추수의 비전	릭 조이너	8,000
69	하나님의 집	프랜시스 프랜지팬	11,000
70	왕의 자녀의 초자연적인 삶	빌 존슨 & 크리스 밸러턴	13,000
71	믿음으로 산 증인들	허 철	12,000
72	욥기	잔느 귀용	13,000
73	나라를 변화시킨 비전: 윌리엄 테넌트의 영적인 유산	존 한센	8,000
74	세상을 다스리는 권세의 회복	레베카 그린우드	10,000
75	창세기 주석	잔느 귀용	12,000
76	하나님의 강	더치 쉬츠	13,000
77	당신의 운명을 장악하라	알렌 키란	13,000
78	자살	로렌 타운젠드	10,000
79	레위기·민수기·신명기 주석	잔느 귀용	12,000
80	그리스도인의 영적혁명	패트리샤 킹	11,000
81	초자연적 중보기도	레이첼 힉스	13,000
82	나는 하나님의 음성을 듣는다	킴 클레멘트	11,000
83	하나님의 초자연적인 능력	바비 코너	11,000
84	거룩과 진리와 하나님의 임재	프랜시스 프랜지팬	9,000
85	사랑하는 하나님	마이크 비클	15,000
86	일곱 교회 이기는 자에게 주시는 축복	허 철	9,000
87	일터에 영광이 회복되다	리차드 플레밍	12,000
88	초자연적 경험의 신비	짐 골 & 줄리아 로렌	13,000
89	웃겨야 살아난다	피터 와그너	8,000
90	폭풍의 전사	마헤쉬 & 보니 차브다	13,000
91	천국 보좌로부터 온 전략〈개정판〉	샌디 프리드	11,000
92	영향력	윌리엄 L. 포드 3세	11,000
93	속죄	데릭 프린스	13,000
94	신의 성품에 참예하는 자	허 철	8,000
95	예언, 꿈, 그리고 전도	덕 애디슨	13,000
96	아가페, 사랑의 길	밥 멈포드	13,000
97	불타오르는 사랑	스티브 해리슨	12,000
98	그 이상을 갈망하라!	랜디 클락	13,000
99	능력, 성결, 그리고 전도	랜디 클락	13,000
100	종교의 영	토미 템라이트	11,000
101	예기치 못한 사랑	스티브 J. 힐	10,000
102	모르드개의 통곡	로버트 스텐스	13,500
103	1세기 교회사	릭 조이너	12,000
104	예수님의 얼굴〈개정판〉	데이비드 E. 테일러	13,000
105	토기장이 하나님	마크 핸비	8,000
106	존중의 문화〈개정판〉	대니 실크	13,000
107	제발 좀 성장하라!	데이비드 레이븐힐	11,000
108	정치의 영	파이살 말릭	12,000
109	이기는 자의 기름 부으심	바바라 J. 요더	12,000
110	치유 사역 훈련 지침서	랜디 클락	12,000
111	헤븐	데이비드 E. 테일러	13,000
112	더 크라이	키스 허드슨	11,000
113	천국 여행	리타 베넷	14,000
114	파수 기도의 숨은 능력	마헤쉬 & 보니 차브다	13,000

No.	도서명	저자	정가
115	지저스 컬처	배닝 립스처	12,000
116	넘치는 기름 부음	허 철	10,000
117	거룩한 대면	그래함 쿡	23,000
118	믿음을 넘어선 기적	데이브 헤스	10,000
119	꿈 상징 사전	조 이보지	8,000
120	영적 전쟁의 일곱 영	제임스 A. 더함	13,000
121	영적 전쟁의 승리	제임스 A. 더함	13,000
122	기적의 방을 만들라	마헤쉬 & 보니 차브다	12,000
123	개인적 예언자	미키 로빈슨	13,000
124	어둠의 영을 축사하라	짐 골	13,000
125	보좌를 향하여	폴 빌하이머	10,000
126	적그리스도의 영을 정복하라	샌디 프리드	13,000
127	성령님 알기	마헤쉬 & 보니 차브다	12,000
128	십자가의 권능	마헤쉬 & 보니 차브다	13,000
129	성령이 이끄시는 성공	대니 존슨	13,000
130	축복의 능력	케리 커크우드	13,000
131	하나님의 호흡	래리 랜돌프	11,000
132	아름다운 상처	룩 홀터	11,000
133	하나님의 길	덕 애디슨	13,000
134	천국 체험	주디 프랭클린 & 베니 존슨	12,000
135	당신의 사명을 깨우라	M. K. 코미	11,000
136	기독교의 유혹	질 섀넌	25,000
137	우리가 몰랐던 천국의 자녀양육법	대니 실크	12,000
138	임재의 능력	매트 소거	12,000
139	예수의 책	마이클 코울리아노스	13,000
140	신앙의 기초 세우기	래리 크레이더	13,000
141	내 인생을 바꿔 줄 최고의 여행	제이 스튜어트	12,000
142	시간 & 영원	조슈아 밀즈	10,000
143	거룩한 흐름, 분위기	조슈아 밀즈	10,000
144	하이디 베이커의 사랑	하이디 & 롤랜드 베이커	13,000
145	하나님의 임재	빌 존슨	13,000
146	영광의 사역	제프 젠슨	12,000
147	초자연적 기름부음	줄리아 로렌	12,000
148	하나님의 갈망	제임스 A. 더함	14,000
149	형통의 문을 여는 31가지 선포기도	케빈 & 캐티 바스코니	5,000
150	임박한 하나님의 때	R. 로렌 샌드포드	13,000
151	하나님을 향한 울부짖음	바바라 J. 요더	12,000
152	춤추는 하나님의 손	제임스 말로니	37,000
153	참소자를 잠잠케 하라	샌디 프리드	13,000
154	영광이란 무엇인가?	폴 맨워링	14,000
155	내일의 기름부음	R. T. 켄달	13,000
156	영적 전투를 위한 전신갑주	크리스 밸러턴	12,000
157	성령을 소멸치 않는 삶	R. T. 켄달	13,000
158	초자연적인 삶	아담 F. 톰슨	10,000
159	한계를 돌파하라	샌디 프리드	13,000
160	블러드문	마크 빌츠	11,000
161	구약에서 일어난 모든 일들	윌리엄 H. 마티	13,000
162	신약에서 일어난 모든 일들	윌리엄 H. 마티	11,000
163	드보라 군대	제인 해몬	14,000
164	거룩한 불	R. T. 켄달	13,000
165	기적 안에 걷는 삶	캐더린 로날라	12,000
166	당신의 자녀를 향한 하나님의 65가지 약속	마이크 슈리브	8,000
167	무슬림 소녀, 예수님을 만나다	사마 하비브 & 보디 타이니	13,000
168	스미스 위글스워스의 병 고침(개정판)	스미스 위글스워스	12,000
169	뇌의 스위치를 켜라	캐롤라인 리프	13,000
170	약속된 시간	제임스 A. 더함	13,000
171	실패를 딛고 일어서는 믿음	샌디 프리드	12,000

PURE NARD BOOKS

No.	도서명	저자	정가
172	스미스 위글스워스의 성령의 은사〈개정판〉	스미스 위글스워스	13,000
173	끝날 때까지 끝난 것이 아니다	R. T. 켄달	15,000
174	완전한 기억	마이클 A. 댄포스	10,000
175	금촛대 중보자들 1	제임스 말로니	15,000
176	질투	R. T. 켄달	14,000
177	사탄의 전략	페리 스톤	14,000
178	죽음에서 생명으로	라인하르트 본케	12,000
179	금촛대 중보자들 2	제임스 말로니	13,000
180	금촛대 중보자들 3	제임스 말로니	13,000
181	올바른 생각의 힘	케리 커크우드	12,000
182	부흥의 거장들	빌 존슨 & 제니퍼 미스코브	25,000
183	악의 삼겹줄을 파쇄하라〈개정판〉	샌디 프리드	12,000
184	지옥의 실체와 하나님의 열쇠	메리 캐서린 백스터	12,000
185	문지기들이여 일어나라	제임스 A. 더함	15,000
186	안식년의 비밀	조나단 칸	15,000
187	교회를 깨우는 한밤의 외침	R. T. 켄달	15,000
188	하나님의 시간표	마크 빌츠	12,000
189	사랑의 통역사	샨 볼츠	12,000
190	예루살렘의 평화를 위해 기도하라	탐 헤스	13,000
191	마이크 비클의 기도	마이크 비클	25,000
192	유대적 관점으로 본 룻기	다이앤 A. 맥닐	13,000
193	폭풍을 향해 노래하라	디모데 D. 존슨	13,000
194	세미한 하나님의 음성을 듣는 방법	스티브 샘스	12,000
195	영광의 세대	브루스 D. 알렌	15,000
196	영적 분위기를 바꾸라	다우나 드 실바	12,000
197	하나님을 홀로 두지 말라	행크 쿠네만	14,000
198	하나님이 디자인하신 완전한 나	캐롤라인 리프	20,000
199	대적의 문을 취하라〈개정증보판〉	신디 제이콥스	15,000
200	R. T. 켄달의 임재	R. T. 켄달	13,000
201	영성가의 기도	찰리 샴프	10,000
202	과거로부터의 자유〈개정판〉	존 로렌 & 폴라 샌드포드	14,000
203	하나님의 불	제임스 A. 더함	15,000
204	일상에 임한 하나님의 영광	브루스 D. 알렌	14,000
205	마지막 시대, 마지막 주자	타드 스미스	13,000
206	건강한 생활 핸드북	로라 해리스 스미스	15,000